FALL(ING) FOR KNITS

ANN-KATHRIN STOLL

FALL(ING) FOR KNITS

MODE STRICKEN IN HERBST- UND ERDTÖNEN

CV

INHALT

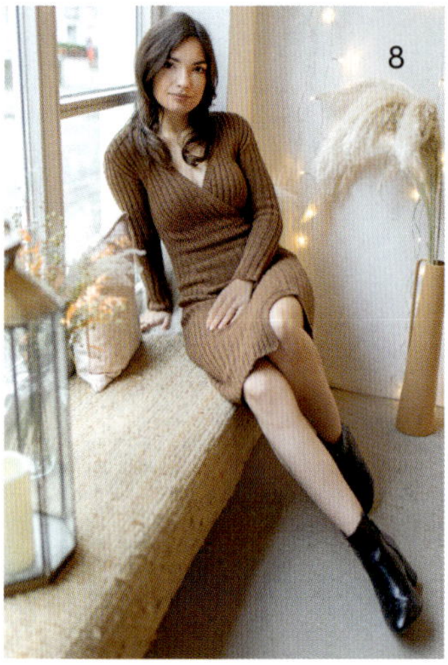

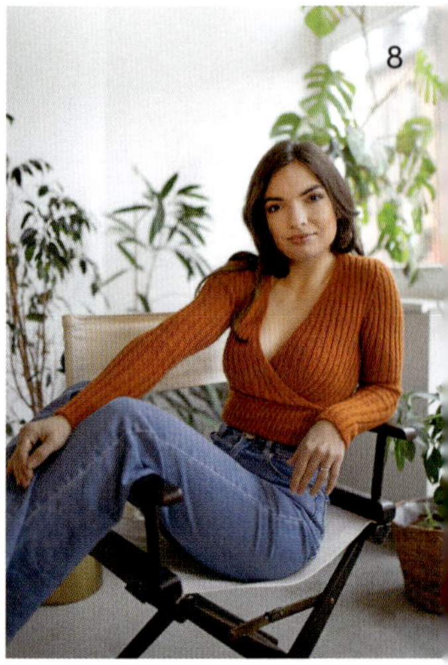

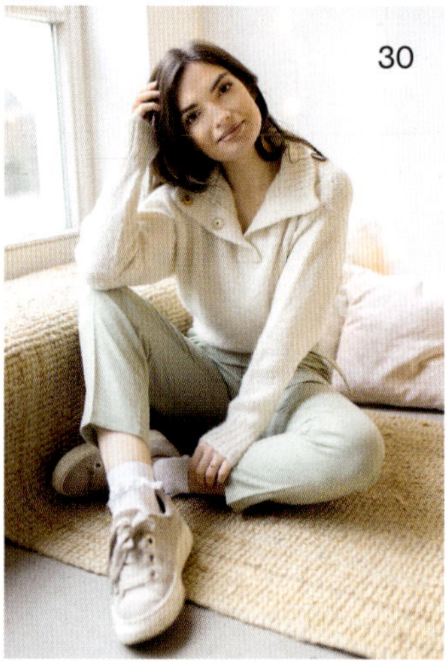

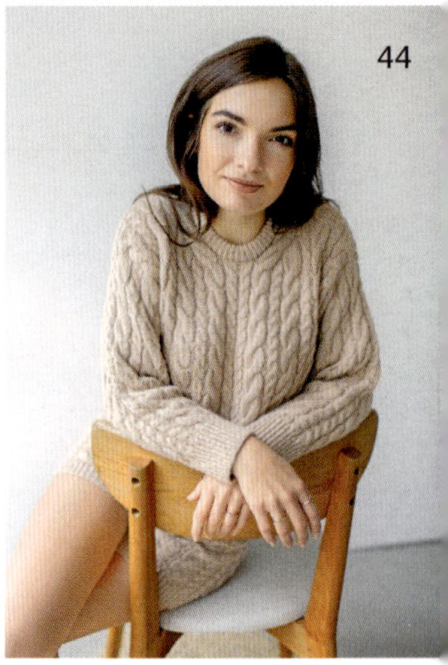

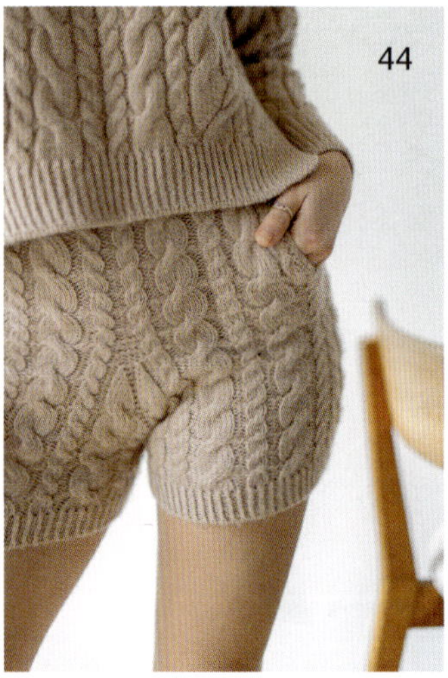

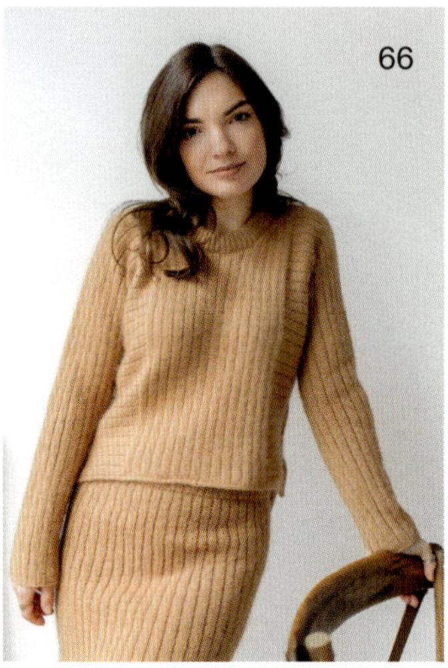

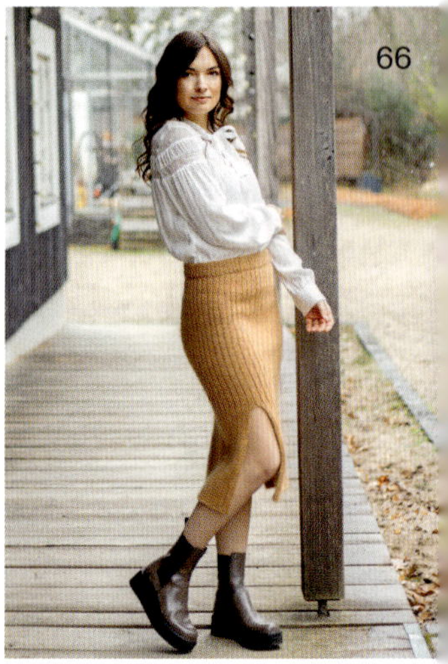

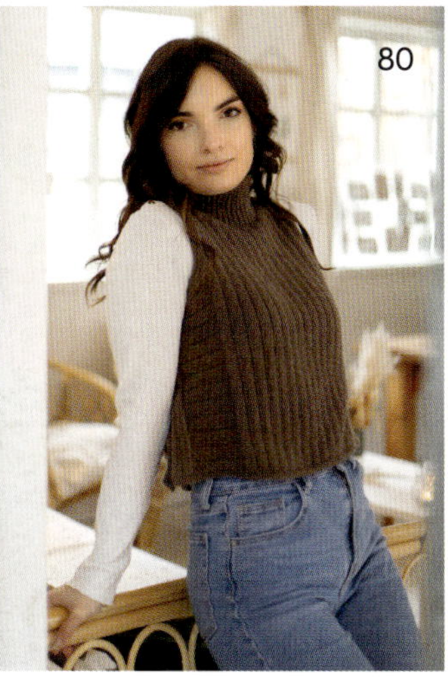
80

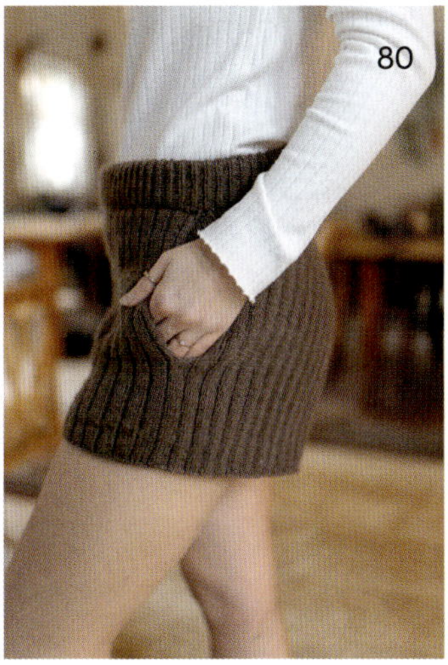
80

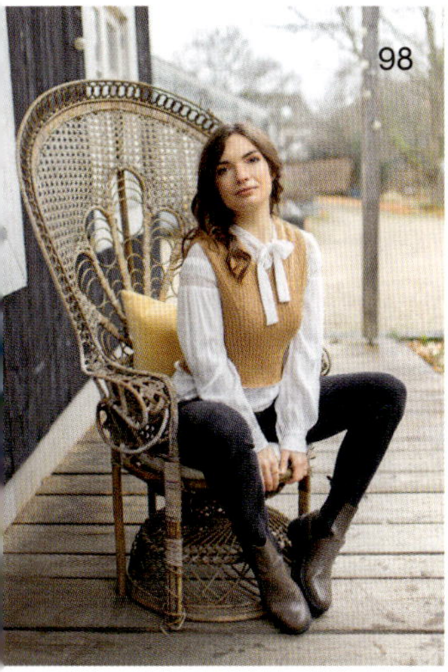
98

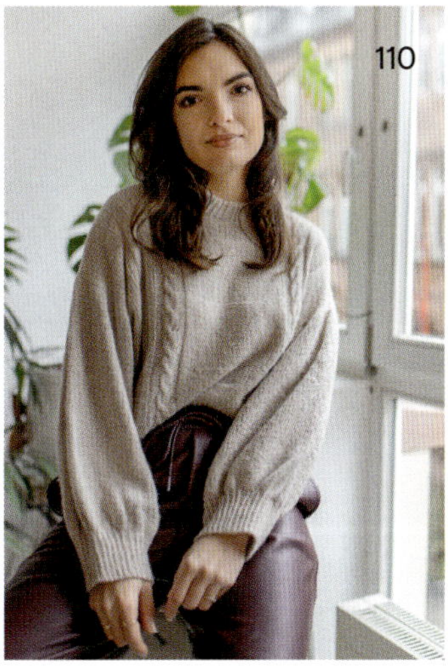
110

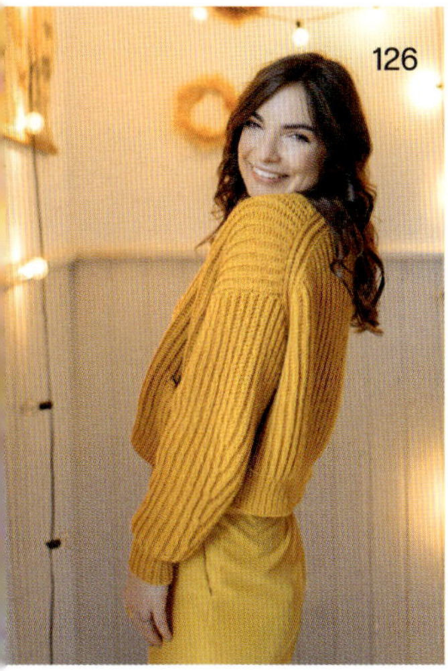
126

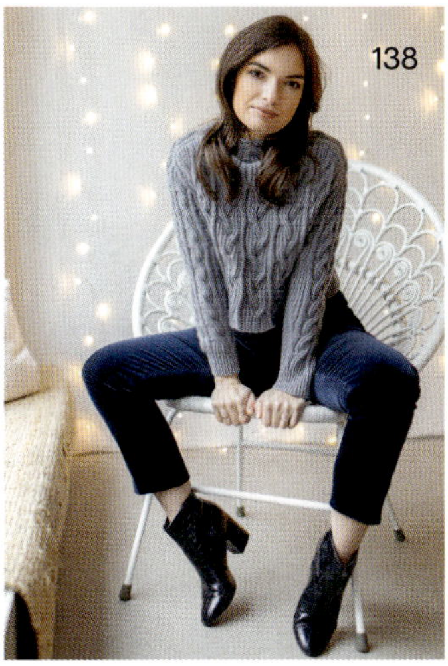
138

»FALLING FOR KNITS – GENAU DAS IST MIR PASSIERT. UNVERHOFFT UND GANZ BESTIMMT NICHT GEPLANT, BIN ICH KLAMMHEIMLICH, STILL & LEISE IMMER WEITER IN **DIE WELT DES STRICKENS** EINGETAUCHT.«

Vielleicht ist es für den einen oder anderen naheliegend, dass ich durch meinen Beruf als Modedesignerin den Weg zum Strickdesign gefunden habe. Für mich war es das nicht. Habe ich doch während meiner Ausbildung und auch im Berufsleben hauptsächlich mit Webwaren und Jerseys gearbeitet und hatte gar kein so umfangreiches Fachwissen zur Strickthematik. Im Gegenteil, diese Wissenslücke war einer der Gründe, warum ich anfing zu stricken – um mich weiterzubilden und im Berufsleben davon zu profitieren. Zu diesem Zeitpunkt hätte ich niemals zu träumen gewagt, dass meine Designs eines Tages in einem Buch zum Nachstricken verlegt werden.

In den Anfängen war meine Oma wohl mein größter Fan. Jedes noch so kleine Projekt wurde ihr präsentiert und egal, wie viele Fehler ich gemacht hatte, sie gab mir immer das Gefühl, als hätte ich etwas unglaublich Schönes erschaffen. Schnell wurden die Projekte größer und umso anspruchsvoller sie wurden, umso größer wurde auch der Wunsch, eigene Ideen in die Tat umzusetzen. Inzwischen entwerfe ich seit zwei Jahren eigene Strickdesigns und bin beim Schreiben dieser Zeilen selbst ganz fassungslos, wie schnell die Zeit vergangen ist.

Dieses Buch umfasst 13 Herzensprojekte zum Nachstricken, die dir die Herbstzeit versüßen sollen. Sie sind unterschiedlich und vielfältig, trotzdem denke ich, dass sie alle meine Handschrift tragen. Von den Shorts über den Sweater bis hin zum Kleid oder Slipover ist alles dabei. Mal oversized geschnitten und mal ganz auf Figur, mal mit aufwendigem Zopfmuster und mal ganz schlicht – für jeden Geschmack ist etwas dabei. Jetzt stellt sich nur noch die Frage: Welches wird dein nächstes Projekt?

Falling for knits – vielleicht passiert es dir ja auch.

Happy knitting!
Ann-Kathrin ♡

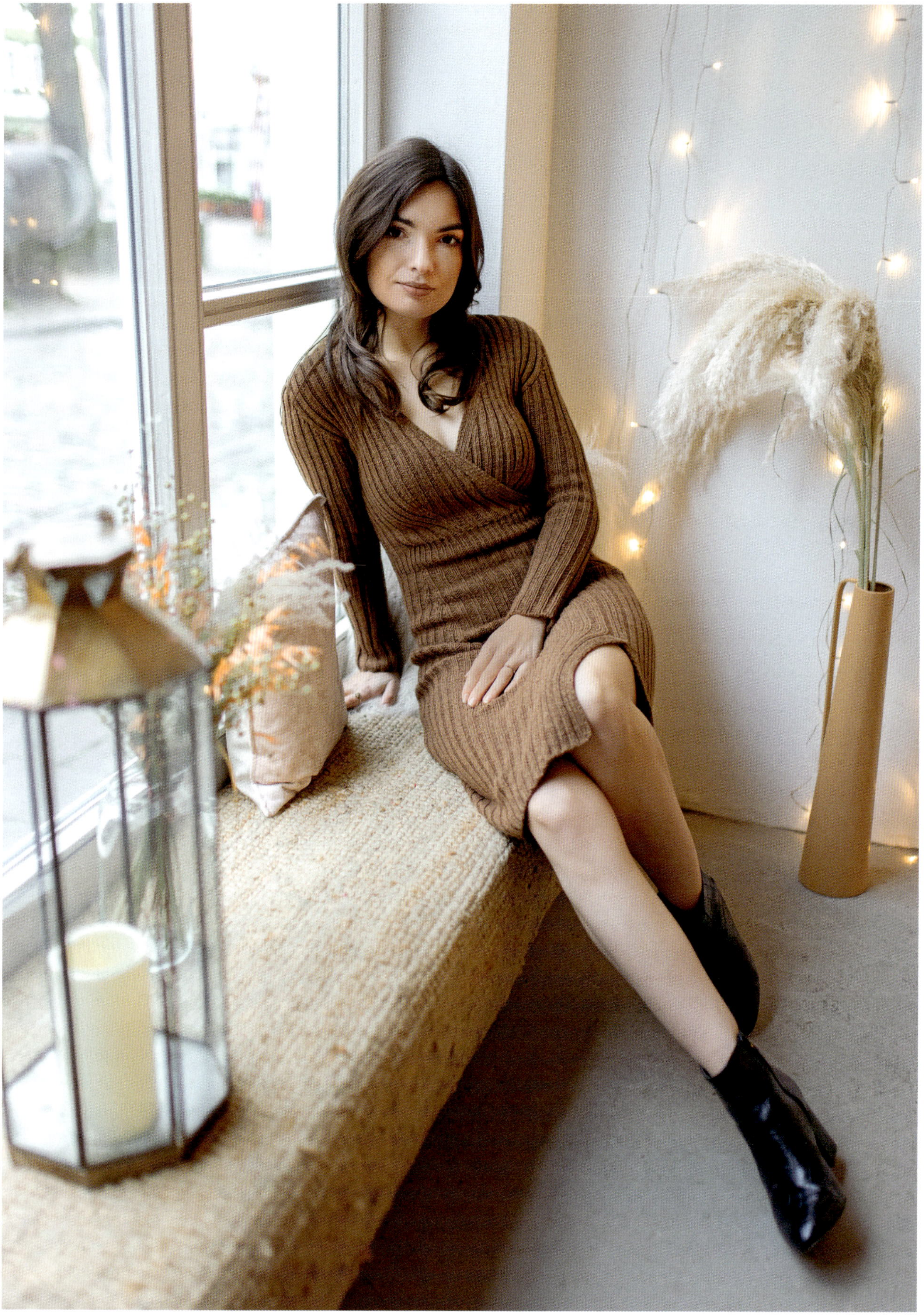

LUNCHATTIFFANYSSET

Das **LunchatTiffanysdress** ist ein figurbetontes Kleid in Wickeloptik mit abgesetzten Details im einfachen Rippenmuster. Es wird nahtlos von oben nach unten im doppelten Rippenmuster gestrickt. Details sind im einfachen Rippenmuster abgesetzt. Die Wickeloptik vom Oberteil wird auch im Rock aufgegriffen und endet in einem halb seitlich sitzenden Schlitz im Vorderteil. Das Kleid ist ein echter Allrounder und kann mit der richtigen Kombination für nahezu jede Gelegenheit gestylt werden.

Eine raffinierte Variante ist die **LunchatTiffanysblouse**, eine figurnahe Bluse mit Wickeloptik in leicht verkürzter Länge, die sich analog zum Oberteil des Kleides arbeiten lässt.

Die Passform kann durch Kreuzgrößen individuell optimiert werden. Auch die Schlitzlänge sowie die Länge des Kleides können individuell nach Geschmack angepasst werden. Kleid und Bluse können jeweils mit drei verschiedenen Ärmellösungen gearbeitet werden: mit langem Arm – entweder mit einfachem Rippenabschluss oder im doppelten Rippenmuster, mit kurzem Arm oder ärmellos.

GRÖSSEN

3XS (2XS) XS (S) M (L) XL (2XL)

MASSE

Brust: 65 (70) 75 (80) 85 (90) 95 cm
Taille: 45 (50) 55 (60) 65 (70) 70 cm
Hüfte: 70 (75) 80 (85) 90 (95) 100 cm
Länge Kleid: 105 (105) 105 (108) 108 (108) 110 (110) cm
Länge Bluse: 52 (52) 52 (54) 54 (54) 56 (56) cm

EMPFOHLENE NADELN UND ZUBEHÖR

2 Rundstricknadeln 3,5 mm (80 cm)
Je ein Nadelspiel 2,75 mm und 3,5 mm
Maschenmarkierer

MASCHENPROBE

zweifädig im doppelten Rippenmuster
mit 3,5 mm Nadeln
24 Maschen und 34 Reihen = 10 cm x 10 cm
(gewaschen und gespannt)

Bitte zuvor die eigene Nadelstärke ermitteln, mit der die Maschenprobe möglichst genau erreicht wird!

GARN

Kleid: Knitting for Olive Merino
100 % Merino
Lauflänge = 250 m/50 g

Bluse: KNITLOOP Baby Lamb Alpaca
100 % Alpaka (Baby)
Lauflänge = 400 m/100 g

	3XS	2XS	XS	S	M	L	XL	2XL
Kleid mit langem Arm	600 g	600 g	700 g	700 g	800 g	800 g	900 g	900 g
Kleid mit kurzem Arm	500 g	600 g	600 g	700 g	700 g	800 g	800 g	900 g
Kleid, ärmellos	500 g	600 g	600 g	600 g	700 g	700 g	800 g	800 g
Bluse mit langem Arm	400 g	400 g	400 g	500 g	500 g	500 g	600 g	600 g
Bluse mit kurzem Arm	400 g	400 g	400 g	400 g	500 g	500 g	600 g	600 g
Bluse, ärmellos	300 g	300 g	300 g	300 g	400 g	400 g	400 g	500 g

Bei Kreuzgrößen richtet sich der Garnverbrauch nach der größten Größe.

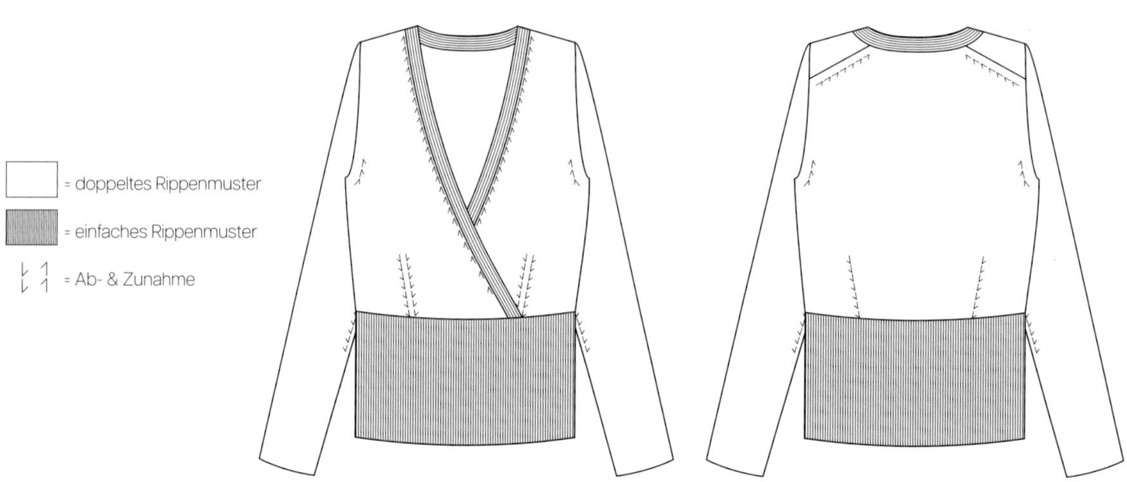

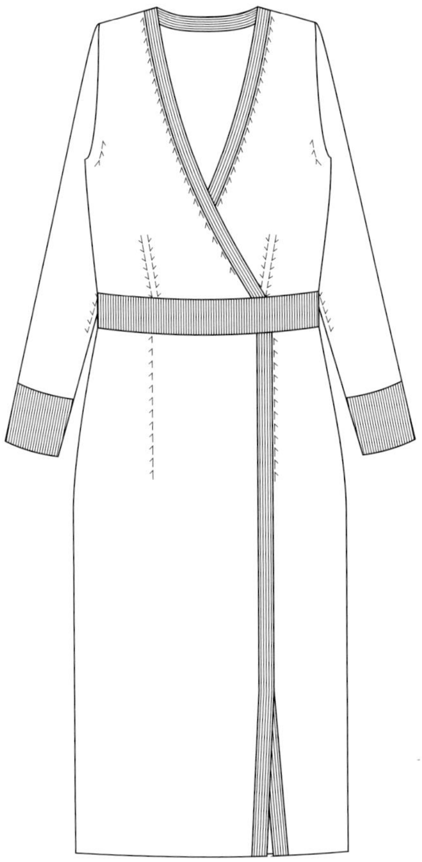
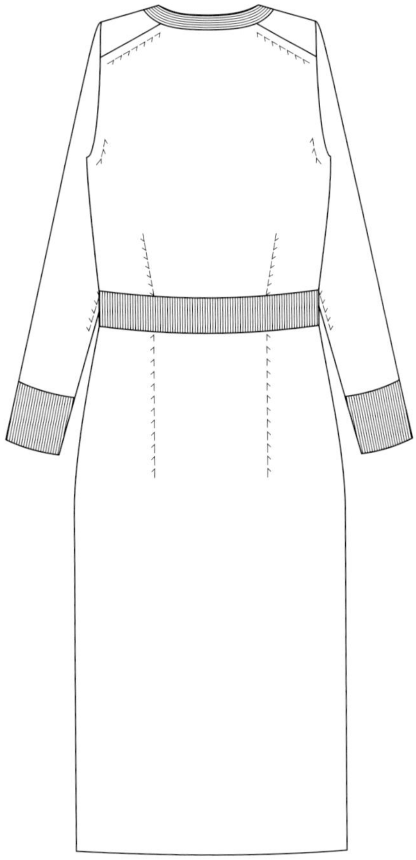
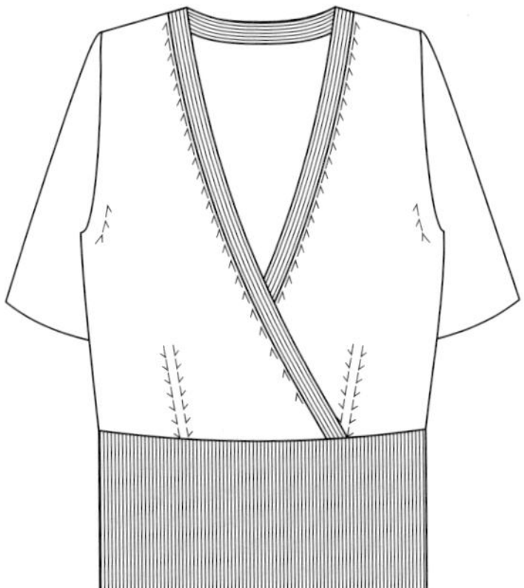
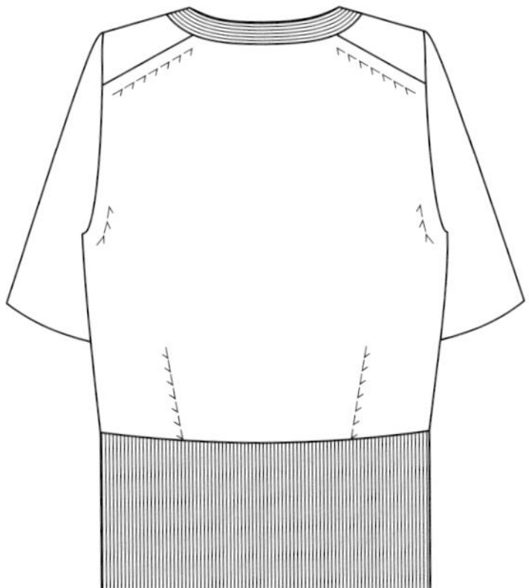
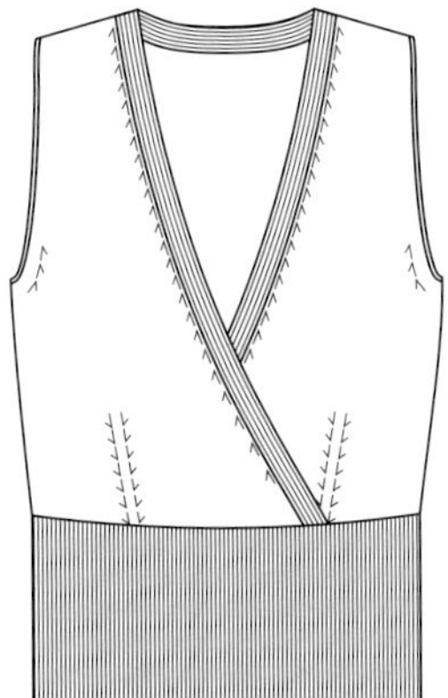
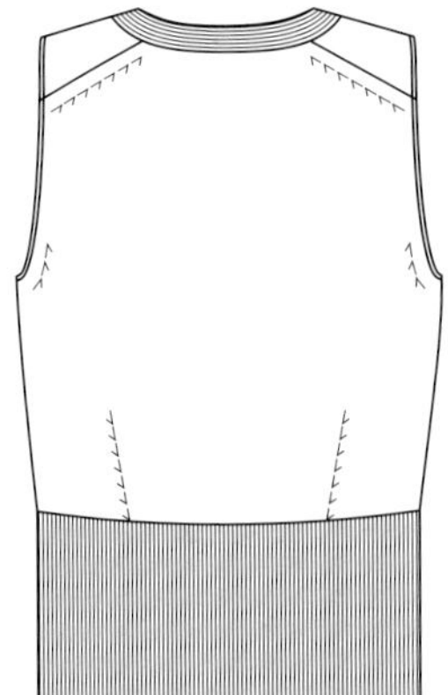

Körpermaße	3XS	2XS	XS	S	M	L	XL	2XL
Brust	75 cm	80 cm	85cm	90 cm	95 cm	100 cm	105 cm	110 cm
Taille	55 cm	60 cm	65 cm	70 cm	75 cm	80 cm	85 cm	90 cm
Hüfte	80 cm	85 cm	90 cm	95 cm	100 cm	105 cm	110 cm	115 cm

GRÖSSENGUIDE

Kleid und Bluse sollten mit einer negativen Weitenzugabe (negative ease) von etwa 10 cm gestrickt werden. Die Größe wird anhand des Brustumfangs ermittelt, dieser entspricht bei den angegebenen Größen ungefähr 75 (80) 85 (90) 95 (100) 105 (110) cm.

Bei einem Körpermaß, das zwischen zwei Größen liegt, empfehle ich, die kleinere Größe zu wählen! Bei einem Brustumfang von z. B. 93 cm, sollte Größe S gewählt werden.

KREUZGRÖSSEN

Weichen die Körpermaße von der Tabelle ab, kann auch eine Kreuzgröße gearbeitet werden (z. B. Brust- und Taillenumfang in Größe S und Hüftumfang in Größe M). Die Anleitung kann in dem Fall wie folgt individuell angepasst werden:

Zunächst die Größe auswählen, die dem Brustumfang entspricht. Nach dieser Größe bis zu den Taillenabnahmen arbeiten. An dieser Stelle stehen drei Varianten zur Auswahl: Brust und Taille sollen in der gleichen Größe gestrickt werden (Variante 1), die Taille soll eine Größe kleiner als die Brust ausfallen (Variante 2) oder die Taille soll eine Größe größer als die Brust werden (Variante 3).

Bei den Zunahmen für die Hüfte nach dem gleichen Prinzip vorgehen: Taille und Hüfte sollen derselben Größe entsprechen (Variante 1), die Hüfte soll eine Größe kleiner als die Taille werden (Variante 2) oder die Hüfte soll eine Größe größer als die Taille gearbeitet werden (Variante 3).

ANLEITUNG
FÜR KLEID UND BLUSE

*Beide **Randmaschen** werden in den Hinreihen rechts gestrickt und in den Rückreihen abgehoben. Es wird stets mit doppeltem Faden gearbeitet.*

RÜCKENTEIL

*Der **hintere Halsausschnitt** wird im einfachen Rippenmuster gestrickt und in zwei Teilen gearbeitet, sodass die Anschlagkante in der hinteren Mitte liegt. Entlang der einen Seite wird ein Knötchenrand gestrickt, hier werden im nächsten Schritt die Maschen für das Rückenteil aufgenommen.*

Für die **linke hintere Kragenblende** mit der 2,75 mm Nadel mit dem provisorischen Anschlag 8 M doppelfädig anschlagen (Tipps zum provisorischen Anschlag siehe Seite 150).

1. Reihe (Hinr): 1 re, * 1 re, 1 li, ab * stets wdh, RM.

2. Reihe (Rückr): RM, * 1 re, 1 li, ab * stets wdh, 1 re.

Die 1. – 2. Reihe bis zu einer Länge von 8 (9) 9 (9) 10 (10) 10 (11) cm wdh, dabei mit einer Rückreihe enden. Den Faden abschneiden und die M stilllegen.

Für die **rechte hintere Kragenblende** die 8 M der provisorischen Anschlagkante auf die 2,75 mm Nadel nehmen und den Hilfsfaden entfernen.

1. Reihe (Hinr): RM, * 1 li, 1 re, ab * stets wdh, 1 re, wenden.

2. Reihe (Rückr): 1 re, * 1 li, 1 re, ab * stets wdh, RM, wenden.

Die 1. – 2. Reihe bis zu einer Länge von 8 (9) 9 (9) 10 (10) 10 (11) cm ab Anschlag und 16 (18) 18 (18) 20 (20) 20 (22) cm Gesamtlänge wdh, dabei mit einer Rückreihe enden. Den Faden abschneiden und die M stilllegen.

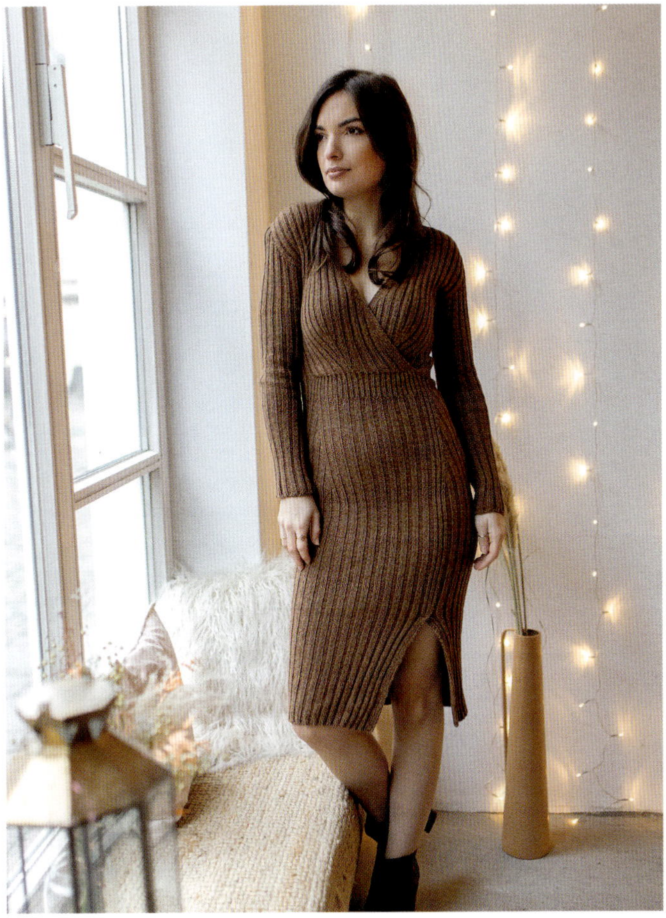

In einer Hinreihe werden nun aus dem Knötchenrand des Halsausschnittes und aus der stillgelegten Masche, über die der Knötchenrand gestrickt wurde, von rechts nach links neue Maschen für das Rückenteil aufgenommen. Alle anderen Maschen des Halsausschnitts werden zunächst stillgelegt und später beim Vorderteil weitergearbeitet.

Vorbereitende Reihe (Hinr): Mit der 3,5 mm Rundstricknadel die Knötchenrand-M vom linken Teil des Ausschnitts re str, aus der langen Seite des Ausschnitts mit Knötchenrand gleichmäßig 40 (44) 44 (44) 48 (48) 48 (52) neue M aufnehmen, dann die Knötchenrand-M vom rechten Teil des Ausschnitts rechts str = 42 (46) 46 (46) 50 (50) 50 (54) M.

In der nächsten Rückreihe wird das Rippenmuster für den Rücken aufgebaut, dazu werden zwei Maschenmarkierer platziert. Außerdem werden zwei Maschen neu angeschlagen, die in den folgenden Reihen kraus rechts gestrickt werden und an beiden Seiten einen Knötchenrand bilden.

1. Reihe (Rückr): 1 M neu anschlagen (Schlingenanschlag, siehe Seite 150), 2 li, 2 re, 2 li, 1 MM platzieren, * 2 re, 2 li, ab * bis zu den letzten 8 M wdh, 2 re, 1 MM platzieren, 2 li, 2 re, 2 li, 1 M neu anschlagen.

2. Reihe (Hinr): 1 re, bis zum MM im Rippenmuster, MMv, **Zun-li(re)**, * 2 li, 2 re, ab * bis 2 M vor dem nächsten MM wdh, 2 li, **Zun-re(re),** MMv, 6 M im Rippenmuster, 1 re.

3. Reihe: 1 re, 6 M im Rippenmuster, MMv, 1 li, * 2 re, 2 li, ab * bis 3 M vor MM wdh, 2 re, 1 li, MMv, 6 M im Rippenmuster, 1 re.

4. Reihe: 1 re, bis zum MM im Rippenmuster, MMv, **Zun-li(re),** 1 re, * 2 li, 2 re, ab * bis 3 M vor dem nächsten MM wdh, 2 li, 1 re, **Zun-re(re)**, MMv, 6 M im Rippenmuster, 1 re.

5. Reihe: 1 re, 6 M im Rippenmuster, MMv, 2 li, * 2 re, 2 li, ab * bis zum MM wdh, MMv, 6 M im Rippenmuster, 1 re.

6. Reihe: 1 re, bis zum MM im Rippenmuster, MMv, **Zun-li(li)**, 2 re, * 2 li, 2 re, ab * bis zum nächsten MM wdh, **Zun-re(li)**, MMv, 6 M im Rippenmuster, 1 re.

7. Reihe: 1 re, 6 M im Rippenmuster, MMv, 1 re, 2 li, * 2 re, 2 li, ab * bis 1 M vor MM wdh, 1 re, MMv, 6 M im Rippenmuster, 1 re.

8. Reihe: 1 re, im Rippenmuster bis zum MM, MMv, **Zun-li(li)**, 1 li, 2 re, * 2 li, 2 re, ab * bis 1 M vor dem nächsten MM wdh, 1 li, **Zun-re(li)**, MMv, 6 M im Rippenmuster, 1 re.

9. Reihe: 1 re, 6 M im Rippenmuster, MMv, * 2 re, 2 li, ab * bis 2 M vor MM wdh, 2 re, MMv, 6 M im Rippenmuster, 1 re.

Die 2. – 9. Reihe insgesamt 3x (3x) 4x (5x) 5x (6x) 7x (8x) arbeiten = 68 (72) 80 (88) 92 (100) 108 (120) M.

In der letzten Rückr in beide RM zusätzlich je 1 MM platzieren. Diese markieren das Ende der Schulter in Richtung Armloch und helfen, wenn später Maschen für das Vorderteil aufgenommen werden.

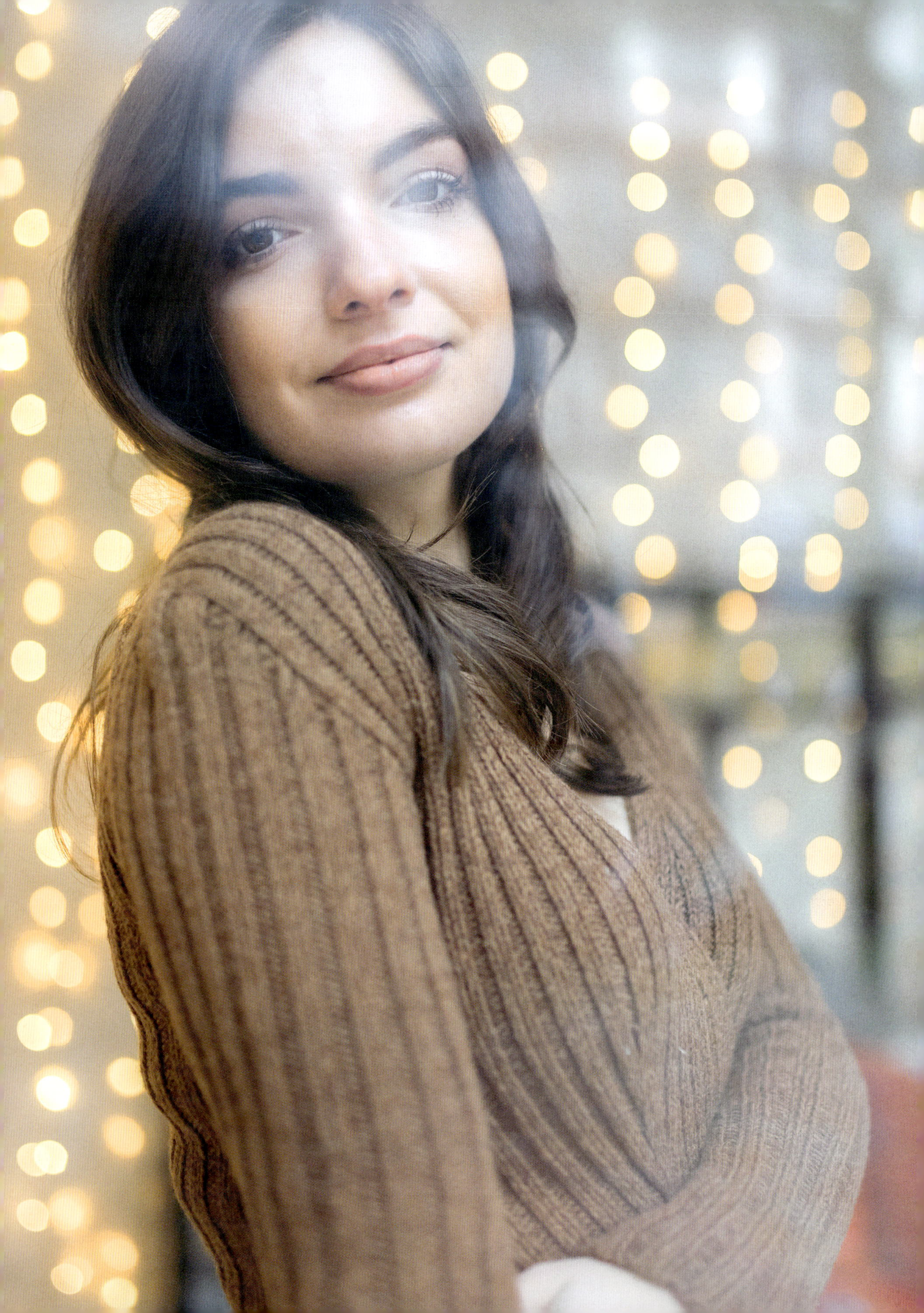

Nun wie folgt 8 (9) 9 (9) 10 (10) 11 (11) cm ohne Zunahmen im Rippenmuster arbeiten, die MM bleiben dabei an ihrem Platz:

In den Hinr: 3 re, 2 li, 2 re, MMv, bis zu den letzten 7 M im Rippenmuster, MMv, 2 re, 2 li, 3 re.

In den Rückr: 1 re, 6 M im Rippenmuster, MMv, bis zu den letzten 7 M im Rippenmuster, MMv, 6 M im Rippenmuster, 1 re.

Mit einer Rückr enden und noch 1x die 2. – 9. Reihe stricken, um den Armausschnitt zu formen. In der letzten Rückr können die beiden mittleren MM entfernt werden = 76 (80) 88 (96) 100 (108) 116 (128) M. Den Faden abschneiden und die M stilllegen.

VORDERTEIL

Für das **rechte Vorderteil** in einer Hinr aus der rechten Schulter des Rückenteils mit der 3,5 mm Nadel 17 (17) 21 (25) 25 (29) 33 (37) M aufnehmen, das Fadenende liegt am rechten Rand (Armausschnitt), die letzte M wird dabei aus der markierten RM aufgenommen, den MM entfernen und mit der 2,75 mm Nadel noch die 7 stillgelegten M des rechten Halsausschnitts str: 1 re, 1 li, 1 re, 1 li, 1 re, 1 li, RM.

Das rechte Vorderteil besteht nun aus 17 (17) 21 (25) 25 (29) 33 (37) Maschen, die im Folgenden im doppelten Rippenmuster mit 3,5 mm Nadeln gestrickt werden, und sieben Maschen, die im einfachen Rippenmuster mit 2,75 mm Nadeln gestrickt werden.
Für die Formgebung des Vorderteils werden in jeder dritten Reihe Zunahmen direkt neben dem einfachen Rippenmuster gearbeitet.

1. Reihe (Rückr): (2,75 mm) RM, 1 re, 1 li, 1 re, 1 li, 1 re, 1 li, (3,5 mm) * 2 re, 2 li, ab * stets wdh, 1 re.

2. Reihe (Hinr): (3,5 mm) 1 re, * 2 re, 2 li, ab * bis zu den letzten 7 M wdh, (2,75 mm) 1 re, 1 li, 1 re, 1 li, 1 re, 1 li, RM.

3. Reihe: (2,75 mm) RM, 6 M str, wie sie erscheinen, (3,5 mm) **Zun-re(li)**, * 2 re, 2 li, ab * stets wdh, 1 re.

4. Reihe: (3,5 mm) 1 re, * 2 re, 2 li, ab * bis zu den letzten 8 M wdh, 1 re, (2,75 mm) 6 M str, wie sie erscheinen, RM.

5. Reihe: (2,75 mm) RM, 6 M str, wie sie erscheinen, (3,5 mm) 1 li, * 2 re, 2 li, ab * stets wdh, 1 re.

6. Reihe: (3,5 mm) 1 re, * 2 re, 2 li, ab *, bis zu den letzten 8 M wdh, 1 re, **Zun-re(re)**, (2,75 mm) 6 M str, wie sie erscheinen, RM.

7. Reihe: (2,75 mm) RM, 6 M str, wie sie erscheinen, (3,5 mm) 2 li, * 2 re, 2 li, ab * stets wdh, 1 re.

8. Reihe: (3,5 mm) 1 re, * 2 re, 2 li, ab * bis zu den letzten 9 M wdh, 2 re, (2,75 mm) 6 M str, wie sie erscheinen, RM.

9. Reihe: (2,75 mm) RM, 6 M str, wie sie erscheinen, (3,5 mm) **Zun-re(re)**, 2 li, * 2 re, 2 li, ab * stets wdh, 1 re.

10. Reihe: (3,5 mm) 1 re, * 2 re, 2 li, ab * bis zu den letzten 10 M wdh, 2 re, 1 li, (2,75 mm) 6 M str, wie sie erscheinen, RM.

11. Reihe: (2,75 mm) RM, 6 M str, wie sie erscheinen, (3,5 mm) 1 re, 2 li, * 2 re, 2 li, ab * bis zur letzten M wdh, 1 re.

12. Reihe: (3,5 mm) 1 re, * 2 re, 2 li, ab * bis zu den letzten 10 M wdh, 2 re, 1 li, **Zun-re(li)**, (2,75 mm) 6 M str, wie sie erscheinen, RM.

Die 1. – 12. Reihe insgesamt 4x (5x) 5x (5x) 6x (6x) 6x (7x) arbeiten = 33 (37) 41 (45) 49 (53) 57 (65) M auf der 3,5 mm Nadel und 7 M auf der 2,75 mm Nadel.

Nun werden weitere Zunahmen zur Ausformung des Armlochs gearbeitet.

1. Reihe (Rückr): (2,75 mm) RM, 6 M str, wie sie erscheinen, (3,5 mm) * 2 re, 2 li, ab * stets wdh, 1 re.

2. Reihe (Hinr): (3,5 mm) 1 re, * 2 re, 2 li, ab * bis zu den letzten 7 M wdh, (2,75 mm) 6 M str, wie sie erscheinen, RM.

3. Reihe: (2,75 mm) RM, 6 M str, wie sie erscheinen, (3,5 mm) **Zun-re(li)**, * 2 re, 2 li, ab * stets wdh, 1 re.

4. Reihe: (3,5 mm) 1 re, * 2 re, 2 li, ab * bis zu den letzten 8 M wdh, 1 re, (2,75 mm) 6 M str, wie sie erscheinen, RM.

5. Reihe: (2,75 mm) RM, 6 M str, wie sie erscheinen, (3,5 mm) 1 li, * 2 re, 2 li, ab * stets wdh, 1 re.

6. Reihe: (3,5 mm) 1 re, 6 M im Rippenmuster, ***Zun-li(re)***, 2 li, * 2 re, 2 li, ab * bis zu den letzten 8 M wdh, 1 re, ***Zun-re(re)***, (2,75 mm) 6 M str, wie sie erscheinen, RM.

7. Reihe: (2,75 mm) RM, 6 M str, wie sie erscheinen, (3,5 mm) 2 li, * 2 re, 2 li, ab * bis zu den letzten 10 M wdh, 2 re, 3 li, 2 re, 2 li, 1 re.

8. Reihe: (3,5 mm) 1 re, 6 M im Rippenmuster, ***Zun-li(re)***, 1 re, 2 li, * 2 re, 2 li, ab * bis zu den letzten 9 M wdh, 2 re, (2,75 mm) 6 M str, wie sie erscheinen, RM.

9. Reihe: (2,75 mm) RM, 6 M str, wie sie erscheinen, (3,5 mm) ***Zun-re(re)***, 2 li, * 2 re, 2 li, ab * bis zu den letzten 11 M wdh, 2 re, 4 li, 2 re, 2 li, 1 re.

10. Reihe: (3,5 mm) 1 re, 6 M im Rippenmuster, ***Zun-li(li)***, * 2 re, 2 li, ab * bis zu den letzten 10 M wdh, 2 re, 1 li, (2,75 mm) 6 M str, wie sie erscheinen, RM.

11. Reihe: (2,75 mm) RM, 6 M str, wie sie erscheinen, (3,5 mm) 1 re, 2 li, * 2 re, 2 li, ab * bis zu den letzten 8 M wdh 1 re, 6 M im Rippenmuster, 1 re.

12. Reihe: (3,5 mm) 1 re, 6 M im Rippenmuster, ***Zun-li(li)***, 1 li, * 2 re, 2 li, ab * bis zu den letzten 10 M wdh, 2 re, 1 li, ***Zun-re(li)***, (2,75 mm) 6 M str, wie sie erscheinen, RM.

13. Reihe: (2,75 mm) RM, 6 M str, wie sie erscheinen, (3,5 mm) * 2 re, 2 li, ab * stets wdh, 1 re.

Nun liegen 41 (45) 49 (53) 57 (61) 65 (73) M auf der 3,5 mm Nadel und 7 M auf der 2,75 mm Nadel. Den Faden abschneiden und die M stilllegen.

Das **linke Vorderteil** gegengleich zum rechten Vorderteil arbeiten: Zunächst die stillgelegten 7 M des linken Halsausschnitts in einer Hinr mit der 2,75 mm Nadel wie folgt stricken: RM, 1 li, 1 re, 1 li, 1 re, 1 li, 1 re. Anschließend mit der 3,5 mm Nadel aus der linken Schulter des Rückenteils gleichmäßig 17 (17) 21 (25) 25 (29) 33 (37) M aufnehmen. Die 1. M wird dabei aus der markierten RM aufgenommen, den Markierer anschließend entfernen.

Wie beim rechten Vorderteil werden nun 17 (17) 21 (25) 25 (29) 33 (37) Maschen im doppelten Rippenmuster mit 3,5 mm Nadeln gestrickt und sieben Maschen im einfachen Rippenmuster mit 2,75 mm Nadeln. Die Zunahmen für die Formgebung werden jedoch gegengleich gearbeitet.

1. Reihe (Rückr): (3,5 mm) 1 re, * 2 li, 2 re, ab * bis zu den letzten 7 M wdh, (2,75 mm) 1 li, 1 re, 1 li, 1 re, 1 li, 1 re, RM.

2. Reihe (Hinr): (2,75 mm) RM, 1 li, 1 re, 1 li, 1 re, 1 li, 1 re, (3,5 mm) * 2 li, 2 re, ab * stets wdh, 1 re.

3. Reihe: (3,5 mm) 1 re, * 2 li, 2 re, ab * bis zu den letzten 7 M wdh, ***Zun-li(li)***, (2,75 mm) 6 M str, wie sie erscheinen, RM.

4. Reihe: (2,75 mm) RM, 6 M str, wie sie erscheinen, (3,5 mm) 1 re, * 2 li, 2 re, ab * stets wdh, 1 re.

5. Reihe: (3,5 mm) 1 re, * 2 li, 2 re, ab * bis zu den letzten 8 M wdh, 1 li, (2,75 mm) 6 M str, wie sie erscheinen, RM.

6. Reihe: (2,75 mm) RM, 6 M str, wie sie erscheinen, (3,5 mm) ***Zun-li(re)***, 1 re, * 2 li, 2 re, ab * stets wdh, 1 re.

7. Reihe: (3,5 mm) 1 re, * 2 li, 2 re, ab * bis zu den letzten 9 M wdh, 2 li, (2,75 mm) 6 M str, wie sie erscheinen, RM.

8. Reihe: (2,75 mm) RM, 6 M str, wie sie erscheinen, (3,5 mm) 2 re, * 2 li, 2 re, ab * stets wdh, 1 re.

9. Reihe: (3,5 mm) 1 re, * 2 li, 2 re, ab * bis zu den letzten 9 M wdh, 2 li, ***Zun-li(re)***, (2,75 mm) 6 M wie sie erscheinen RM.

10. Reihe: (2,75 mm) RM, 6 M str, wie sie erscheinen, (3,5 mm) 1 li, 2 re, * 2 li, 2 re, ab * stets wdh, 1 re.

11. Reihe: (3,5 mm) 1 re, * 2 li, 2 re, ab * bis zu den letzten 10 M wdh, 2 li, 1 re, (2,75 mm) 6 M str, wie sie erscheinen, RM.

12. Reihe: (2,75 mm) RM, 6 M str, wie sie erscheinen, (3,5 mm) ***Zun-li(li)***, 1 li, 2 re, * 2 li, 2 re, ab * stets wdh, 1 re.

Die 1. – 12. Reihe insgesamt 4x (5x) 5x (5x) 6x (6x) 6x (7x) arbeiten = 33 (37) 41 (45) 49 (53) 57 (65) M auf der 3,5 mm Nadel und 7 M auf der 2,75 mm Nadel.

Für alle Größen werden nun 12 Reihen mit weiteren Zunahmen zur Ausformung des Armlochs gearbeitet.

1. Reihe (Rückr): (3,5 mm) 1 re, * 2 li, 2 re, ab * bis zu den letzten 7 M wdh, (2,75 mm) 1 li, 1 re, 1 li, 1 re, 1 li, 1 re, RM.

2. Reihe (Hinr): (2,75 mm) RM, 1 li, 1 re, 1 li, 1 re, 1 li, 1 re, (3,5 mm) * 2 li, 2 re, ab * stets wdh, 1 re.

3. Reihe: (3,5 mm) 1 re, * 2 li, 2 re, ab * bis zu den letzten 7 M wdh, ***Zun-li(li)***, (2,75 mm) 6 M str, wie sie erscheinen, RM.

4. Reihe: (2,75 mm) RM, 6 M str, wie sie erscheinen, (3,5 mm) 1 re, * 2 li, 2 re, ab * stets wdh, 1 re.

5. Reihe: (3,5 mm) 1 re, * 2 li, 2 re, ab * bis zu den letzten 8 M wdh, 1 li, (2,75 mm) 6 M str, wie sie erscheinen, RM.

6. Reihe: (2,75 mm) RM, 6 M str, wie sie erscheinen, (3,5 mm) ***Zun-li(re)***, 1 re, * 2 li, 2 re, ab * bis zu den letzten 7 M wdh, ***Zun-re(re)***, 6 M im Rippenmuster, 1 re.

7. Reihe: (3,5 mm) 1 re, 2 li, 2 re, 3 li, * 2 re, 2 li, ab * bis zu den letzten 7 M wdh, (2,75 mm) 6 M str, wie sie erscheinen, RM.

8. Reihe: (2,75 mm) RM, 6 M wie sie erscheinen, (3,5 mm) 2 re, * 2 li, 2 re, ab * bis zu den letzten 10 M wdh, 2 li, 1 re, ***Zun-re(re)***, 6 M im Rippenmuster, 1 re.

9. Reihe: (3,5 mm) 1 re, 2 li, 2 re, 4 li, * 2 re, 2 li, ab * bis zu den letzten 7 M wdh, ***Zun-li(re)***, (2,75 mm) 6 M str, wie sie erscheinen, RM.

10. Reihe: (2,75 mm) RM, 6 M str, wie sie erscheinen, (3,5 mm) 1 li, 2 re, * 2 li, 2 re, ab * bis zu den letzten 7 M wdh, ***Zun-re(li)***, 6 M im Rippenmuster, 1 re.

11. Reihe: (3,5 mm) 1 re, 2 li, 2 re, 2 li, 1 re, 2 li, * 2 re, 2 li, ab * bis zu den letzten 8 M wdh, 1 re, (2,75 mm) 6 M str, wie sie erscheinen, RM.

12. Reihe: (2,75 mm) RM, 6 M str, wie sie erscheinen, (3,5 mm) ***Zun-li(li)***, 1 li, 2 re, * 2 li, 2 re, ab * bis zu den letzten 8 M wdh, 1 li, ***Zun-re(li)***, 6 M im Rippenmuster, 1 re.

13. Reihe: (3,5 mm) 1 re, * 2 li, 2 re, ab * bis zu den letzten 7 M wdh, (2,75 mm) 1 li, 1 re, 1 li, 1 re, 1 li, 1 re, RM.

Nun liegen 41 (45) 49 (53) 57 (61) 65 (73) M auf der 3,5 mm Nadel und 7 M auf der 2,75 mm Nadel. Den Faden nicht abschneiden.

RUMPF

Für den Rumpf werden beide Vorderteile mit dem Rückenteil verbunden. Bis zur Taille wird dann in einem Stück in Reihen gearbeitet.

Mit einer Hinr am linken Vorderteil beginnen: (2,75 mm) RM, 6 M str, wie sie erscheinen, (3,5 mm) * 2 li, 2 re, ab * stets wdh, 1 li. Dann die stillgelegten M des Rückenteils: (3,5 mm) 1 li, * 2 re, 2 li, ab * bis zu den letzten 3 M wdh, 2 re, 1 li. Anschließend die M des rechten Vorderteils: (3,5 mm) 1 li, 2 re, * 2 li, 2 re, ab * bis zu den letzten 9 M wdh, 2 li, (2,75 mm) 6 M str, wie sie erscheinen, RM.

Nun liegen 172 (184) 200 (216) 228 (244) 260 (288) Maschen auf der Nadel. Der Körper wird in Hin- und Rückreihen mit Zunahmen im Vorderteil gestrickt.

1. Reihe (Rückr): (2,75 mm) RM, 1 re, 1 li, 1 re, 1 li, 1 re, 1 li, (3,5 mm) ***Zun-re(li)***, * 2 re, 2 li, ab * bis zu den letzten 9 M wdh, 2 re, ***Zun-li(li)***, (2,75 mm) 1 li, 1 re, 1 li, 1 re, 1 li, 1 re, RM.

2. Reihe (Hinr): (2,75 mm) RM, 1 li, 1 re, 1 li, 1 re, 1 li, 1 re, (3,5 mm) 1 re, * 2 li, 2 re, ab * bis zu den letzten 10 M wdh, 2 li, 1 re, (2,75 mm) 1 re, 1 li, 1 re, 1 li, 1 re, 1 li, RM.

3. Reihe: (2,75 mm) RM, 6 M str, wie sie erscheinen, (3,5 mm) 1 li, * 2 re, 2 li, ab * bis zu den letzten 10 M wdh, 2 re, 1 li, (2,75 mm) 6 M str, wie sie erscheinen, RM.

4. Reihe: (2,75 mm) RM, 6 M str, wie sie erscheinen, (3,5 mm) ***Zun-li(re)***, 1 re, * 2 li, 2 re, ab * bis zu den letzten 10 M wdh, 2 li, 1 re, ***Zun-re(re)***, (2,75 mm) 6 M str, wie sie erscheinen, RM.

5. Reihe: (2,75 mm) RM, 6 M str, wie sie erscheinen, (3,5 mm) 2 li, * 2 re, 2 li, ab * bis zu den letzten 7 M wdh, (2,75 mm) 6 M str, wie sie erscheinen, RM.

6. Reihe: (2,75 mm) RM, 6 M str, wie sie erscheinen, (3,5 mm) 2 re, * 2 li, 2 re, ab * bis zu den letzten 7 M wdh, (2,75 mm) 6 M str, wie sie erscheinen, RM.

7. Reihe: (2,75 mm) RM, 6 M str, wie sie erscheinen, (3,5 mm) ***Zun-re(re)***, 2 li, * 2 re, 2 li, ab * bis zu den letzten 7 M wdh, ***Zun-li(re)***, (2,75 mm) 6 M str, wie sie erscheinen, RM.

8. Reihe: (2,75 mm) RM, 6 M str, wie sie erscheinen, (3,5 mm) 1 li, 2 re, * 2 li, 2 re, ab * bis zu den letzten 8 M wdh, 1 li, (2,75 mm) 6 M str, wie sie erscheinen, RM.

9. Reihe: (2,75 mm) RM, 6 M str, wie sie erscheinen, (3,5 mm) 1 re, 2 li, * 2 re, 2 li, ab * bis zu den letzten 8 M wdh, 1 re, (2,75 mm) 6 M str, wie sie erscheinen, RM.

10. Reihe: (2,75 mm) RM, 6 M str, wie sie erscheinen, (3,5 mm) ***Zun-li(li)***, 1 li, 2 re, * 2 li, 2 re, ab * bis zu den letzten 8 M wdh, 1 li, ***Zun-re(li)***, (2,75 mm) 6 M str, wie sie erscheinen, RM.

11. Reihe: (2,75 mm) RM, 6 M str, wie sie erscheinen, (3,5 mm) * 2 re, 2 li, ab * bis zu den letzten 9 M wdh, 2 re, (2,75 mm) 6 M str, wie sie erscheinen, RM.

12. Reihe: (2,75 mm) RM, 6 M str, wie sie erscheinen, (3,5 mm) * 2 li, 2 re, ab * bis zu den letzten 9 M wdh, 2 li (2,75 mm) 6 M str, wie sie erscheinen, RM.

Die 1. – 12. Reihe noch 1x wdh, die letzte Reihe ist eine Hinr = 188 (200) 216 (232) 244 (260) 276 (304) M.

TAILLE

Nun werden Taillenabnahmen für eine körpernahe Passform gearbeitet. Dazu werden in der nächsten Rückreihe vier Markierer an den Positionen der Abnahmestellen platziert, während alle Maschen weiterhin so gestrickt werden, wie sie erscheinen.

In der folgenden Rückr: (2,75 mm) RM, 1 re, 1 li, 1 re, 1 li, 1 re, 1 li, (3,5 mm) * 2 re, 2 li, ab * stets wdh, dabei nach 30 (30) 30 (34) 34 (38) 38 (42) M (einschließlich der 7 M zu Beginn der Reihe) den 1. MM platzieren, den 2. MM nach weiteren 48 (52) 60 (60) 64 (68) 72 (76) M, den 3. MM nach weiteren 32 (36) 36 (44) 48 (48) 56 (68) M und den 4. MM nach weiteren 48 (52) 60 (60) 64 (68) 72 (76) M. Nach dem 4. MM liegen noch 30 (30) 30 (34) 34 (38) 38 (42) M auf der Nadel.

Hinweis: Die MM befinden sich alle zwischen 2 li M.

TAILLENABNAHMEN

Zur individuellen Größenanpassung wird vor den Taillenabnahmen nun entschieden, ob die Taille in der gleichen Größe gearbeitet werden soll wie die Brust, ob die Taille eine Größe kleiner im Vergleich zur Brust ausfallen soll oder die Taille eine Größe mehr braucht als die Brust.

VARIANTE 1
Taille und Brust in derselben Größe

1. Reihe (Hinr): (2,75 mm) RM, 6 M str, wie sie erscheinen, (3,5 mm) ***Zun-li(re)***, bis 2 M vor dem nächsten MM alle M str, wie sie erscheinen, ***Abn-re***, MMv, ***Abn-li***, bis 2 M vor dem nächsten MM alle M str, wie sie erscheinen, ***Abn-re***, MMv, bis zum nächsten MM alle M str, wie sie erscheinen, MMv, ***Abn-li***, bis 2 M vor dem nächsten MM alle M str, wie sie erscheinen, ***Abn-re***, MMv, ***Abn-li***, alle restlichen M auf der 3,5 mm Nadel, wie sie erscheinen, ***Zun-re(re)***, (2,75 mm) 6 M str, wie sie erscheinen, RM = 2 Zunahmen und 6 Abnahmen.

2. Reihe (Rückr) und alle folgenden Rückr: (2,75 mm) RM, 6 M str, wie sie erscheinen, (3,5 mm) bis zu den letzten 7 M alle M str, wie sie erscheinen, (2,75 mm) 6 M str, wie sie erscheinen, RM.

3. Reihe: (2,75 mm) RM, 6 M str, wie sie erscheinen, (3,5 mm) bis zu den letzten 7 M alle M str, wie sie erscheinen, (2,75 mm) 6 M str, wie sie erscheinen, RM.

5. – 8. Reihe: Die 1. – 4. Reihe noch 1x wdh = 2 Zunahmen und 6 Abnahmen.

9. Reihe: (2,75 mm) RM, 6 M str, wie sie erscheinen, (3,5 mm) bis 2 M vor dem nächsten MM alle M str, wie sie erscheinen, ***Abn-re***, MMv, ***Abn-li***, bis 2 M vor dem nächsten MM alle M str, wie sie erscheinen, ***Abn-re***, MMv, bis zum nächsten MM alle M str, wie

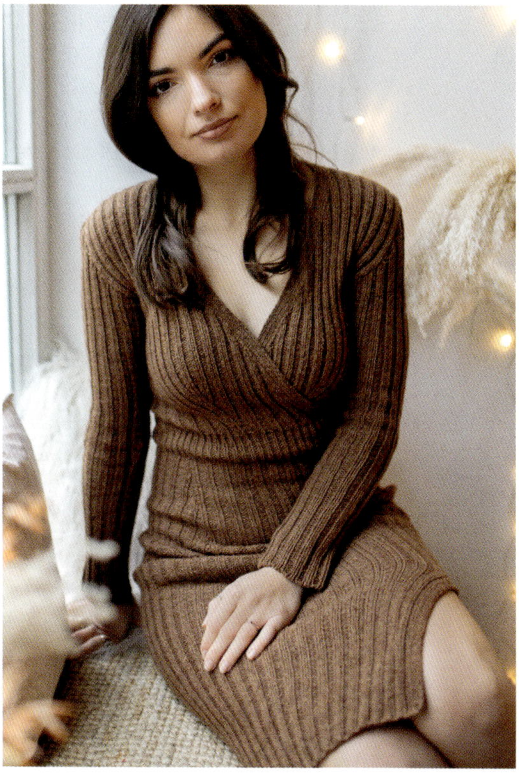
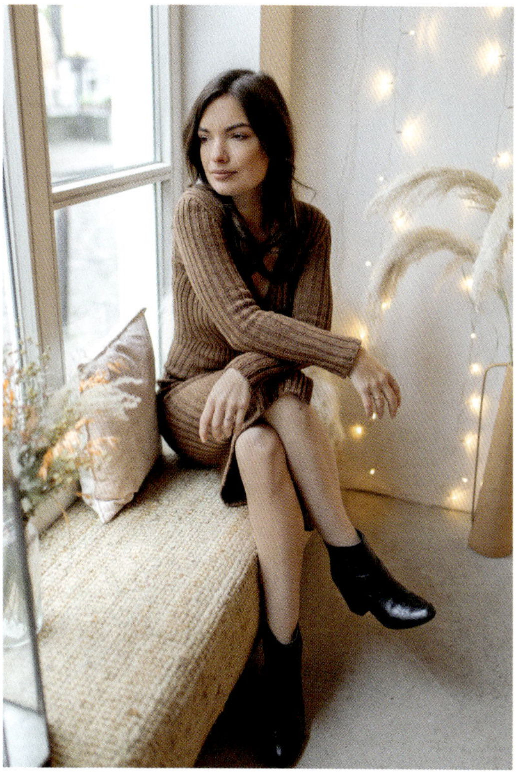
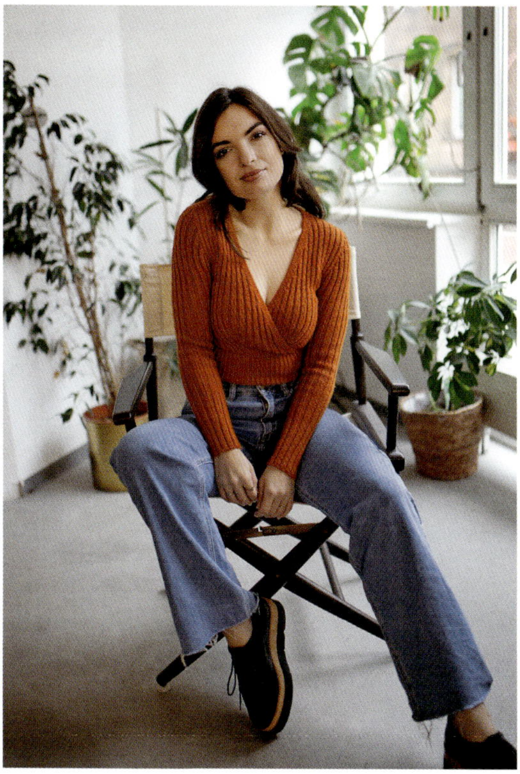
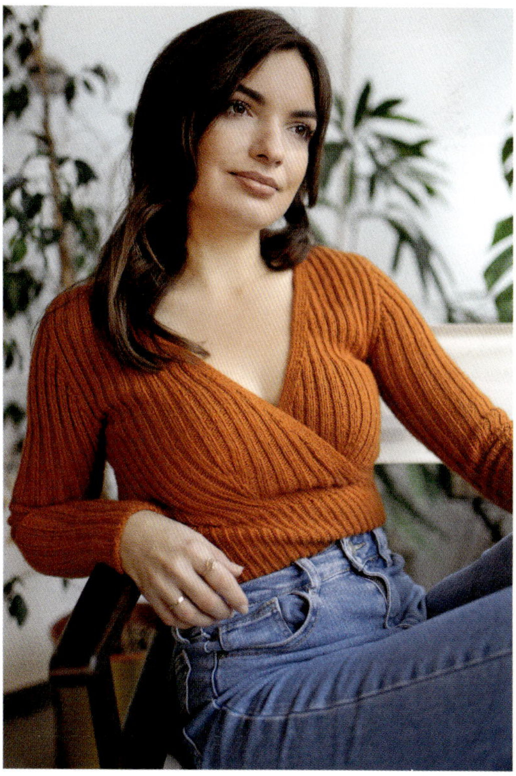

sie erscheinen, MMv, **Abn-li**, bis 2 M vor dem nächsten MM alle M str, wie sie erscheinen, **Abn-re**, MMv, **Abn-li**, alle restlichen M auf der 3,5 mm Nadel, wie sie erscheinen, (2,75 mm) 6 M str, wie sie erscheinen, RM = 6 Abnahmen.

11. Reihe: (2,75 mm) RM, 6 M str, wie sie erscheinen, (3,5 mm) **Zun-li(li)**, bis zu den letzten 7 M alle M str, wie sie erscheinen, **Zun-re(li)**, (2,75 mm) 6 M str, wie sie erscheinen, RM = 2 Zunahmen.

13. Reihe: wie die 9. Reihe = 6 Abnahmen.

15. Reihe: wie die 3. Reihe.

17. Reihe: wie die 9. Reihe = 6 Abnahmen.

19. Reihe: wie die 11. Reihe = 2 Zunahmen.

21. Reihe: wie die 9. Reihe = 6 Abnahmen.

23. Reihe: wie die 3. Reihe.

25. Reihe: wie die 9. Reihe = 6 Abnahmen.

27. Reihe: wie die 3. Reihe.

29. Reihe: wie die 9. Reihe = 6 Abnahmen.

31. Reihe: wie die 3. Reihe.

32. Reihe (Rückr): Alle M mit der 3,5 mm Nadel arbeiten: Zwischen den RM alle M str, wie sie erscheinen.

Nun liegen 148 (160) 176 (192) 204 (220) 236 (264) M auf der Nadel. In der letzten Reihe können die MM im Vorderteil entfernt werden, die MM im Rückenteil bleiben an ihrem Platz.

In der nächsten Hinreihe werden die Maschen zur Runde geschlossen. Für den Wickeleffekt werden die letzten 40 (40) 44 (48) 48 (52) 56 (68) Maschen dieser Runde (in der Zeichnung rot markiert) auf eine zweite 3,5 mm Nadel gehoben und vor die linke Nadel mit dem Arbeitsfaden gelegt. Beide Nadeln liegen parallel. Nun werden immer zwei Maschen, je eine von beiden linken Nadeln, zusammengestrickt.

In der folgenden Hinr: 1 MM platzieren, dann stets 1 M der vorderen Nadel mit 1 M der hinteren Nadel im Muster zusammenstr: * 1 re, 1 li, ab * stets wdh, bis alle M von der vorderen Nadel gestrickt wurden, 1 MM platzieren (= neuer Rundenbeginn), * 1 re, 1 li, ab * stets wdh = 108 (120) 132 (144) 156 (168) 180 (196) M.

Kleid und Bluse wurden bis zu dieser Stelle genau gleich gearbeitet. Nun werden sie nach jeweils eigenen Anleitungen weitergearbeitet.

VARIANTE 1
Taillenbereich und Abschluss Bluse

1. Runde: * 1 re verschr, 1 li, ab * stets wdh.

Diese Runde bis zu einer Länge von 16 (16) 16 (17) 17 (17) 18 (18) cm stets wdh. In der folgenden Runde alle M im einfachen Rippenmuster italienisch abketten (siehe Seite 153).

Dann mit dem Kapitel Ärmel auf Seite 26 fortfahren.

VARIANTE 1
Taillenbereich Kleid

1. Runde: * 1 re, 1 li, ab * stets wdh.

Diese Runde bis zu einer Länge von 6 (6) 6 (6) 8 (8) 8 (8) cm stets wdh.

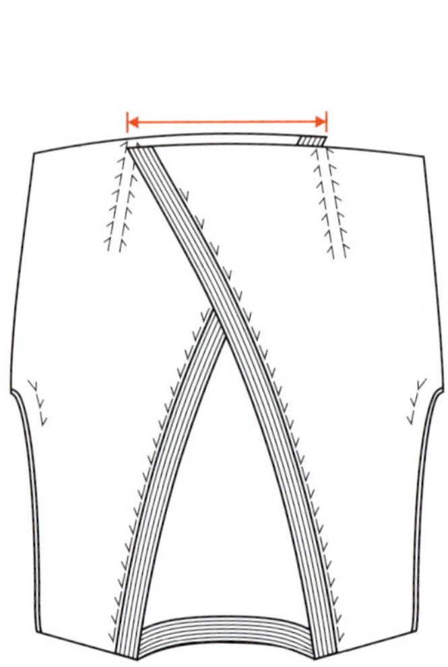

Nun werden Markierer für die Zunahmen platziert bzw. verschoben, sodass das Muster symmetrisch bleibt.

In der folgenden Runde: 1 re, 1 li, 1 re, * 2 li, 2 re, ab * bis 3 M vor dem nächsten MM wdh, 2 li, den MM an diese Stelle verschieben (1 M nach vorn), 1 re, den MM entfernen, 1 re, * 2 li, 2 re, ab * bis 3 M vor dem nächsten MM wdh, 2 li, 1 re, den MM entfernen, 1 re, 1 MM platzieren, * 2 li, 2 re, ab * bis 1 M vor dem nächsten MM wdh, 1 li, den MM entfernen, 1 li, 1 MM platzieren, * 2 re, 2 li, ab * bis 7 M vor dem Rundenbeginn wdh, 2 re, **Abn** (= 2 M li zusammenstr), 1 li, 1 re, 1 li, den MM (Rundenbeginn) entfernen, 1 re, 1 li, 1 re, den Rundbeginn an diese Stelle verschieben und den MM platzieren = 107 (119) 131 (143) 155 (167) 179 (195) M. Anschließend die Hüfte auf Seite 25 arbeiten.

VARIANTE 2
Taille eine Größe kleiner als die Brust

1. – 18. Reihe: wie die 1. – 18. Reihe von Variante 1 arbeiten.

19. Reihe: (2,75 mm) RM, 6 M str, wie sie erscheinen, (3,5 mm) ***Zun-li(li)***, bis 2 M vor dem nächsten MM alle M str, wie sie erscheinen, ***Abn-re***, MMv, ***Abn-li***, bis zum nächsten MM alle M str, wie sie erscheinen, MMv, bis zum nächsten MM alle M str, wie sie erscheinen, MMv, bis 2 M vor dem nächsten MM alle M str, wie sie erscheinen, ***Abn-re***, MMv, ***Abn-li***, alle restlichen M auf der 3,5 mm Nadel, wie sie erscheinen, ***Zun-re(li)***, (2,75 mm) 6 M str, wie sie erscheinen, RM = 2 Zunahmen + 4 Abnahmen.

21. Reihe: (2,75 mm) RM, 6 M str, wie sie erscheinen, (3,5 mm) bis 2 M vor dem nächsten MM alle M str, wie sie erscheinen, ***Abn-re***, MMv, ***Abn-li***, bis 2 M vor dem nächsten MM alle M str, wie sie erscheinen, ***Abn-re***, MMv, bis zum nächsten MM alle M str, wie sie erscheinen, MMv, ***Abn-li***, bis 2 M vor dem nächsten MM alle M str, wie sie erscheinen, ***Abn-re***, MMv, ***Abn-li***, alle restlichen M auf der 3,5 mm Nadel, wie sie erscheinen, (2,75 mm) 6 M str, wie sie erscheinen, RM = 6 Abnahmen.

23. Reihe: (2,75 mm) RM, 6 M str, wie sie erscheinen, (3,5 mm) bis 2 M vor dem nächsten MM alle M str, wie sie erscheinen, ***Abn-re***, MMv, ***Abn-li***, bis zum nächsten MM alle M str, wie sie erscheinen, MMv, bis zum nächsten MM alle M str, wie sie erscheinen, MMv, bis 2 M vor dem nächsten MM alle M str, wie sie erscheinen, ***Abn-re***, MMv, ***Abn-li***, alle restlichen M auf der 3,5 mm Nadel, wie sie erscheinen, (2,75 mm) 6 M str, wie sie erscheinen, RM = 4 Abnahmen.

25. Reihe: wie die 21. Reihe = 6 Abnahmen.

27. Reihe: wie die 23. Reihe = 4 Abnahmen.

29. Reihe: wie die 21. Reihe = 6 Abnahmen.

31. Reihe: (2,75 mm) RM, 6 M str, wie sie erscheinen, (3,5 mm) bis zu den letzten 7 M alle M str, wie sie erscheinen, (2,75 mm) 6 M str, wie sie erscheinen, RM.

32. Reihe (Rückr): Alle M mit der 3,5 mm Nadel arbeiten: Zwischen den RM alle M str, wie sie erscheinen.

Nun liegen 148 (164) 180 (192) 208 (224) 252 (/) M auf der Nadel. In der letzten Reihe können die MM im Vorderteil entfernt werden, die MM im Rückenteil bleiben an ihrem Platz.

In der nächsten Hinreihe werden die Maschen zur Runde geschlossen. Für den Wickeleffekt werden die letzten 40 (44) 48 (48) 52 (56) 64 (/) Maschen dieser Runde wie bei der Variante 1 beschrieben auf eine zweite 3,5 mm Nadel gehoben und vor die linke Nadel mit dem Arbeitsfaden gelegt. Jetzt werden immer zwei Maschen, je eine von beiden linken Nadeln, zusammengestrickt.

In der folgenden Hinr: 1 MM platzieren, nun stets 1 M der vorderen Nadel mit 1 M der hinteren Nadel im Muster zusammenstricken: * 1 re, 1 li, ab * stets wdh, bis alle M von der vorderen Nadel gestrickt wurden, 1 MM platzieren (= neuer Rundenbeginn), * 1 re, 1 li, ab * stets wdh, dabei gleichmäßig verteilt 0 (0) 0 (0) 0 (0) 8 (/) M abnehmen (= 2 M rechts zusammenstr) = 108 (120) 132 (144) 156 (168) 180 (/) M.

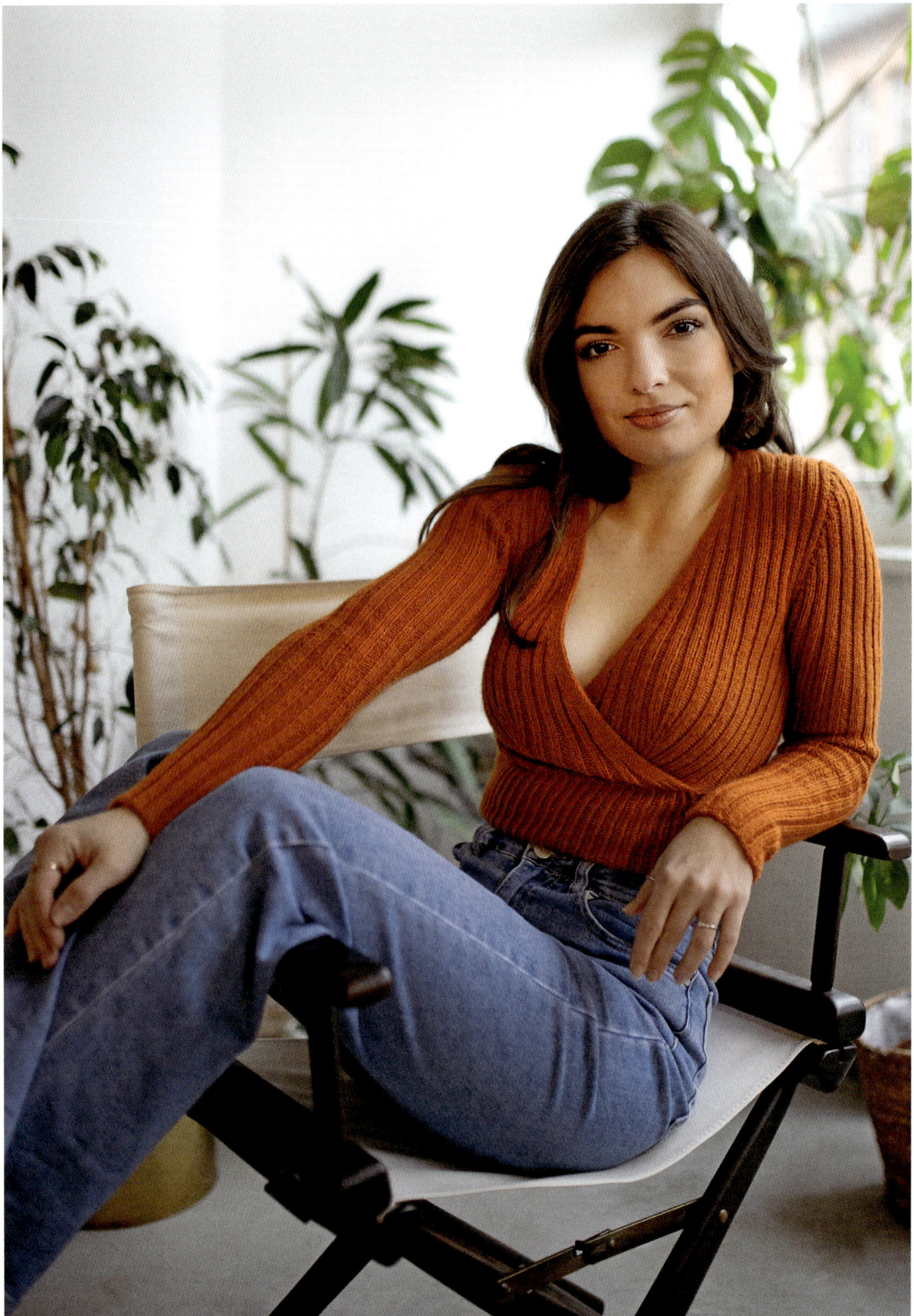

Kleid und Bluse wurden bis zu dieser Stelle genau gleich gearbeitet. Nun werden sie nach jeweils eigenen Anleitungen weitergearbeitet.

VARIANTE 2
Taillenbereich und Abschluss Bluse

1. Runde: * 1 re verschr, 1 li, ab * stets wdh.

Diese Runde bis zu einer Länge von 16 (16) 16 (17) 17 (17) 18 (18) cm stets wdh. In der folgenden Runde alle M im einfachen Rippenmuster italienisch abketten (siehe Seite 153).

Dann mit dem Ärmel auf Seite 26 fortfahren.

VARIANTE 2
Taillenbereich Kleid

1. Runde: * 1 re, 1 li, ab * stets wdh.

Diese Runde bis zu einer Länge von 6 (6) 6 (6) 8 (8) 8 (8) cm stets wdh.

Nun werden Markierer für die Zunahmen platziert bzw. verschoben, sodass das Muster symmetrisch bleibt.

In der folgenden Runde nur für Größe 3XS/S/XL: 1 re, 1 li, 1 re, * 2 li, 2 re, ab * bis 3 M vor dem nächsten MM wdh, 2 li, den MM an diese Stelle verschieben (um 1 M nach vorne), 1 re, den MM entfernen, 1 re, * 2 li, 2 re, ab * bis 3 M vor dem nächsten MM wdh, 2 li, 1 re, den MM entfernen, 1 re, 1 MM platzieren, * 2 li, 2 re, ab * bis 1 M vor dem nächsten MM wdh, 1 li, den MM entfernen, 1 li, 1 MM platzieren, * 2 re, 2 li, ab * bis 7 M vor dem Rundenbeginn wdh, 2 re, **Abn** (= 2 M li zusammenstr), 1 li, 1 re, 1 li, den MM (Rundenbeginn) entfernen, 1 re, 1 li, 1 re, den Rundbeginn an diese Stelle verschieben und 1 MM platzieren = 107/143/179 M.

In der folgenden Runde nur für Größe 2XS/XS/M/L: 1 re, 1 li, 1 re, * 2 li, 2 re, ab * bis 1 M vor dem nächsten MM wdh, 1 li, den MM entfernen, 1 li, 1 MM platzieren, * 2 re, 2 li, ab * bis 3 M vor dem nächsten MM wdh, 2 re , 1 MM platzieren, 1 li, den MM entfernen, 1 li, * 2 re, 2 li, ab * bis 3 M vor dem nächsten MM wdh, 2 re, 1 li, den MM entfernen, 1 li, 1 MM platzieren, * 2 re, 2 li, ab * bis 7 M vor dem Rundenbeginn wdh, 2 re, **Abn** (= 2 M li zusammenstr), 1 li, 1 re, 1 li, MM (Rundenbeginn) entfernen, 1 re, 1 li, 1 re. Den Rundbeginn an diese Stelle verschieben und 1 MM platzieren = 119/131/155/167 M. Anschließend die Hüfte auf Seite 25 arbeiten.

VARIANTE 3
Taille eine Größe größer als die Brust

1. – 4. Reihe: wie die 1. – 4. Reihe von Variante 1 arbeiten.

5. Reihe: (2,75 mm) RM, 6 M str, wie sie erscheinen, (3,5 mm) **Zun-li(re)**, bis zu den letzten 7 M alle M str, wie sie erscheinen, **Zun-re(re)**, (2,75 mm) 6 M str, wie sie erscheinen, RM.

7. Reihe: (2,75 mm) RM, 6 M str, wie sie erscheinen, (3,5 mm) bis 2 M vor dem nächsten MM alle M str, wie sie erscheinen, **Abn-re**, MMv, **Abn-li**, bis 2 M vor dem nächsten MM alle M str, wie sie erscheinen, **Abn-re**, MMv, bis zum nächsten MM alle M str, wie sie erscheinen, MMv, **Abn-li**, bis 2 M vor dem nächsten MM alle M str, wie sie erscheinen, **Abn-re**, MMv, **Abn-li**, alle restlichen M auf der 3,5 mm Nadel, wie sie erscheinen, (2,75 mm) 6 M str, wie sie erscheinen, RM = 6 Abnahmen.

9. Reihe: (2,75 mm) RM, 6 M str, wie sie erscheinen, (3,5 mm) bis zu den letzten 7 M alle M str, wie sie erscheinen, (2,75 mm) 6 M str, wie sie erscheinen, RM.

11. Reihe: (2,75 mm) RM, 6 M str, wie sie erscheinen, (3,5 mm) **Zun-li(li)**, bis zu den letzten 7 M alle M str, wie sie erscheinen, **Zun-re(li)**, (2,75 mm) 6 M str, wie sie erscheinen, RM = 2 Zunahmen.

13. Reihe: wie die 7. Reihe = 6 Abnahmen.

15. Reihe: wie die 9. Reihe.

17. Reihe: wie die 9. Reihe.

19. Reihe: (2,75 mm) RM, 6 M str, wie sie erscheinen, (3,5 mm) **Zun-li(li)**, bis 2 M vor dem nächsten MM alle M str, wie sie erscheinen, **Abn-re**, MMv, **Abn-li**, bis 2 M vor dem nächsten MM alle M str, wie sie erscheinen, **Abn-re**, MMv, bis zum nächsten MM alle M str, wie sie erscheinen, MMv, **Abn-li**, bis 2 M vor dem nächsten MM alle M str, wie sie erscheinen, **Abn-re**, MMv, **Abn-li**, alle restlichen M auf der 3,5 mm Nadel, wie sie erscheinen, **Zun-re(li)**, (2,75 mm) 6 M str, wie sie erscheinen, RM = 2 Zunahmen und 6 Abnahmen.

21. Reihe: wie die 9. Reihe.

23. Reihe: wie die 9. Reihe.

25. Reihe: wie die 7. Reihe = 6 Abnahmen.

27. Reihe: wie die 9. Reihe.

29. Reihe: wie die 9. Reihe.

31. Reihe: wie die 9. Reihe.

32. Reihe (Rückr): Alle M mit der 3,5 mm Nadel arbeiten: Zwischen den RM alle M str, wie sie erscheinen.

Nun liegen / (166) 178 (194) 210 (222) 238 (254) M auf der Nadel. In der letzten Reihe können die MM im Vorderteil entfernt werden, die MM im Rückenteil bleiben an ihrem Platz.

In der nächsten Hinreihe werden die Maschen zur Runde geschlossen. Für den Wickeleffekt werden die letzten / (44) 46 (50) 54 (54) 58 (58) Maschen dieser Runde wie bei Variante 1 beschrieben auf eine zweite 3,5 mm Nadel gehoben und vor die linke Nadel mit dem Arbeitsfaden gelegt. Jetzt werden immer zwei Maschen, je eine von beiden linken Nadeln, zusammengestrickt.

In der folgenden Hinr: 1 MM platzieren, nun stets 1 M der vorderen Nadel mit 1 M der hinteren Nadel im Muster zusammenstricken: * 1 re, 1 li, ab * stets wdh, bis alle M von der vorderen Nadel gestrickt wurden, 1 MM platzieren (= neuer Rundenbeginn), * 1 re, 1 li, ab * stets wdh = / (120) 132 (144) 156 (168) 180 (196) M.

Kleid und Bluse wurden bis zu dieser Stelle genau gleich gearbeitet. Nun werden sie nach jeweils eigenen Anleitungen weitergearbeitet.

VARIANTE 3
Taillenbereich und Abschluss Bluse

1. Runde: * 1 re verschr, 1 li, ab * stets wdh.

Diese Runde bis zu einer Länge von 16 (16) 16 (17) 17 (17) 18 (18) cm stets wdh. In der folgenden Runde alle M im einfachen Rippenmuster italienisch abketten (siehe Seite 153).

Dann mit dem Kapitel Ärmel auf Seite 26 fortfahren.

VARIANTE 3
Taillenbereich Kleid

1. Runde: * 1 re, 1 li, ab * stets wdh.

Diese Runde bis zu einer Länge von 6 (6) 6 (6) 8 (8) 8 (8) cm stets wdh.

Nun werden Markierer für die Zunahmen platziert bzw. verschoben, sodass das Muster symmetrisch bleibt.

In der folgenden Runde nur für Größe 2XS: 1 re, 1 li, 1 re, * 2 li, 2 re, ab * bis 1 M vor dem nächsten MM wdh, 1 li, den MM entfernen, 1 li, 1 MM platzieren (1 M nach vorne), * 2 re, 2 li, ab * bis 3 M vor dem nächsten MM wdh, 2 re , 1 MM platzieren, 1 li, den MM entfernen, 1 li, * 2 re, 2 li, ab * bis 3 M vor dem nächsten MM wdh, 2 re, 1 li, den MM entfernen, 1 li, 1 MM platzieren, * 2 re, 2 li, ab * bis 7 M vor dem Rundenbeginn wdh, 2 re, **Abn** (= 2 M li zusammenstr), 1 li, 1 re, 1 li, den MM (Rundenbeginn) entfernen, 1 re, 1 li, 1 re, den Rundbeginn an diese Stelle verschieben und 1 Markierer platzieren = 119 M.

In der folgenden Runde nur für Größe XS/S/L/XL: 1 li, 1 re, 2 li, * 2 re, 2 li, ab * bis 1 M vor dem nächsten MM wdh, 1 MM platzieren, 1 re, den MM entfernen, 1 re, * 2 li, 2 re, ab * bis 3 M vor dem nächsten MM wdh, 2 li, 1 re, MM entfernen, 1 re, 1 MM platzieren, * 2 li, 2 re, ab * bis 4 M vor dem nächsten MM wdh, 2 li, 1 MM platzieren, 2 re, den MM entfernen, * 2 li, 2 re, ab * bis 6 M vor dem nächsten MM wdh, 2 li, **Abn-re**, 1 li, 1 re, den MM entfernen, 1 li, 1 re, 1 MM platzieren (hier ist der neue Rundenbeginn) = 131/143/167/179 M.

In der folgenden Runde nur für Größe M/2XL: 1 re, 1 li, **Abn-re**, * 2 li, 2 re, ab * bis zum nächsten MM wdh, den MM entfernen, 2 li, 1 MM platzieren, * 2 re, 2 li, ab * bis 2 M vor dem nächsten MM wdh, 2 re, MMv, * 2 li, 2 re, ab * bis 3 M vor dem nächsten MM wdh, 2 li, 1 MM platzieren, 1 re, den MM entfernen, 1 re, * 2 li, 2 re, ab * bis 3 M vor dem nächsten MM wdh, 1 li, 1 re, 1 li, den MM entfernen, 1 re, 1 li, 1 re, 1 MM platzieren (hier ist der neue Rundenbeginn) = 155/195 M.

HÜFTE

Zur individuellen Größenanpassung beim Kleid wird vor den Hüftzunahmen nun unterschieden, ob die Hüftweite in der gleichen Größe gearbeitet werden soll wie die Taille, ob die Hüfte eine Größe kleiner im Vergleich zur Taille ausfallen soll oder die Hüfte eine Größe mehr braucht als die Taille.

VARIANTE 1
Hüfte und Taille in derselben Größe

1. Runde: * ***Zun-li(re)***, bis zum nächsten MM alle M str, wie sie erscheinen, ***Zun-re(re)***, MMv, bis zum nächsten MM alle M str, wie sie erscheinen, MMv, ab * 2x arbeiten = 4 Zunahmen.

2. – 4. Runde: alle M str, wie sie erscheinen.

5. Runde: wie die 1. Runde = 4 Zunahmen.

6. – 8. Runde: alle M str, wie sie erscheinen.

9. Runde: * ***Zun-li(li)***, bis zum nächsten MM alle M str, wie sie erscheinen, ***Zun-re(li)***, MMv, bis zum nächsten MM alle M str, wie sie erscheinen, MMv, ab * 2x arbeiten = 4 Zunahmen.

10. – 12. Runde: alle M str, wie sie erscheinen.

13. Runde: wie die 9. Runde = 4 Zunahmen.

14. – 16. Runde: alle M str, wie sie erscheinen.

Diese 16 Runden insgesamt 4x arbeiten = 171 (183) 195 (207) 219 (231) 243 (259) M. Anschließend das Rockteil auf Seite 26 arbeiten.

VARIANTE 2
Hüfte eine Größe kleiner als die Taille

1. Runde: * ***Zun-li(re)***, bis zum nächsten MM alle M str, wie sie erscheinen, ***Zun-re(re)***, MMv, bis zum nächsten MM alle M str, wie sie erscheinen, MMv, ab * 2x arbeiten = 4 Zunahmen.

2. – 6. Runde: alle M str, wie sie erscheinen.

7. Runde: wie die 1. Runde = 4 Zunahmen.

8. – 12. Runde: alle M str, wie sie erscheinen.

13. Runde: * ***Zun-li(li)***, bis zum nächsten MM alle M str, wie sie erscheinen, ***Zun-re(li)***, MMv, bis zum nächsten MM alle M str, wie sie erscheinen, MMv, ab * 2x arbeiten = 4 Zunahmen.

14. – 18. Runde: alle M str, wie sie erscheinen.

19. Runde: wie die 13. Runde = 4 Zunahmen.

20. – 24. Runde: alle M str, wie sie erscheinen.

Diese 24 Runden insgesamt 3x arbeiten = 167 (179) 191 (203) 215 (227) 243 (/) M. Anschließend das Rockteil auf Seite 26 arbeiten.

VARIANTE 3
Hüfte eine Größe größer als die Taille

1. Runde: * ***Zun-li(re)***, bis zum nächsten MM alle M str, wie sie erscheinen, ***Zun-re(re)***, MMv, bis zum nächsten MM alle M str, wie sie erscheinen, MMv, ab * 2x arbeiten = 4 Zunahmen.

2. – 3. Runde: alle M str, wie sie erscheinen.

4. Runde: wie die 1. Runde = 4 Zunahmen.

5. – 6. Runde: alle M str, wie sie erscheinen.

7. Runde: * ***Zun-li(li)***, bis zum nächsten MM alle M str, wie sie erscheinen, ***Zun-re(li)***, MMv, bis zum nächsten MM alle M str, wie sie erscheinen, MMv, ab * 2x arbeiten = 4 Zunahmen.

8. – 9. Runde: alle M str, wie sie erscheinen.

10. Runde: wie die 7. Runde = 4 Zunahmen.

11. – 12. Runde: alle M str, wie sie erscheinen.

Diese 12 Runden insgesamt 5x arbeiten = / (187) 199 (211) 223 (235) 247 (259) M.

ROCKTEIL FÜR ALLE VARIANTEN

Für alle Größen und alle Varianten nun in Runden weiterarbeiten, bis das Kleid ab dem unteren Ende des Taillenabschnitts (einfaches Rippenmuster) 42 cm misst, dabei alle M str, wie sie erscheinen. Dann die MM entfernen, nur der MM am Rundenbeginn bleibt an seinem Platz.

Tipp: *Bevor der Schlitz gearbeitet wird, ist eine Anprobe sinnvoll. Wenn gewünscht, kann weitergestrickt werden, bis die optimale Länge erreicht ist.*

SCHLITZ

Nach 42 cm Rocklänge wird der Schlitz am Rundenbeginn gearbeitet. Anschließend wird das Kleid weiter in Reihen gestrickt. Dafür wird das Strickstück am Rundenbeginn gewendet.

1. Reihe (Rückr): RM, bis zum Ende der Reihe alle M str, wie sie erscheinen, 5 neue M aus den ersten 5 M links vom Rundenbeginn (= M im einfachen Rippenmuster) aufnehmen und str, wie sie erscheinen, dabei jeweils 1 Runde tiefer einstechen. Die neuen Maschen bilden im Folgenden den einfachen Rippenabschluss auf der linken Seite des Schlitzes.

Tipp: In diesem Video zeige ich das Aufnehmen der neuen M: **https://youtu.be/MNnFIHXxBKY**

2. Reihe (Hinr): RM, 1 li, 1 re, 1 li, 1 re, bis zur letzten M alle M str, wie sie erscheinen, RM.

3. Reihe (Rückr): RM, bis zur letzten M alle M str, wie sie erscheinen, RM.

Diese beiden Reihen wdh, bis der Schlitz eine Länge von 24 cm oder die gewünschte Länge hat. In einer Hinr alle M im doppelten Rippenmuster italienisch abketten (siehe Seite 153).

ÄRMEL

Aus jedem Armloch von Kleid oder Bluse werden nun gleichmäßig verteilt 72 (72) 76 (76) 80 (84) 88 (92) Maschen mit der 3,5 mm Rundstricknadel aufgenommen, dabei wird mittig unter dem Arm begonnen. Sollen Ärmeln gearbeitet werden, müssen die beiden linken Maschen unter dem Arm auch im Ärmel links gestrickt werden. Der Rundenbeginn liegt zwischen diesen Maschen. Nun lässt sich das Kleid ärmellos (Variante 1), mit kurzem Arm (Variante 2) und mit langem Arm (Variante 3) arbeiten.

VARIANTE 1
Ärmellos

Für eine schön saubere Ausschnittkante in der 1. Runde nach dem Aufnehmen der M alle M wie folgt gleich wieder abketten: 1 li, * 1 li, die 1. gestrickte M über die 2. M heben, ab * bis zum Rundenende wdh, dann den Faden abschneiden. Dabei nicht zu fest abketten! Das **zweite Armloch** ebenso arbeiten.

VARIANTE 2
Mit kurzem Arm
UND VARIANTE 3
Mit langem Arm

Der kurze und der lange Ärmel werden zunächst gleich gearbeitet. Der kurze Ärmel endet etwa mittig des Oberarms im doppelten Rippenmuster und wird italienisch abgekettet. Der lange Arm kann entweder ebenfalls durchgehend im doppelten Rippenmuster gestrickt werden, oder es kann ein 8 cm langer Saumabschluss im einfachen Rippenmuster gearbeitet werden, bevor italienisch abgekettet wird.

GRÖSSE 3XS (2XS) M (XL)

1. Runde: 1 li, * 2 re, 2 li, ab * insgesamt 8x (8x) 9x (10x) str, 2 re, 1 li, 1 MM platzieren, 1 li, 2 re, 1 li, wenden, ab jetzt werden verkürzte Reihen gestrickt.

1. Reihe (Rückr): DM, 2 li, 1 re, MMv, 1 re, 2 li, 1 re, wenden.

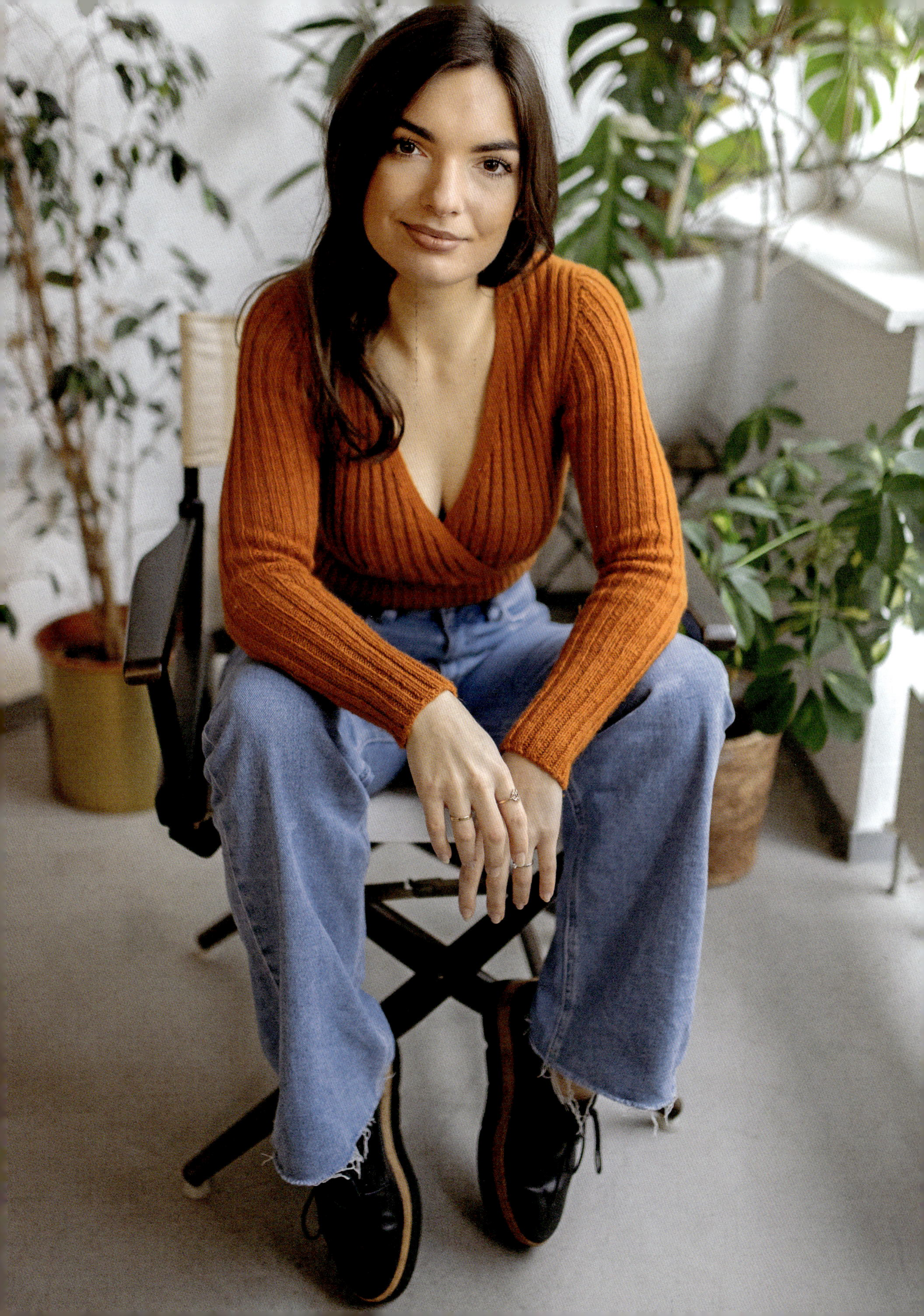

2. Reihe (Hinr): DM, 2 re, 1 li, MMv, 1 li, 2 re, DMli, 1 li, wenden.

3. Reihe: DM, 1 re, 2 li, 1 re, MMv, 1 re, 2 li, DMre, 1 re, wenden.

4. Reihe: DM, bis zum MM alle M str, wie sie erscheinen, MMv, bis zur DM alle M str, wie sie erscheinen, DMli, 1 re, wenden.

5. Reihe: DM, bis zum MM alle M str, wie sie erscheinen, MMv, bis zur DM alle M str, wie sie erscheinen, DMre, 1 li, wenden.

6. Reihe: DM, bis zum MM alle M str, wie sie erscheinen, MMv, bis zur DM alle M str, wie sie erscheinen, DMre, 1 re, wenden.

7. Reihe: DM, bis zum MM alle M str, wie sie erscheinen, MMv bis zur DM alle M str, wie sie erscheinen, DMli, 1 li, wenden.

8. Reihe: DM, bis zum MM alle M str, wie sie erscheinen, MMv, bis zur DM alle M str, wie sie erscheinen, DMre, 1 li, wenden.

9. Reihe: DM, bis zum MM alle M str, wie sie erscheinen, MMv, bis zur DM alle M str, wie sie erscheinen, DMli, 1 re, wenden.

10. Reihe: DM, bis zum MM alle M str, wie sie erscheinen, MMv, bis zur DM alle M str, wie sie erscheinen, DMli, 1 li, wenden.

11. Reihe: DM, bis zum MM alle M str, wie sie erscheinen, MMv, bis zur DM alle M str, wie sie erscheinen, DMre, 1 re, wenden.

Die 4. – 11. Reihe anschließend noch 1x (1x) 2x (2x) wdh. Dann die 4. – 7. Reihe noch 1x (1x) 0x (1x) arbeiten.

Nun werden die Maschen wieder zur Runde geschlossen.

1. Runde: DM, bis zum MM alle M str, wie sie erscheinen, den MM entfernen, bis zur DM alle M str, wie sie erscheinen, DMre (DMre) DMli (DMre), alle M im doppelten Rippenmuster bis 1 M vor dem nächsten MM arbeiten, 1 li.

GRÖSSE XS (S) L (2XL)

1. Runde: 1 li, * 2 re, 2 li, ab * insgesamt 9x (9x) 10x (11x) str, 1 re, 1 MM platzieren, 1 re, 2 li, 1 re, wenden. Nun werden verkürzte Reihen gestrickt.

1. Reihe (Rückr): DM, 2 re, 1 li, MMv, 1 li, 2 re, 1 li, wenden.

2. Reihe (Hinr): DM, 2 li, 1 re, MMv, 1 re, 2 li, DMre, 1 re, wenden.

3. Reihe: DM, 1 li, 2 re, 1 li, MMv, 1 li, 2 re, DMli, 1 li, wenden.

4. Reihe: DM, bis zum MM alle M str, wie sie erscheinen, MMv, bis zur DM alle M str, wie sie erscheinen, DMre, 1 li, wenden.

5. Reihe: DM, bis zum MM alle M str, wie sie erscheinen, MMv, bis zur DM alle M str, wie sie erscheinen, DMli, 1 re, wenden.

6. Reihe: DM, bis zum MM alle M str, wie sie erscheinen, MMv, bis zur DM alle M str, wie sie erscheinen, DMli, 1 li, wenden.

7. Reihe: DM, bis zum MM alle M str, wie sie erscheinen, MMv, bis zur DM alle M str, wie sie erscheinen, DMre, 1 re, wenden.

8. Reihe: DM, bis zum MM alle M str, wie sie erscheinen, MMv, bis zur DM alle M str, wie sie erscheinen, DMli, 1 re, wenden.

9. Reihe: DM, bis zum MM alle M str, wie sie erscheinen, MMv, bis zur DM alle M str, wie sie erscheinen, DMre, 1 li, wenden.

10. Reihe: DM, bis zum MM alle M str, wie sie erscheinen, MMv, bis zur DM alle M str, wie sie erscheinen, DMre, 1 re, wenden.

11. Reihe: DM, bis zum MM alle M str, wie sie erscheinen, MMv, bis zur DM alle M str, wie sie erscheinen, DMli, 1 li, wenden.

Die 4. – 11. Reihe noch 1x (1x) 2x (2x) wdh. Dann die 4. – 9. Reihe noch 1x (1x) 0x (1x) arbeiten und anschließend die 4. – 5. Reihe noch 0x (0x) 1x (0x) arbeiten.

Nun werden die Maschen wieder zur Runde geschlossen.

1. Runde: DM, bis zum MM alle M str, wie sie erscheinen, MM entfernen, bis zur DM alle M str, wie sie erscheinen, DMre (DMre) DMli (DMre), bis 1 M vor dem nächsten MM alle M im doppelten Rippenmuster arbeiten, 1 li.

WEITER FÜR ALLE GRÖSSEN

Nun wird der Ärmel für alle Größen in Runden weitergearbeitet. Für eine enganliegende Passform werden Abnahmen gearbeitet. Dabei ist es sinnvoll, auf ein Nadelspiel zu wechseln oder alternativ mit der Magic Loop Methode zu arbeiten.

1. Runde: 1 li, 1 re, ***Abn-li***, bis 4 M vor dem MM alle M str, wie sie erscheinen, ***Abn-re***, 1 re, 1 li

2. – 6. Runde: alle M str, wie sie erscheinen.

7. – 18. Runde: wie die 1. – 6. Runde.

19. Runde: wie die 1. Runde.

20. – 29. Runde: alle M str, wie sie erscheinen.

Es liegen 64 (64) 68 (68) 72 (76) 80 (84) M auf der Nadel.

Für den **kurzen Arm** nun in einer Hinr alle M im doppelten Rippenmuster italienisch abketten (siehe Seite 153). Den **zweiten Ärmel** ebenso arbeiten.

Für den **langen Arm** die 1. – 29. Runde insgesamt 3x arbeiten. Es ist sinnvoll, nach jeder Wiederholung anzuprobieren, um die Ärmelweite zu prüfen. Wenn nach der ersten oder zweiten Wiederholung der Eindruck entsteht, der Ärmel ist eng genug, kann ohne Abnahmen weitergestrickt werden. Anschließend wird der Ärmel ohne Abnahmen in Runden gearbeitet, bis er eine Länge von 42 cm (gemessen unter dem Arm) hat.

Es liegen jetzt 48 (48) 52 (52) 56 (60) 64 (68) M auf der Nadel. Nun kann zum einfachen Rippenmuster gewechselt werden.

1. Runde: * 1 re, 1 li, ab * bis Rundenbeginn wdh.

Diese Runde wird gearbeitet, bis 8 cm im einfachen Rippenmuster erreicht sind. Dann alle M italienisch abketten (siehe Seite 153). Alternativ kann der Ärmel im doppelten Rippenmuster gestrickt werden, bis er eine Länge von 50 cm (gemessen unter dem Arm) hat. Anschließend im doppelten Rippenmuster italienisch abketten. Den **zweiten Ärmel** ebenso arbeiten.

FERTIGSTELLEN

Zum Schluss die Fäden vernähen, dann das Kleid oder die Bluse waschen und spannen. Vorsicht! Lieber nicht zu viel spannen, da die Elastizität der Rippstruktur ganz wichtig für eine gute Passform ist! Beim Schlitz muss allerdings sorgfältig gespannt werden, damit er nachher optisch gerade fällt.

Und schon ist es geschafft!

WHISKYGRANDPAJUMPER

Der **Whiskygrandpajumper** ist ein klassischer Unisex Sweater, der oversized getragen wird. Durch seitliche Abnahmen wird er zum Saum hin enger, wodurch eine leichte V-Silhouette entsteht. Er wird nahtlos von oben nach unten gestrickt. Es gibt zwei Längenvarianten, das kurze Modell wird für Frauen empfohlen, das lange Modell für Männer. Außerdem besteht die Möglichkeit, die Knopfleiste nach individuellem Wunsch mit Druckknöpfen oder mit Knopflöchern für Knöpfe zu arbeiten.

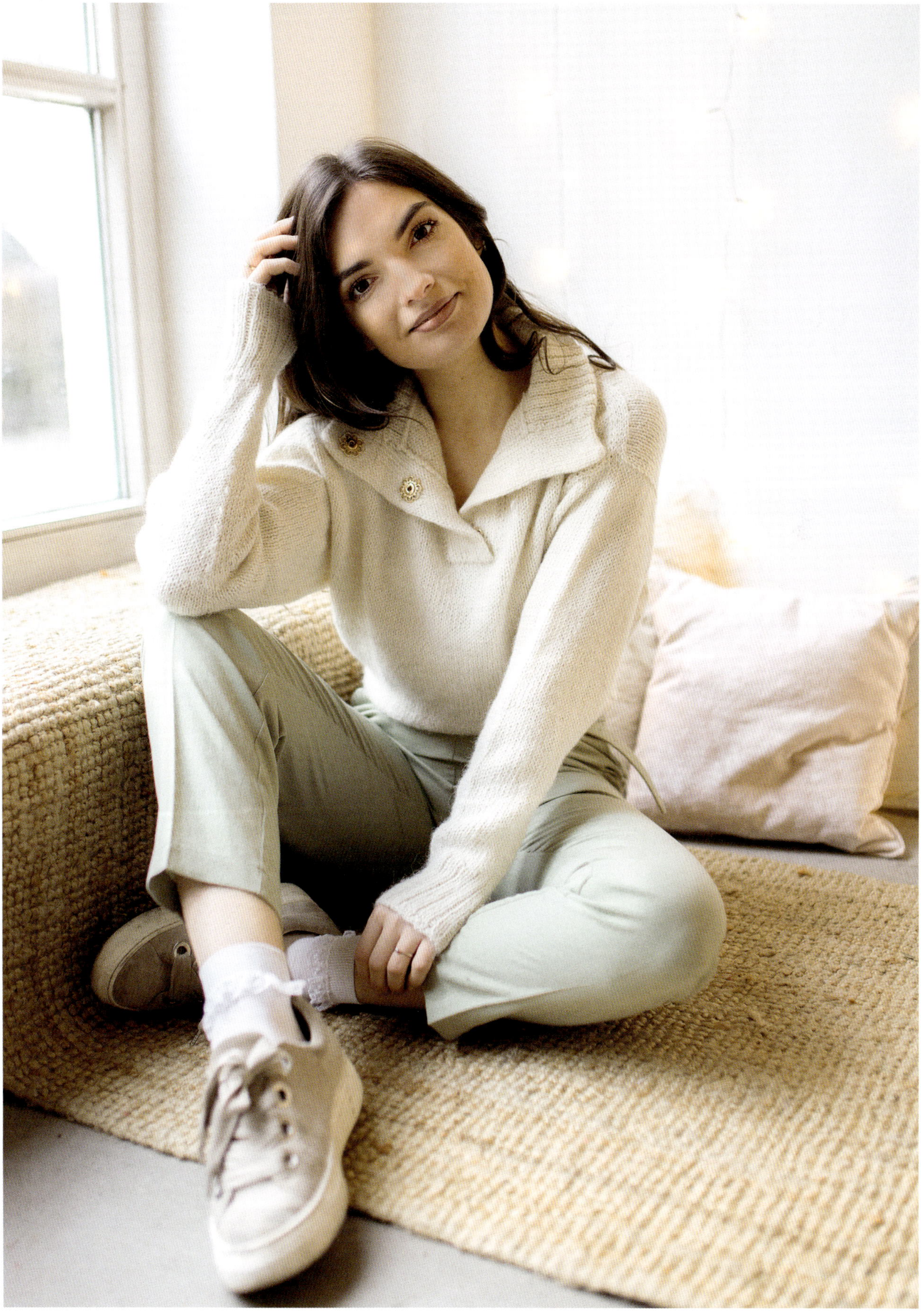

GRÖSSEN

3XS (2XS) XS (S) M (L) XL (2XL) 3XL (4XL)

MASSE

Brust: 100 (105) 110 (115) 120 (125) 130 (135) 140 (145) cm

Länge, kurz: 50 (50) 52 (52) 52 (54) 54 (54) 56 (56) cm

Länge, lang: 60 (60) 62 (62) 62 (64) 64 (64) 66 (66) cm

EMPFOHLENE NADELN UND ZUBEHÖR

Je eine Rundstricknadel 5 mm (40 cm und 80 cm)
Je eine Rundstricknadel 4,5 mm (40 cm und 80 cm)
Nadelspiel 4,5 mm
3 Knöpfe oder Druckknöpfe, ca. 2,5 – 3 cm ø

MASCHENPROBE

glatt rechts mit 5 mm Nadeln
18 Maschen und 26 Reihen = 10 cm x 10 cm
(gewaschen und gespannt)

Bitte zuvor die eigene Nadelstärke ermitteln, mit der diese Maschenprobe möglichst genau erreicht wird!

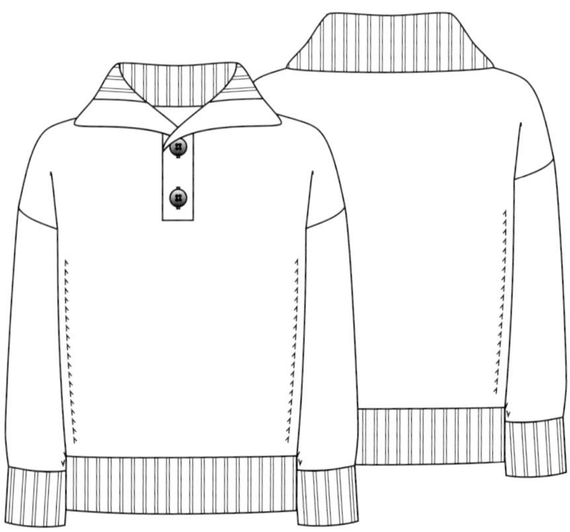

GARN

Sweet Alpaca von Knitloop
100 % Alpaka, Lauflänge = 200 m / 100 g

Kurzer Jumper: 400 (400) 500 (500) 500 (500) 600 (600) 600 (600) g

Langer Jumper: 500 (500) 500 (600) 600 (600) 600 (700) 700 (700) g

GRÖSSENGUIDE

Der Pullover sollte mit einer Weitenzugabe (positive ease) von 20 – 25 cm gestrickt werden. Die Größe wird anhand des Brustumfangs ermittelt, dieser entspricht bei den angegebenen Größen ungefähr 76 – 80 cm (81 – 85 cm) 86 – 90 cm (91 – 95 cm) 96 – 100 cm (101 – 105 cm) 106 – 110 cm (111 – 115 cm) 116 – 120 cm (121 – 125 cm) 126 – 130 cm (131 – 135 cm) 136 – 140 cm (141 – 145 cm).

ANLEITUNG

*Beide **Randmaschen** werden in Hin- und Rückreihen rechts gestrickt. Damit der Maschenanschlag nicht zu fest wird, kann eine dickere Nadel hilfreich sein.*

KRAGEN

Für den Kragen 82 (82) 88 (88) 94 (94) 94 (100) 100 (100) M mit der kurzen Rundstricknadel oder dem Nadelspiel 4,5 mm locker anschlagen.

1. Reihe (Hinr): RM, * 2 re, 1 li, ab * bis zu den letzten 3 M wdh, 2 re, RM.

2. Reihe (Rückr): RM, bis zur letzten M alle M str, wie sie erscheinen, RM.

Diese beiden Reihen bis zu einer Länge von 18 cm stets wdh, die letzte Reihe ist eine Rückr.

Für den doppelten Kragen werden nun die Schlingen der Anschlagkante aufgenommen und beide Nadeln so zusammengelegt, dass die Krageninnenseiten aufeinanderliegen.

In der folgenden Hinr jeweils 1 M der vorderen Nadel mit 1 M der hinteren Nadel im Muster zusammenstr.

SCHULTER

Nun werden die Schulterpartien bis zum Ärmeleinsatzpunkt gestrickt. Dazu werden in der nächsten Hinreihe vier Maschenmarkierer platziert, dann wird zunächst die rechte und anschließend die linke Schulter gearbeitet.

Zur Rundstricknadel 5 mm wechseln.

1. Reihe (Rückr): RM, bis zur letzten M li, RM.

2. Reihe (Hinr): RM, 16 (16) 17 (17) 19 (19) 19 (20) 20 (20) M re, 1 MM platzieren, 4 re, 1 MM platzieren, 40 (40) 44 (44) 46 (46) 46 (50) 50 (50) M re, 1 MM platzieren, 4 re, 1 MM platzieren, 16 (16) 17 (17) 19 (19) 19 (20) 20 (20) M re, RM.

RECHTE SCHULTER

In der folgenden Rückr: RM, bis zum nächsten MM li, MMv, 1 neue M anschlagen (Schlingenanschlag, siehe Seite 150), 4 li, 1 neue M anschlagen, alle MM bleiben an ihrem Platz.

1. Reihe (Hinr): RM, 4 re, RM.

2. Reihe (Rückr): RM, 4 li, RM.

Diese beiden Reihen stets wdh, bis die Schulterpartie 11 (12) 13 (14) 15 (16) 16 (17) 18 (18) cm misst. Den Faden abschneiden und die 6 M stilllegen, die MM bleiben an ihrem Platz.

LINKE SCHULTER

Als nächstes wird die linke Schulter beginnend mit einer Rückreihe gearbeitet.

In der folgenden Rückr: alle M des Rückenteils bis zum nächsten MM li, MMv, 1 neue M anschlagen (Schlingenanschlag, siehe Seite 150), 4 li, 1 neue M anschlagen, die MM bleiben an ihrem Platz.

1. Reihe (Hinr): RM, 4 re, RM.

2. Reihe (Rückr): RM, 4 li, RM.

Diese beiden Reihen stets wdh, bis auch diese Schulterpartie 11 (12) 13 (14) 15 (16) 16 (17) 18 (18) cm misst. Den Faden abschneiden und die 6 M stilllegen.

LINKES VORDERTEIL

Zunächst wird das linke Vorderteil beginnend mit einer Rückreihe gearbeitet. Der Halsausschnitt wird dabei durch verkürzte Reihen geformt.

Vorbereitungsreihe (Rückr): Die stillgelegten letzten 16 (16) 17 (17) 19 (19) 19 (20) 20 (20) M ab dem letzten MM li, RM.

1. Reihe (Hinr): RM, bis zum nächsten MM re, MMv, entlang des Strickrands der Schulter 20 (22) 24 (25) 27 (28) 29 (31) 32 (33) neue M aufnehmen, **Abn-re** (die ersten 2 Schulter-M), **Zun-re(re)** = 39 (41) 44 (45) 49 (50) 51 (54) 55 (56) M.

2. Reihe (Rückr): RM, bis zum MM li, MMv, bis zur letzten M li, RM.

Nun werden verkürzte Reihen für den Halsausschnitt gearbeitet.

3. Reihe (Hinr): RM, bis zum MM re, MMv, 1 re, wenden.

4. Reihe (Rückr): DM, MMv, bis zur letzten M li, RM.

5. Reihe: RM, bis zum MM re, MMv, 2 re, wenden.

6. Reihe und alle folgenden Rückr: DM, bis zum MM li, MMv, bis zur letzten M li, RM.

7. Reihe: RM, bis zum MM re, MMv, 3 re, wenden.

9. Reihe: RM, bis zum MM re, MMv, 4 re, wenden.

11. Reihe: RM, bis zum MM re, MMv, 5 re, wenden.

GRÖSSE (S) M (L) XL (2XL) 3XL (4XL)

13. Reihe (Hinr): RM, bis zum MM re, MMv, 6 re, wenden.

15. Reihe (Hinr): RM, bis zum MM re, MMv, 7 re, wenden.

GRÖSSE (2XL) 3XL (4XL)

17. Reihe (Hinr): RM, bis zum MM re, MMv, 8 re, wenden.

19. Reihe (Hinr): RM, bis zum MM re, MMv, 9 re, wenden.

21. Reihe: RM, bis zum MM re, MMv, 10 re, wenden.

Nach diesen 12 (12) 12 (16) 16 (16) 16 (22) 22 (22) Reihen sind die verkürzten Reihen für den Halsausschnitt des linken Vorderteils beendet. Der Maschenmarkierer kann in der nächsten Reihe entfernt werden, die übrigen drei Markierer bleiben an ihrem Platz. Dann wird für alle Größen weiter gerade hochgestrickt.

1. Reihe (Hinr): RM, bis zur letzten M re, RM.

2. Reihe (Rückr): RM, bis zur letzten M li, RM.

Diese beiden Reihen bis zu einer Länge von 25 cm (gemessen an der vorderen Kante, den Kragen dabei mitmessen) stets wdh. Die letzte Reihe ist eine Rückr. Den Faden abschneiden und die M stilllegen.

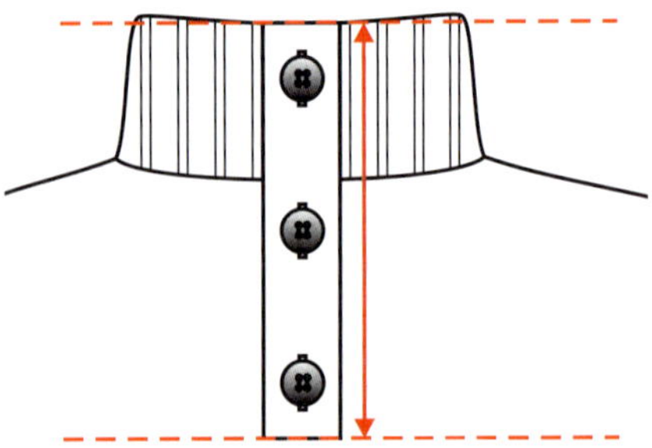

RÜCKENTEIL

Das Rückenteil wird in einer Hinreihe an den noch übrigen vier stillgelegten Maschen der linken Schulterpartie begonnen. Die ersten beiden Maschen der Schulter werden dazu mit Hilfe eines verschließbaren Maschenmarkierers oder einer Sicherheitsnadel zunächst stillgelegt, die letzten beiden Maschen der Schulter werden wie folgt in das Rückenteil eingearbeitet.

1. Reihe (Hinr): ***Zun-re(re)***, ***Abn-li***, 20 (22) 24 (25) 27 (28) 29 (31) 32 (33) neue M entlang der linken Schulter aufnehmen, MMv, 40 (40) 42 (42) 46 (46) 46 (48) 48 (48) M re, MMv, 20 (22) 24 (25) 27 (28) 29 (31) 32 (33) neue M entlang der rechten Schulter aufnehmen, ***Abn-re*** (die ersten 2 Schulter-M), ***Zun-li(re)***, die 4 übrigen M der rechten Schulter stilllegen = 84 (88) 94 (96) 104 (106) 108 (114) 116 (118) M.

2. Reihe (Rückr): RM, bis zum MM li, MMv, bis zum MM li, MMv, bis zur letzten M li, RM.

Nun werden verkürzte Reihen für den Halsausschnitt gearbeitet.

3. Reihe (Hinr): RM, bis zum MM re, MMv, bis zum MM re, MMv, 1 re, wenden.

4. Reihe (Rückr): DM, MMv, bis zum MM li, MMv, 1 li, wenden.

5. Reihe: DM, MMv, bis zum MM re, MMv, 2 re, wenden.

6. Reihe: DM, 1 li, MMv, bis zum MM li, MMv, 2 li, wenden.

7. Reihe: DM, 1 re, MMv, bis zum MM re, MMv, 3 re, wenden.

8. Reihe: DM, 2 li, MMv, bis zum MM li, MMv, 3 li, wenden.

9. Reihe: DM, 2 re, MMv, bis zum MM re, MMv, 4 re, wenden.

10. Reihe: DM, 3 li, MMv, bis zum MM li, MMv, 4 li, wenden.

11. Reihe: DM, 3 re, MMv, bis zum MM re, MMv, 5 re, wenden.

12. Reihe: DM, 4 li, MMv, bis zum MM li, MMv, 5 li, wenden.

WEITER FÜR GRÖSSE (S) M (L) XL (2XL) 3XL (4XL)

13. Reihe (Hinr): DM, 4 re, MMv, bis zum MM re, MMv, 6 re, wenden.

14. Reihe (Rückr): DM, 5 li, MMv, bis zum MM li, MMv, 6 li, wenden.

15. Reihe: DM, 5 re, MMv, bis zum MM re, MMv, 7 re, wenden.

16. Reihe: DM, 6 li, MMv, bis zum MM li, MMv, 7 li, wenden.

WEITER FÜR GRÖSSE (2XL) 3XL (4XL)

17. Reihe (Hinr): DM, 6 re, MMv, bis zum MM re, MMv, 8 re, wenden.

18. Reihe (Rückr): DM, 7 li, MMv, bis zum MM li, MMv, 8 li, wenden.

19. Reihe: DM, 7 re, MMv, bis zum MM re, MMv, 9 re, wenden.

20. Reihe: DM, 8 li, MMv, bis zum MM li, MMv, 9 li, wenden.

21. Reihe: DM, 8 re, MMv, bis zum MM re, MMv, 10 re, wenden.

22. Reihe: DM, 9 li, MMv, bis zum MM li, MMv, 10 li, wenden.

Nach diesen 12 (12) 12 (16) 16 (16) 16 (22) 22 (22) Reihen sind mit der folgenden Hinreihe die verkürzten Reihen für den Halsausschnitt des Rückenteils beendet. Die Markierer werden in der nächsten Rückreihe entfernt. Dann wird für alle Größen weiter gerade hochgestrickt.

1. Reihe (Hinr): DM, bis zur letzten M re, RM.

2. Reihe (Rückr): RM, bis zum MM li, den MM entfernen, bis zum MM li, den MM entfernen, bis zur letzten M li, RM.

3. Reihe: RM, bis zur letzten M re, RM.

4. Reihe: RM, bis zur letzten M li, RM.

Die 3. – 4. Reihe bis zu einer Länge von 20 (20) 21 (22) 23 (24) 25 (25) 26 (26) cm stets wdh. Die letzte Reihe ist eine Rückr. Den Faden abschneiden und die M stilllegen.

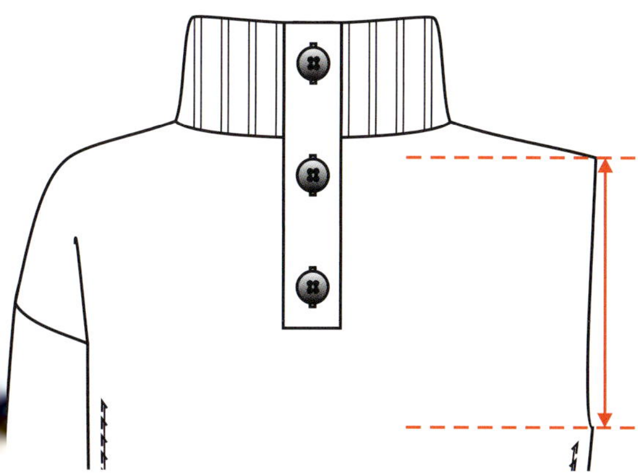

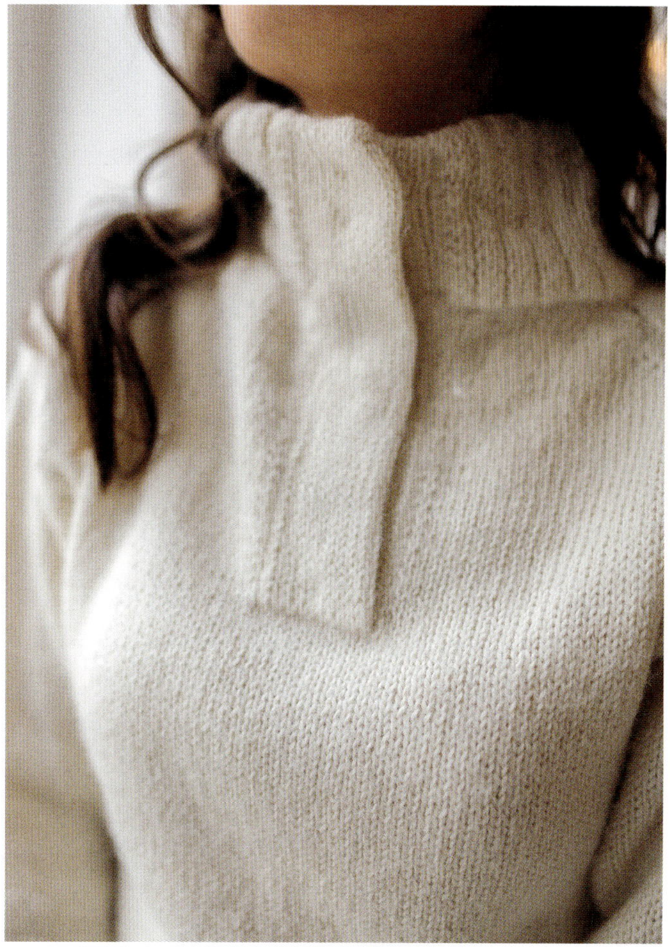

RECHTES VORDERTEIL

Das rechte Vorderteil wird in einer Hinreihe an den noch übrigen vier stillgelegten Maschen der rechten Schulterpartie begonnen. Die ersten beiden Maschen der Schulter werden dabei mit Hilfe eines verschließbaren Maschenmarkierers oder einer Sicherheitsnadel zunächst stillgelegt, die letzten beiden Maschen der Schulter werden wie folgt in das rechte Vorderteil eingearbeitet.

1. Reihe (Hinr): ***Zun-re(re)***, ***Abn-li***, entlang des Strickrands der rechten Schulter 20 (22) 24 (25) 27 (28) 29 (31) 32 (33) neue M aufnehmen, MMv, bis zur letzten M alle M re, RM = 39 (41) 44 (45) 49 (50) 51 (54) 55 (56) M.

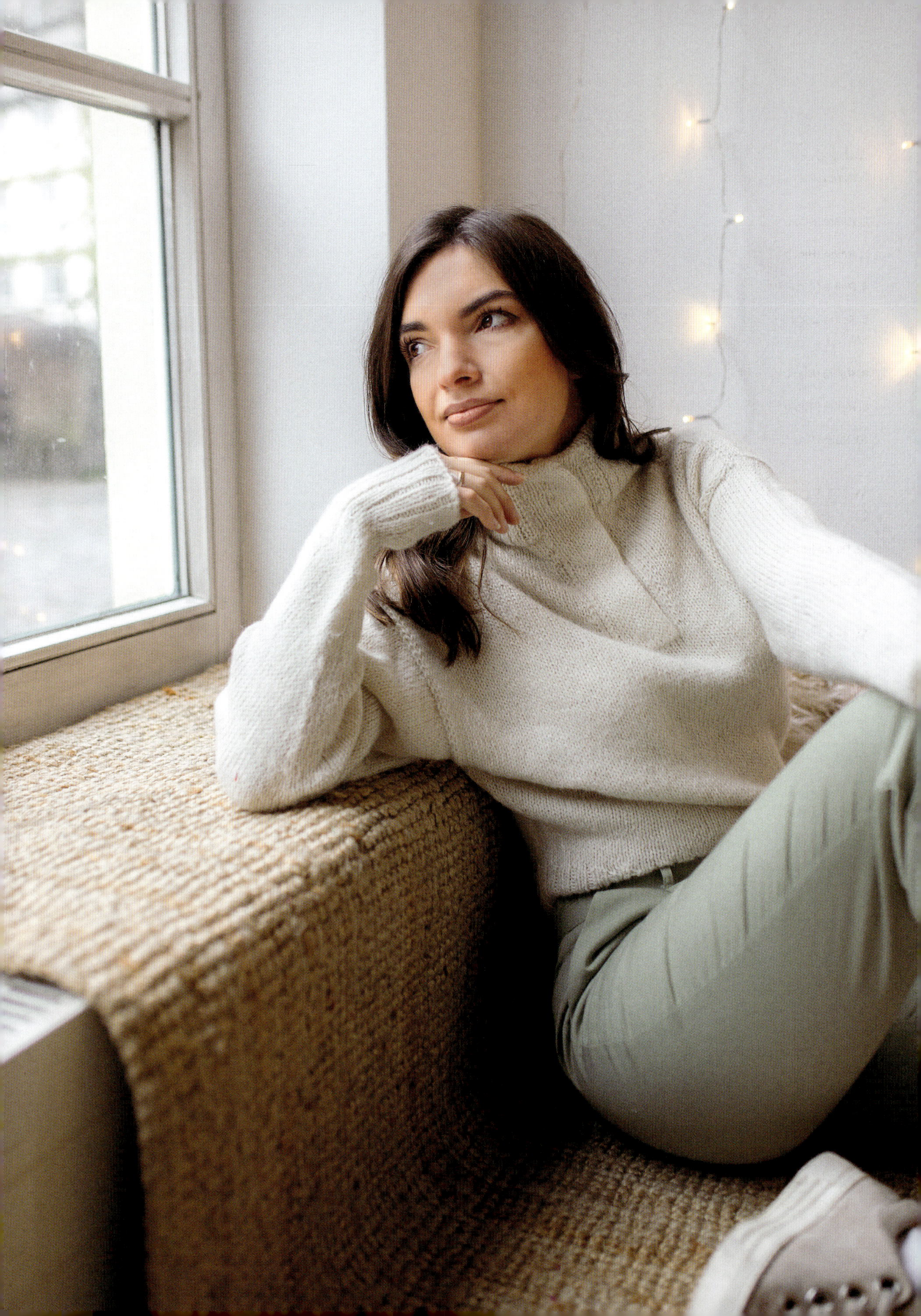

Nun werden verkürzte Reihen für den Halsausschnitt gearbeitet.

2. Reihe (Rückr): RM, bis zum MM li, MMv, 1 li, wenden.

3. Reihe (Hinr): DM, MMv, bis zur letzten M re, RM.

4. Reihe (Rückr): RM, bis zum MM li, MMv, 2 li, wenden.

5. Reihe und allen folgenden Hinr: DM, bis zum MM re, MMv, bis zur letzten M re, RM.

6. Reihe (Rückr): RM, bis zum MM li, MMv, 3 li, wenden.

8. Reihe (Rückr): RM, bis zum MM li, MMv, 4 li, wenden.

10. Reihe (Rückr): RM, bis zum MM li, MMv, 5 li, wenden.

WEITER FÜR GRÖSSE (S) M (L) XL (2XL) 3XL (4XL)

12. Reihe (Rückr): RM, bis zum MM li, MMv, 6 li, wenden.

14. Reihe (Rückr): RM, bis zum MM li, MMv, 7 li, wenden.

WEITER FÜR GRÖSSE (2XL) 3XL (4XL)

16. Reihe (Rückr): RM, bis zum MM li, MMv, 8 li, wenden.

18. Reihe (Rückr): RM, bis zum MM li, MMv, 9 li, wenden.

20. Reihe (Rückr): RM, bis zum MM li, MMv, 10 li, wenden.

21. Reihe (Hinr): DM, bis zum MM re, MMv, re bis auf 1 M, RM.

22. Reihe (Rückr): RM, bis zum MM li, MM entfernen, bis zur letzten M li, RM.

Nach diesen 10 (10) 10 (14) 14 (14) 14 (22) 22 (22) Reihen sind die verkürzten Reihen für den Halsausschnitt des rechten Vorderteils beendet. Der Markierer kann in der nächsten Reihe entfernt werden. Dann wird für alle Größen weiter gerade hochgestrickt.

1. Reihe (Hinr): RM, bis zur letzten M re, RM.

2. Reihe (Rückr): RM, bis zur letzten M li, RM.

Diese beiden Reihen bis zu einer Länge von 25 cm (= Länge des rechten Vorderteils) wdh. Die letzte Reihe ist eine Rückr. Den Faden nicht abschneiden.

VORDERTEIL

Nun werden beide Vorderteile zusammengefügt, indem in der folgenden Hinreihe am rechten Vorderteil begonnen wird, dann werden neue Maschen für die spätere Knopfblende angeschlagen, bevor die Maschen des linken Vorderteils gestrickt werden.

1. Reihe (Hinr): Die M des rechten Vorderteils wie folgt str: RM, alle M re, dann 9 neue M anschlagen (Schlingenanschlag, siehe Seite 150), dann die M des linken Vorderteils bis zur letzten M re, RM, wenden = 87 (91) 97 (99) 107 (109) 111 (117) 119 (121) M.

2. Reihe (Rückr): RM, bis zur letzten M li, RM.

3. Reihe: RM, bis zur letzten M re, RM.

Die 2. – 3. Reihe bis zu einer Länge von 20 (20) 21 (22) 23 (24) 25 (25) 26 (26) cm (gemessen am Armloch, vgl. mit dem Rückenteil) stets wdh. Die letzte Reihe ist eine Rückr. Den Faden nicht abschneiden.

RUMPF

Nun werden die Maschen von Vorder- und Rückenteil zur Runde geschlossen. Begonnen wird mit den Maschen des Vorderteils, für das Armloch werden neue Maschen angeschlagen, anschließend werden die Maschen des Rückenteils gestrickt und für das zweite Armloch werden noch einmal neue Maschen angeschlagen.

Vorbereitungsrunde: 87 (91) 97 (99) 107 (109) 111 (117) 119 (121) M re (Vorderteil), 1 MM platzieren, 3 (3) 2 (4) 1 (3) 5 (4) 6 (7) neue M anschlagen (Schlingenanschlag, siehe Seite 150), 1 MM platzieren, 84 (88) 94 (96) 104 (106) 108 (114) 116 (118) M re (Rückenteil), 1 MM platzieren, 3 (3) 2 (4) 1 (3) 5 (4) 6 (7) neue M anschlagen, 1 MM platzieren (= neuer Rundenbeginn) = 177 (185) 195 (203) 213 (221) 229 (239) 247 (253) M.

KURZE VARIANTE - FRAUEN

Zunächst 3 (3) 8 (8) 8 (8) 13 (13) 13 (18) 18 Runden glatt re arbeiten, dann mit den seitlichen Abnahmen beginnen:

1. Runde: * **Abn-li**, bis 2 M vor dem nächsten MM re, **Abn-re**, MMv, 3 (3) 2 (4) 1 (3) 5 (4) 6 (7) M re, MMv, ab * 2x arbeiten = 4 Abnahmen.

2. – 4. Runde: alle M re str.

Die 1. – 4. Runde insgesamt 10x arbeiten.

LANGE VARIANTE - MÄNNER

Zunächst 5 (5) 10 (10) 10 (10) 15 (15) 15 (20) Runden glatt re arbeiten, dann mit den seitlichen Abnahmen beginnen:

1. Runde: * **Abn-li**, bis 2 M vor dem nächsten MM re, **Abn-re**, MMv, 3 (3) 2 (4) 1 (3) 5 (4) 6 (7) M re, MMv, ab * 2x arbeiten = 4 Abnahmen.

2. – 6. Runde: alle M re str.

Die 1. – 6. Runde insgesamt 10x arbeiten.

BEIDE LÄNGENVARIANTEN

Nun liegen 137 (145) 155 (163) 173 (181) 189 (199) 207 (213) Maschen auf der Nadel. In der letzten Runde können die Markierer entfernt werden, lediglich der Markierer am Rundenbeginn bleibt.

Noch 6 Runden (= 2 cm) alle M ohne Abnahmen glatt re str.

In der nächsten Runde alle M re str, dabei gleichmäßig verteilt 8 (7) 8 (8) 8 (7) 6 (7) 6 (6) M abnehmen (2 M re zusammenstr) = 129 (138) 147 (155) 165 (174) 183 (192) 201 (207) M.

Für das Bündchen zur 4,5 mm Nadel wechseln.

1. Runde: * 2 re, 1 li, ab * bis zum Rundenbeginn wdh.

Diese Runde bis zu einer Bündchenhöhe von 10 cm stets wdh. Dann alle M elastisch im Rippenmuster abketten (siehe Seite 152).

ÄRMEL

Die Ärmel werden mit der kurzen 5 mm Rundstricknadel gearbeitet. Dazu werden Maschen ringsum aus dem Armloch aufgenommen und der Ärmel in Runden von oben nach unten gestrickt.

3 (3) 2 (4) 1 (3) 5 (4) 6 (7) M aus den Unterarm-M aufnehmen, dann aus dem Strickrand bis zur Schulter 36 (36) 38 (39) 41 (43) 45 (46) 46 (46) M aufnehmen, die 2 stillgelegten Schulter-M re str, nochmal einmal 36 (36) 38 (39) 41 (43) 45 (46) 46 (46) M aus dem Strickrand bis zum Armloch aufnehmen, die M zur Runde schließen, noch 2 (2) 1 (2) 1 (2) 3 (2) 3 (4) M re str, 1 MM platzieren (= Rundenbeginn) = 77 (77) 80 (84) 85 (91) 97 (98) 100 (101) M.

In der ersten Runde werden zwei Markierer für die Positionen der Abnahmen platziert.

1. Runde: 2 re, 1 MM platzieren, bis 2 M vor dem nächsten MM re, 1 MM platzieren, 2 re.

Da Männer für gewöhnlich etwas längere Arme haben als Frauen, müssen bei den Ärmeln unterschiedliche Längen gearbeitet werden.

KURZE VARIANTE - FRAUEN

2. – 4. Runde: alle M re str.

5. Runde: 2 M re, MMv, **Abn-li**, bis 2 M vor dem nächsten MM re, **Abn-re**, MMv, 2 re.

6. Runde: alle M re str.

Die 2. – 6. Runde insgesamt 20x (20x) 20x (21x) 21x (22x) 23x (23x) 23x (23x) arbeiten.

LANGE VARIANTE - MÄNNER

2. – 5. Runde: alle M re str.

6. Runde: 2 M re, MMv, **Abn-li**, bis 2 M vor dem nächsten MM re, **Abn-re**, MMv, 2 re.

7. Runde: alle M re str.

Die 2. – 7. Runde insgesamt 20x (20x) 20x (21x) 21x (22x) 23x (23x) 23x (23x) arbeiten.

FÜR BEIDE ÄRMELLÄNGEN

Nun befinden sich 37 (37) 40 (42) 43 (47) 51 (52) 54 (55) Maschen auf der Nadel. Die zwei Markierer an den Abnahmestellen können in der nächsten Runde entfernt werden. Lediglich der Markierer am Rundenbeginn bleibt.

3 Runden glatt re str.

In der nächsten Runde alle M re str, dabei gleichmäßig verteilt 1 (1) 1 (3) 1 (5) 6 (7) 6 (7) M abnehmen (2 M re zusammenstr) = 36 (36) 39 (39) 42 (42) 45 (45) 48 (48) M.

Für das Bündchen zur 4,5 mm Nadel wechseln.

1. Runde: * 2 re, 1 li, ab * bis zum Rundenbeginn wdh.

Diese Runde bis zu einer Bündchenhöhe von 10 cm stets wdh. Dann alle M elastisch im Rippenmuster abketten. Den **zweiten Ärmel** ebenso arbeiten.

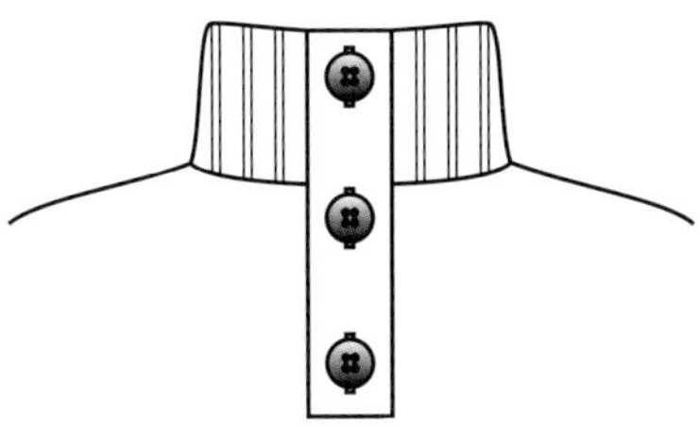

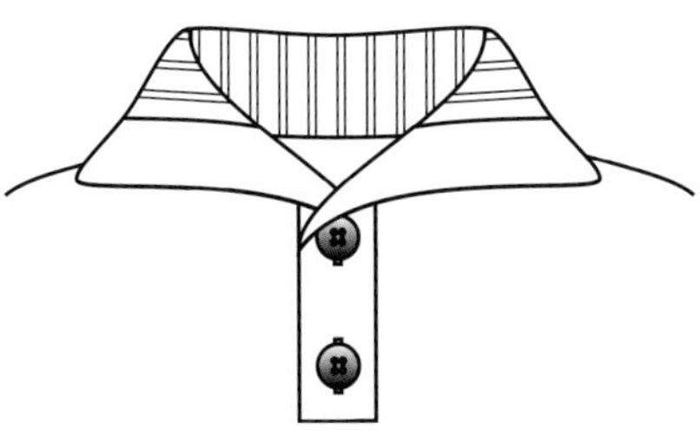

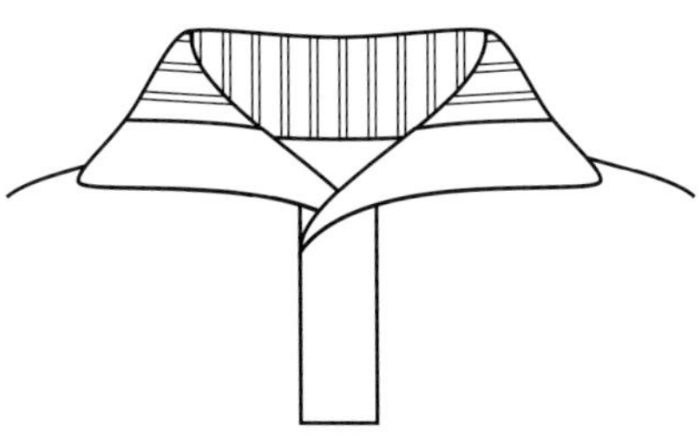

KNOPFBLENDE

Die Knopfblende wird im Tunnel- oder Schlauchpatent (double face) mit 4,5 mm Nadeln gearbeitet. Sie kann durchgeknöpft oder mit Druckknöpfen versehen werden. Der Kragen kann entweder mit drei Knöpfen bis oben hin geschlossen werden, oder man verzichtet auf den oberen Knopf und entscheidet sich für einen Polokragen.

Die Knopfblende wird bei Männern und Frauen gegengleich gearbeitet. Bei Männern schließt die Knopfblende links über rechts, bei den Frauen rechts über links. Bei dem Herrenpullover werden Knopflöcher also auf der linken Seite gearbeitet, bei dem Damenpullover auf der rechten Seite. In der folgenden Anleitung wird beides beschrieben.

Für die Knopfblende werden die stillgelegten Blendenmaschen und aus dem seitlichen Strickrand des Ausschnitts neue Maschen aufgenommen. Anschließend wird die Knopfblende von unten nach oben gestrickt, wobei in jeder Hinreihe die letzte Blendenmasche mit der nächsten Masche aus dem Strickrand zusammengestrickt wird. Dabei wird für den Damenverschluss zunächst die rechte Knopfblende gearbeitet, danach die linke Knopfblende. Beim Herrenverschluss ist es genau andersrum. Wenn der Pullover mit Druckknöpfen geschlossen werden soll, dürfen keine Knopflöcher gearbeitet werden.

DAMENVERSCHLUSS

rechts über links

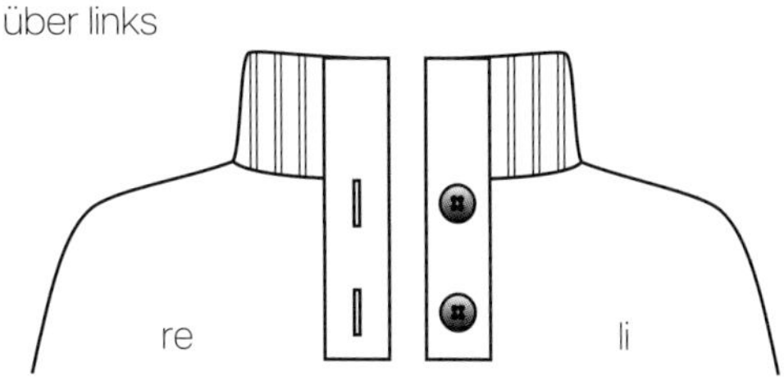

HERRENVERSCHLUSS

links über rechts

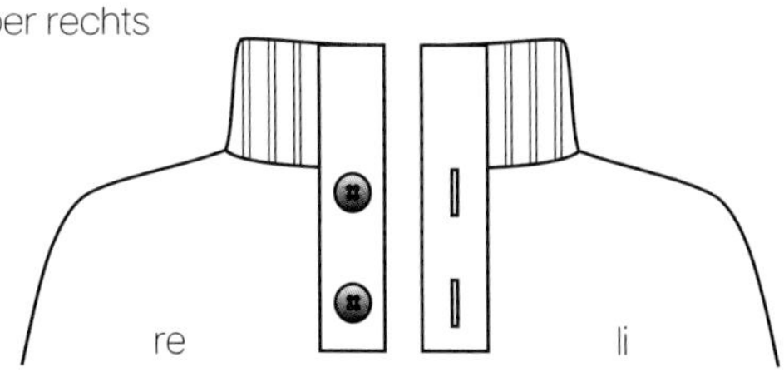

RECHTE KNOPFLEISTE

Aus dem Strickrand der Knopfleiste am rechten Vorderteil werden an der oberen Ecke des Kragens beginnend gleichmäßig 54 Maschen aufgenommen, aber noch nicht gestrickt. Die Maschen können dazu mit Hilfe einer Häkelnadel aufgenommen und auf die linke Nadel gehoben werden. Die Maschen dürfen nicht verdreht auf der Nadel liegen! Beim doppelt gestrickten Kragen werden die Maschen nur aus dem äußeren Strickrand des Kragens aufgenommen. Der Innenkragen wird später für eine saubere Kante angenäht. Anschließend werden aus den 10 Blendenmaschen zwischen rechter und linker Vorderteilhälfte von links nach rechts weitere 10 Maschen auf die linke Nadel genommen. Beim Herrenpullover werden die Maschen hinter der linken Knopfleiste aufgenommen! Alle Maschen liegen nun auf der linken Stricknadel, so dass mit einer Hinreihe begonnen werden kann.

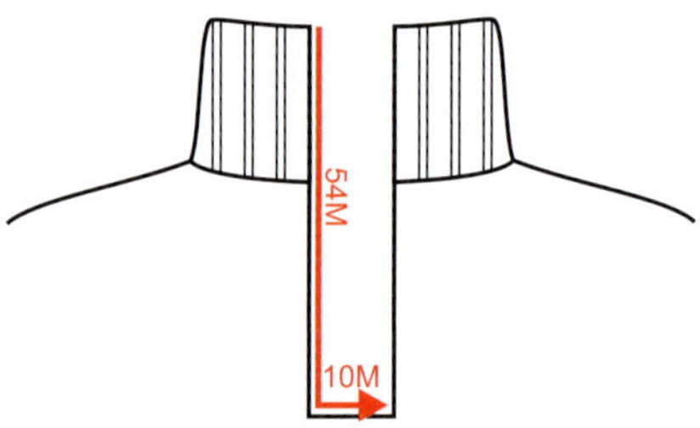

1. Reihe (Hinr): * 1 re, 1 neue M aus der Grundschlinge derselben M aufnehmen (alternativ: 1 neue M anschlagen (Schlingenanschlag, siehe Seite 150), ab * insgesamt 9x arbeiten, **Abn-li**, wenden = 19 M.

2. Reihe (Rückr): * 1 M mit dem Faden vorne abh, 1 re, ab * insgesamt 9x arbeiten, 1 M mit dem Faden vorne abh, wenden.

3. Reihe: * 1 re, 1 M mit dem Faden vorne abh, ab * bis zur letzten M wdh, **Abn-li,** wenden.

4. Reihe: wie die 2. Reihe.

FÜR DEN DAMENVERSCHLUSS

Die 3. – 4. Reihe noch 4x wdh.

In der nächsten Hinreihe wird die Arbeit für das erste senkrechte Knopfloch bereits nach der Hälfte der Maschen gewendet:

13. Reihe (Hinr): * 1 re, 1 M mit dem Faden vorne abh, ab * insgesamt 5x arbeiten, wenden.

14. Reihe (Rückr): * 1 re, 1 M mit dem Faden vorne abh, ab * insgesamt 5x arbeiten, wenden.

Die 13. – 14. Reihe insgesamt 5x arbeiten, dann noch 1x die 13. Reihe str und den Faden abschneiden = 23 Reihen insgesamt.

Dann wird die andere Hälfte des Knopflochs gearbeitet.

13*. Reihe (Hinr): * 1 re, 1 M mit dem Faden vorne abh, ab * insgesamt 4x arbeiten, **Abn-li**, wenden.

14*. Reihe (Rückr): * 1 M mit dem Faden vorne abh, 1 re, ab * 4x arbeiten, 1 M mit dem Faden vorne abh, wenden.

Die 13*. – 14*. Reihe insgesamt 5x arbeiten, dann noch 1x die 13*. Reihe str = 23 Reihen insgesamt. Den Faden nichts abschneiden.

Das Knopfloch ist nun fertig.

24. Reihe (Rückr): wie die 2. Reihe arbeiten.

25. – 54. Reihe: Die 3. – 4. Reihe 15x arbeiten.

Für die folgenden 2 Knopflöcher die 5. – 54. Reihe noch 2x wdh.

Dann die 10 M der Vorderseite und die 9 M der Rückseite auf 2 Nadeln verteilen und alle M mit 3 Nadeln abketten (siehe Seite 152).

FÜR DEN HERRRENVERSCHLUSS

Die 3. – 4. Reihe wdh, bis alle aus dem Strickrand aufgenommenen M abgestrickt wurden. Dann die 10 M der Vorderseite und die 9 M der Rückseite auf separaten Nadeln verteilen und alle M mit 3 Nadeln abketten (siehe Seite 152).

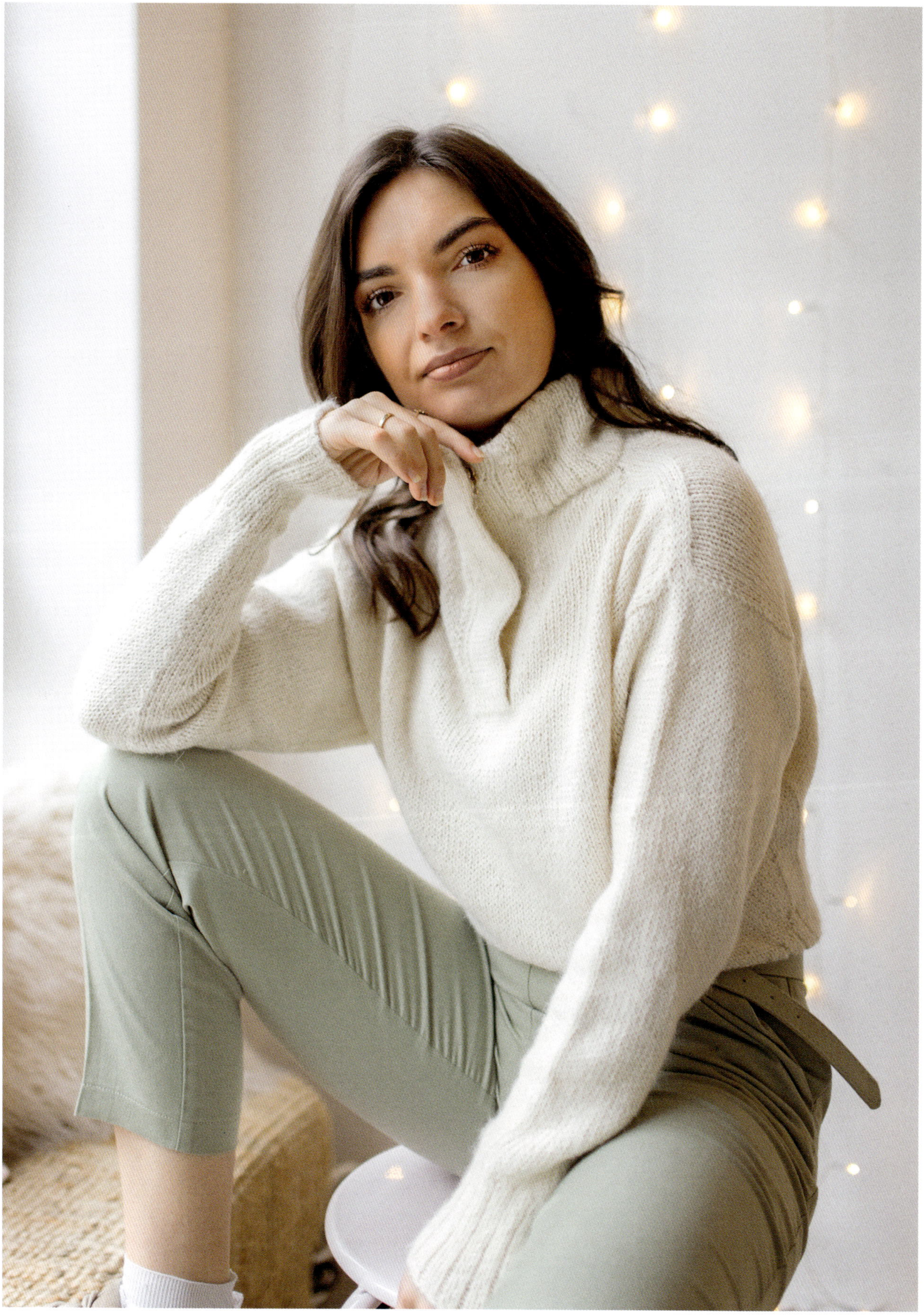

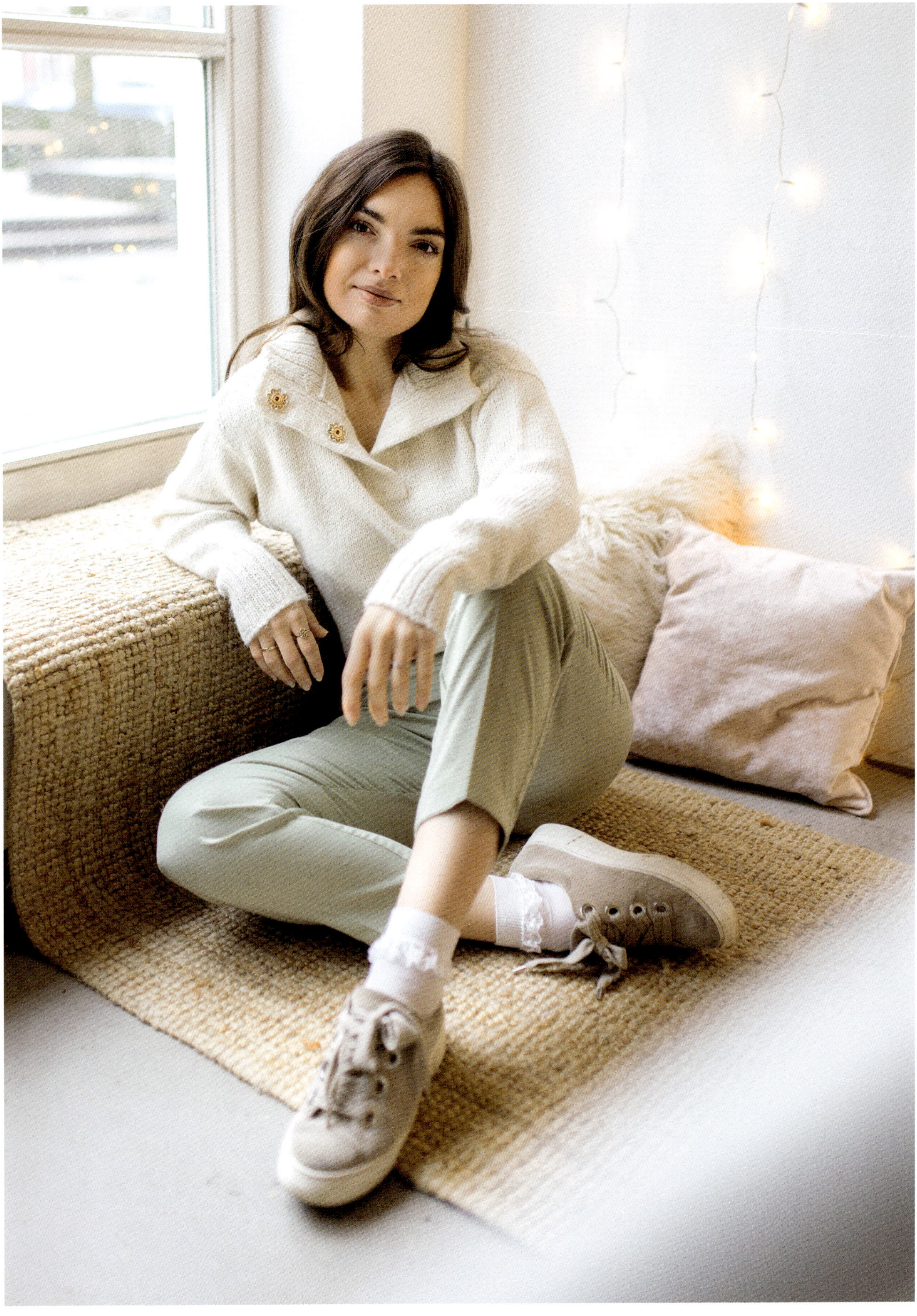

LINKE KNOPFLEISTE

Aus dem Strickrand der Knopfleiste am linken Vorderteil werden an der oberen Ecke des Kragens beginnend gleichmäßig 54 Maschen aufgenommen, aber noch nicht gestrickt. Beim doppelt gestrickten Kragen werden die Maschen nur aus dem äußeren Strickrand des Kragens aufgenommen. Der Innenkragen wird später für eine saubere Kante angenäht. Anschließend werden aus den 10 Blendenmaschen zwischen rechter und linker Vorderteilhälfte von rechts nach links weitere 10 Maschen auf die linke Nadel genommen. Beim Damenpullover werden die Maschen hinter der rechten Knopfleiste aufgenommen! Alle Maschen liegen nun auf der linken Stricknadel, so dass mit einer Rückreihe begonnen werden kann.

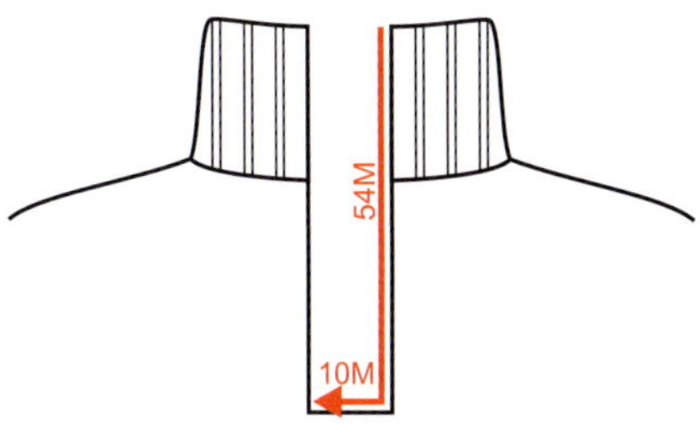

1. Reihe (Rückr): * 1 M mit dem Faden vorne abh, 1 neue M aus der Grundschlinge derselben M aufnehmen, ab * insgesamt 9x arbeiten, 2 M mit dem Faden vorne abh (= die letzte Blenden-M und die erste M aus dem Strickrand).

2. Reihe (Hinr): Abn-re, * 1 M mit dem Faden vorne abh, 1 re, ab * stets wdh, wenden.

3. Reihe (Rückr): * 1 M mit dem Faden vorne abh, 1 re, ab * insgesamt 9x arbeiten, 2 M mit dem Faden vorne abh, wenden.

FÜR DEN DAMENVERSCHLUSS

Die 2. – 3. Reihe wdh, bis alle aus dem Strickrand aufgenommenen M abgestrickt wurden.

Dann die 10 M der Vorderseite und die 9 M der Rückseite auf 2 Nadeln verteilen und alle M mit 3 Nadeln abketten (siehe Seite 152).

FÜR DEN HERRRENVERSCHLUSS

Die 2. – 3. Reihe noch 4x wdh.

In der nächsten Hinreihe wird die Arbeit für das erste senkrechte Knopfloch bereits nach der ersten Hälfte der Maschen gewendet.

12. Reihe (Hinr): Abn-re, * 1 M mit dem Faden vorne abh, 1 re, ab * insgesamt 4x arbeiten, wenden.

13. Reihe (Rückr): * 1 M mit dem Faden vorne abh, 1 re, ab * insgesamt 4x arbeiten, 2 M mit dem Faden vorne abh, wenden.

Die 12. – 13. Reihe insgesamt 5x arbeiten, dann noch 1x die 13. Reihe str = 22 Reihen. Dann den Faden abschneiden.

Dann wird die andere Hälfte des Knopflochs gearbeitet.

12*. Reihe (Hinr): * 1 M mit dem Faden vorne abh, 1 re, ab * insgesamt 5x arbeiten, wenden.

13*. Reihe (Rückr): * 1 M mit dem Faden vorne abh, 1 re, ab * insgesamt 5x arbeiten, wenden.

Die 12*. – 13*. Reihe insgesamt 5x arbeiten, dann die 12.*. Reihe noch 1x str = 22 Reihen.

Das Knopfloch ist nun fertig.

23. Reihe (Rückr): wie die 3. Reihe, wenden.

24. – 53. Reihe: Die 2. – 3. Reihe 15x arbeiten.

Für die folgenden 2 Knopflöcher die 4. – 53. Reihe noch 2x wdh.

Dann die 10 M der Vorderseite und die 9 M der Rückseite auf 2 Nadeln verteilen und alle M mit 3 Nadeln abketten (siehe Seite 152).

FERTIGSTELLEN

Die innere Kante des Kragens an beiden Seiten des Kragens annähen und dabei die sichtbare Naht verdecken.

Die Fäden vernähen und den Jumper waschen und spannen. Zum Schluss die Knöpfe auf Höhe der Knopflöcher oder die Druckknöpfe entsprechend annähen.

Und schon ist es geschafft!

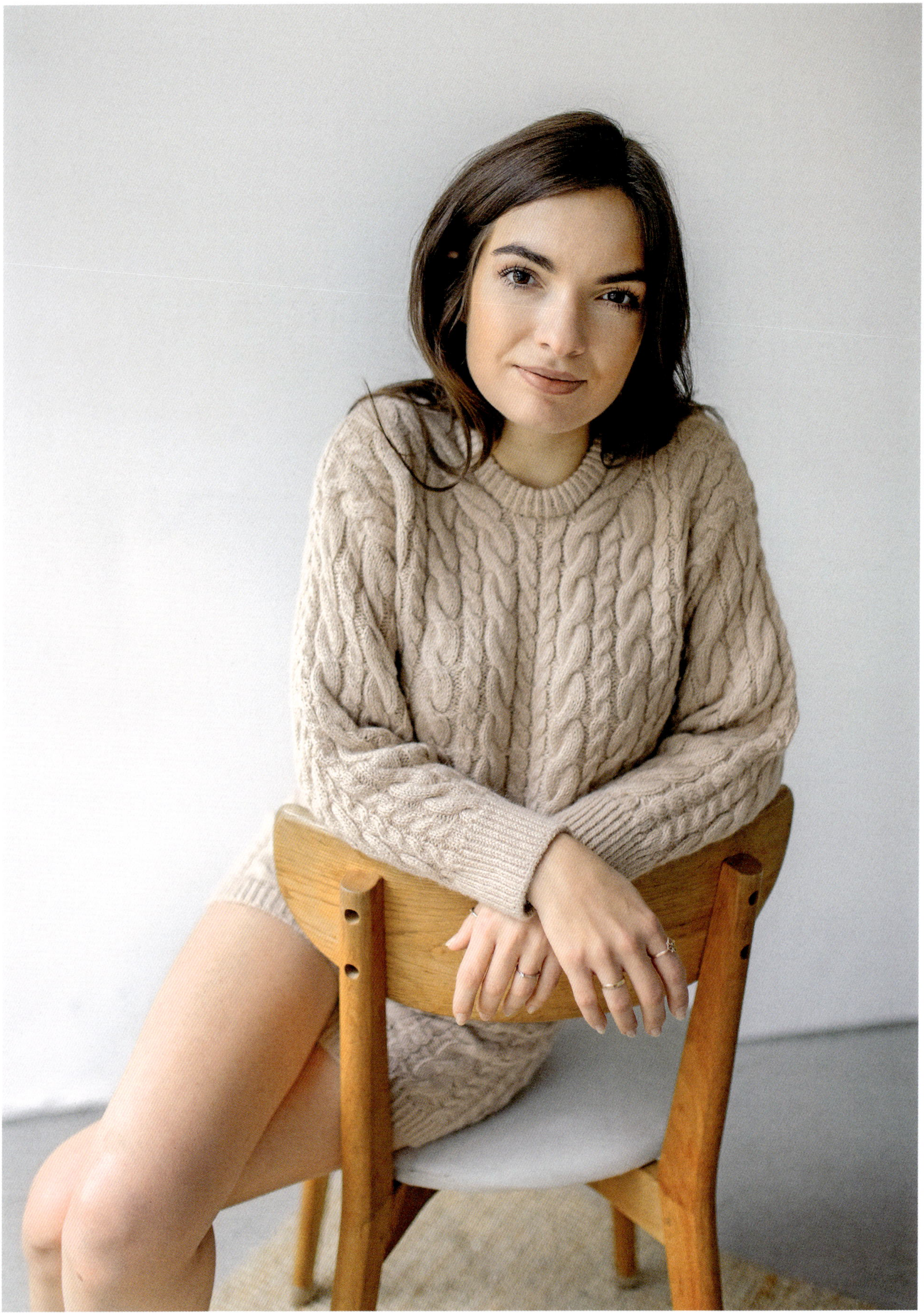

COZYCABLESET

Der **Cozycablesweater** ist ein gemütlicher Zopfmusterpullover, der oversized getragen wird. Er wird von oben nach unten gestrickt, dafür werden zunächst die Schulterpassen gearbeitet. Daraus werden Maschen für Vorder- und Rückenteil aufgenommen, welche zunächst in Reihen und später gemeinsam in Runden gestrickt werden. Besonders sind die Seitenschlitze am Körper, die durch Abnahmen in Vorder- und Rückenteil betont werden. Der Sweater wird leicht verkürzt gestrickt. Die Anleitung beschreibt aber auch, wie der Körper verlängert werden kann. Auch die Ärmel sind großzügig, werden zum Ärmelsaum hin aber mit Hilfe von symmetrisch gearbeiteten Abnahmen schmaler.

Die **Cozycableshorts** werden ebenfalls von oben nach unten gestrickt, dabei werden in der vorderen und hinteren Mitte Zunahmen gearbeitet, um die nötige Weite für die Hüfte zu bekommen. Das besondere an diesen Shorts sind die praktischen Eingriffstaschen.

GRÖSSEN

(2XS) XS (S) M (L) XL

MASSE SWEATER

Brust: (110) 120 (136) 146 (162) 172 cm
Länge: (48) 48 (52) 52 (56) 56 cm

MASSE SHORTS

Taille: (70) 78 (95) 103 (120) 128 cm
Hüfte: (95) 103 (120) 128 (145) 153 cm
Länge: (38) 38 (40) 40 (42) 42 cm

EMPFOHLENE NADELN UND ZUBEHÖR

Je eine Rundstricknadel 4 mm (40 cm und 80 cm, für L/XL 100 cm)
2 Rundstricknadeln 3,5 mm (40 cm und 60 cm, für L/XL 80 cm)
Nadelspiel 3,5 mm
Zopfnadel
Maschenmarkierer
4 cm breites Bundgummi, weiß oder schwarz, je nach Farbe des Garns: (75) 85 (100) 110 (125) 135 cm für die Shorts

MASCHENPROBE

zweifädig im Zopfmuster mit 4 mm Nadeln
25 Maschen und 36 Reihen = 10 cm x 10 cm
(gewaschen und gespannt)

Bitte zuvor die eigene Nadelstärke ermitteln, mit der diese Maschenprobe möglichst genau erreicht wird!

GARN

Babylambalpaca von Knitloop
100% Babyalpaka
Lauflänge = 400 m/100 g

Sweater: (600) 700 (800) 900 (1000) 1000 g
Shorts: (400) 400 (400) 500 (500) 600 g

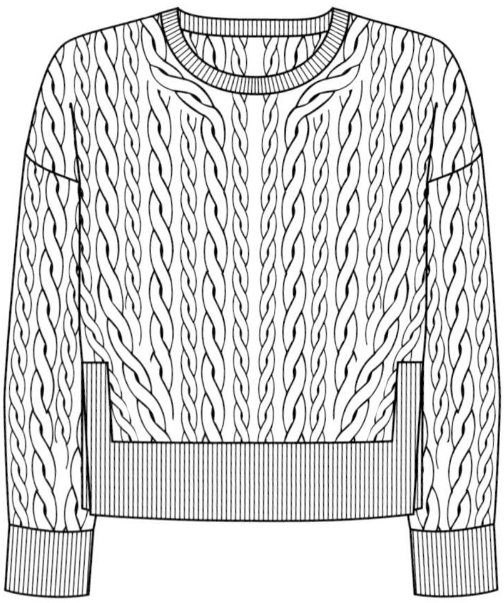

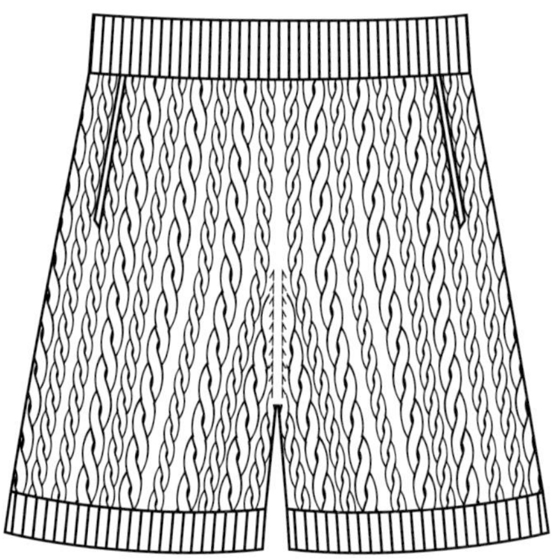

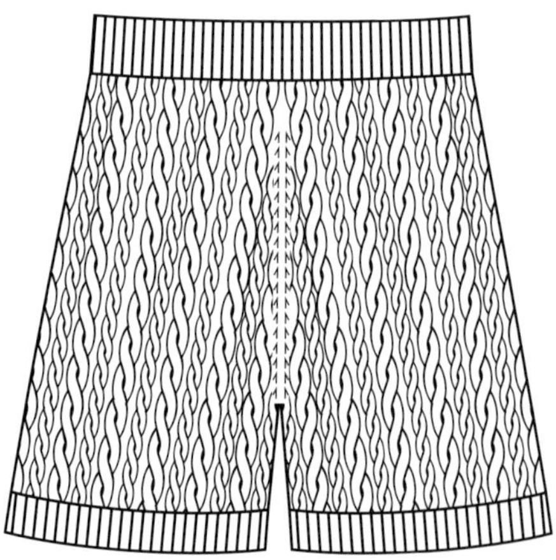

ZOPF 1

(über 4 M und 6 Reihen oder Runden)
Nach den Strickschriften arbeiten.
Die 1. – 6. Reihe/Runde stets wdh.

ZOPF1-RE

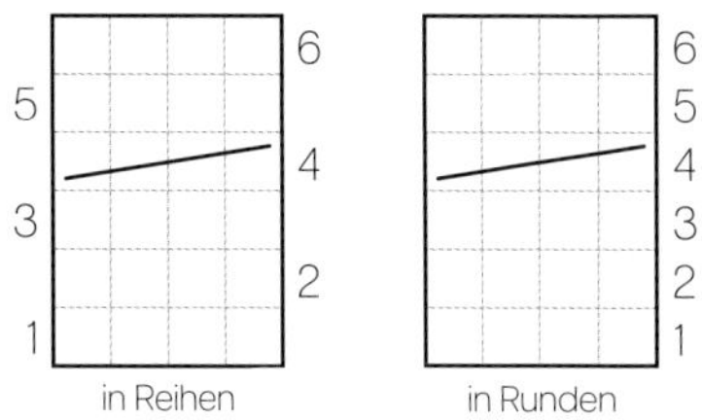

ZOPF1-LI

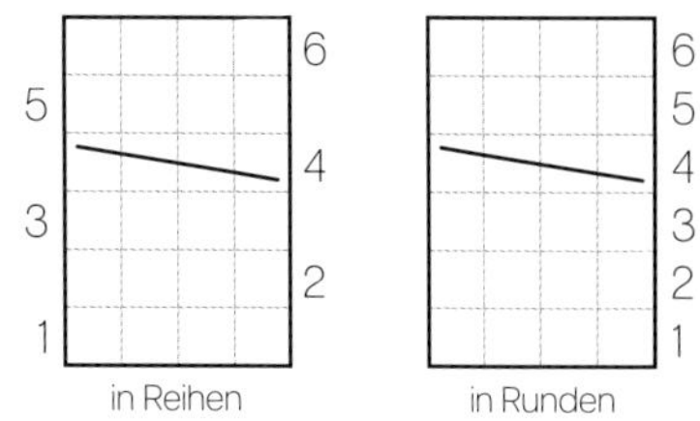

ZOPF 2

(über 8 M und 12 Reihen oder Runden)
Nach den Strickschriften arbeiten.
Die 1. – 12. Reihe/Runde stets wdh.

ZOPF2-RE

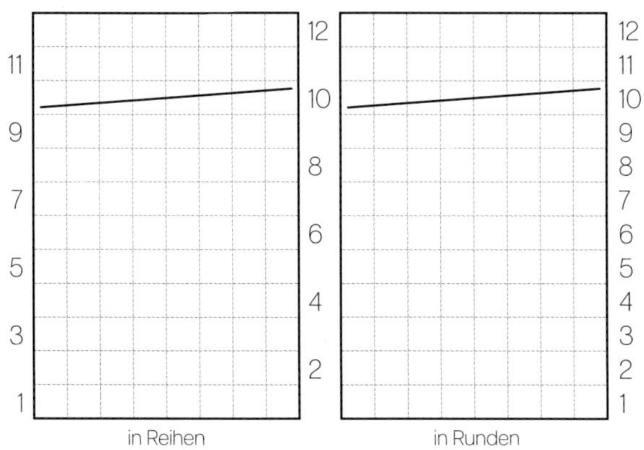

ZOPF2-LI

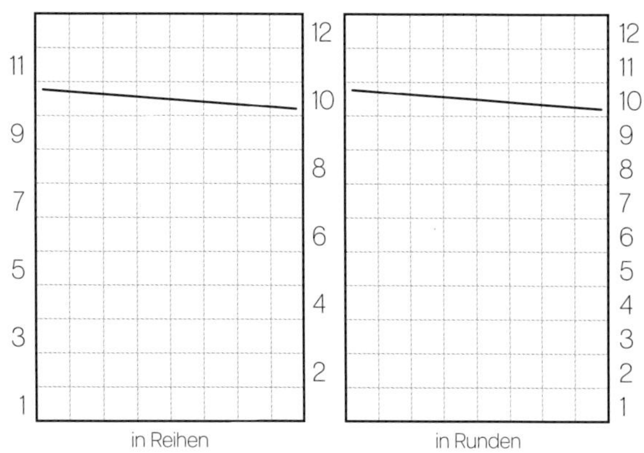

 = 1 M glatt rechts (in Hinr re, in Rück li str; in Runden stets re str)

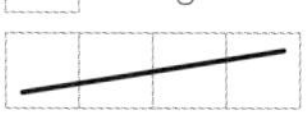 = 2 M auf einer Zopfnadel hinter die Arbeit legen, 2 M re, dann die 2 M der Zopfnadel re

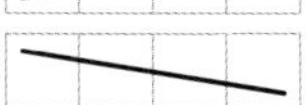 = 2 M auf einer Zopfnadel vor die Arbeit legen, 2 M re, dann die 2 M der Zopfnadel re.

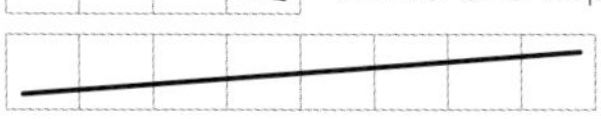 = 4 M auf einer Zopfnadel hinter die Arbeit legen, 4 M re, dann die 4 M der Zopfnadel re

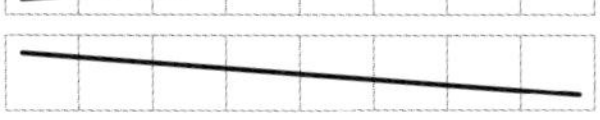 = 4 M auf einer Zopfnadel vor die Arbeit legen, 4 M re, dann die 4 M der Zopfnadel re.

GRÖSSENGUIDE

Der **Cozycablesweater** sollte mit einer Weitenzugabe (positive ease) von ca. 25 – 30 cm gestrickt werden. Die Größe wird anhand des Brustumfangs ermittelt, dieser entspricht bei den angegebenen Größen ungefähr (80 – 85 cm) 90 – 95 cm (105 – 110 cm) 115 – 120 cm (130 – 135 cm) 140 – 145 cm.

Sollte der Brustumfang zwischen zwei Größen liegen, kann gewählt werden, ob der Pullover lieber etwas mehr oversized getragen wird, oder ob er nicht ganz so großzügig sein soll. Je nachdem wird die größere oder kleinere Größe gewählt.

Die **Cozycableshorts** sollten mit einer Weitenzugabe (positive ease) von ca. 5 – 10 cm gestrickt werden. Die benötigte Größe wird anhand des Hüftumfangs ermittelt, dieser entspricht bei den angegebenen Größen ungefähr (85 – 90 cm) 95 – 100 cm (110 – 115 cm) 116 – 123 cm (130 – 140 cm) 141 – 148 cm. Das Maß der Taille darf ruhig etwas weiter sein, da es durch das Bundgummi individuell reguliert werden kann. Liegt das Hüftmaß außerhalb der beschriebenen Bereiche, ist es eine Ermessensfrage, ob die Shorts lieber enganliegend oder locker getragen werden möchten. Allerdings rate ich davon ab, die Shorts mit negative ease zu stricken.

ANLEITUNG

COZYCABLESWEATER

Es wird stets mit doppeltem Faden gearbeitet. Beide ***Randmaschen*** *werden in Hin- und Rückreihen rechts gestrickt.*

SCHULTER

Beide Schultern werden zunächst identisch gearbeitet.

Für die 1. Schulter 16 M mit der 4 mm Rundstricknadel anschlagen.

1. Reihe (Rückr): RM, 2 re, 4 li, 2 re, 4 li, 2 re, RM.

In der folgenden Hinr die M wie folgt einteilen:

2. Reihe (Hinr): RM, 2 M glatt li, **Zopf1-li**, 2 M glatt li, **Zopf1-re**, 2 M glatt li, RM.

In dieser Einteilung bis zu einer Länge von (18) 18 (22) 22 (26) 26 cm str. Die letzte R ist eine Rückr. Den Faden abschneiden und die M stilllegen. Die zweite Schulter ebenso arbeiten.

VORDERTEIL

Aus der linken Schulter werden nun Maschen für das ***linke Vorderteil*** *aufgenommen, dabei wird in einer Hinreihe an der Ecke zur Anschlagkante begonnen und zu den stillgelegten Maschen der Schulter hingearbeitet:*

Entlang der langen Seite der Schulter gleichmäßig (46) 46 (62) 62 (78) 78 M aufnehmen (siehe Skizze auf Seite 51).

1. Reihe (Rückr): RM, 2 re, * 8 li, 2 re, 4 li, 2 re, ab * insgesamt (2x) 2x (3x) 3x (4x) 4x arbeiten, 8 li, 2 re, RM.

2. Reihe (Hinr): RM, * 2 li, **Zopf2-re**, 2 li, **Zopf1-re**, ab * insgesamt (2x) 2x (3x) 3x (4x) 4x arbeiten, 2 li, **Zopf2-re**, 2 li, RM.

Die 1. – 2. Reihe noch 6x wdh = 14 Reihen.

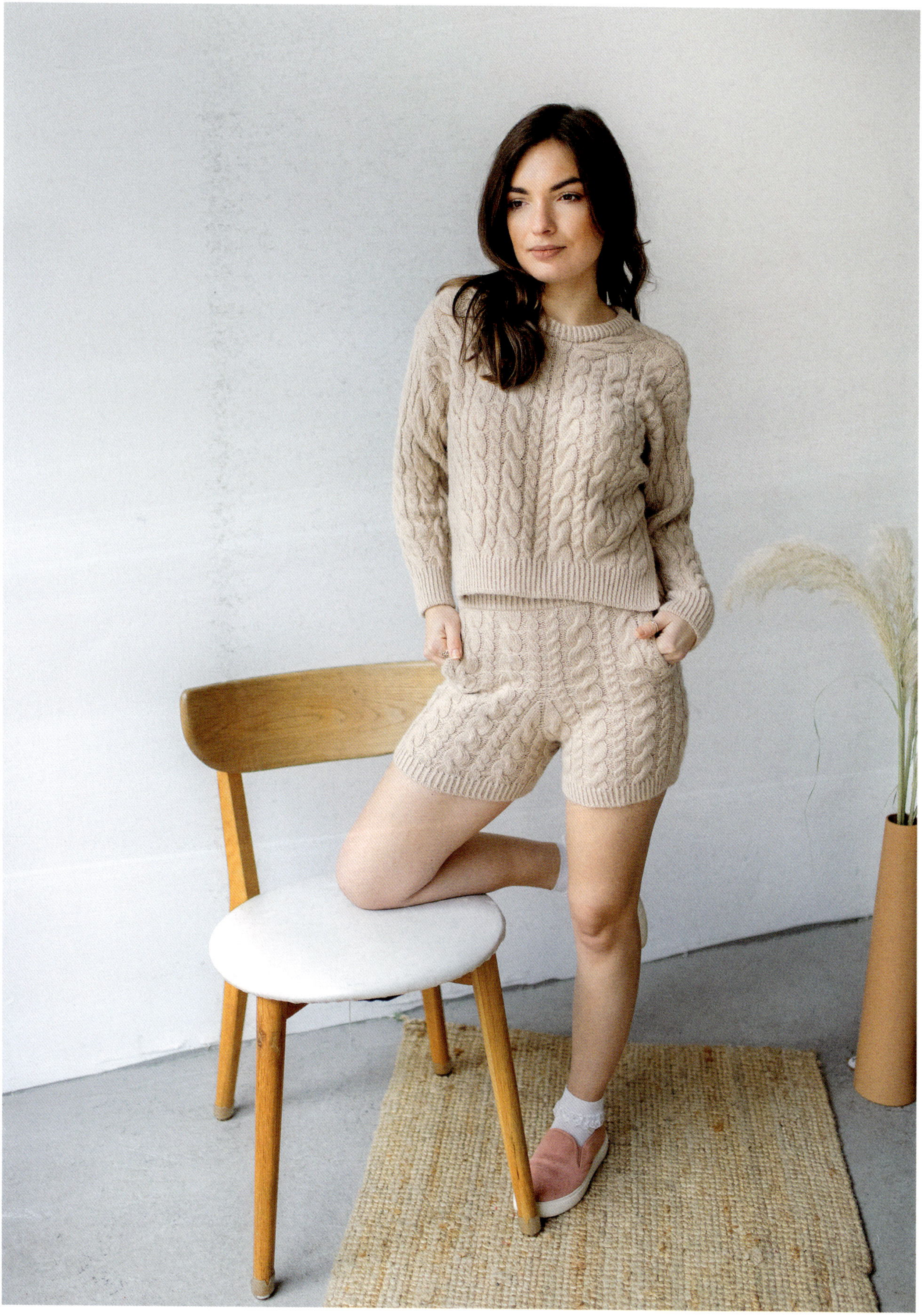

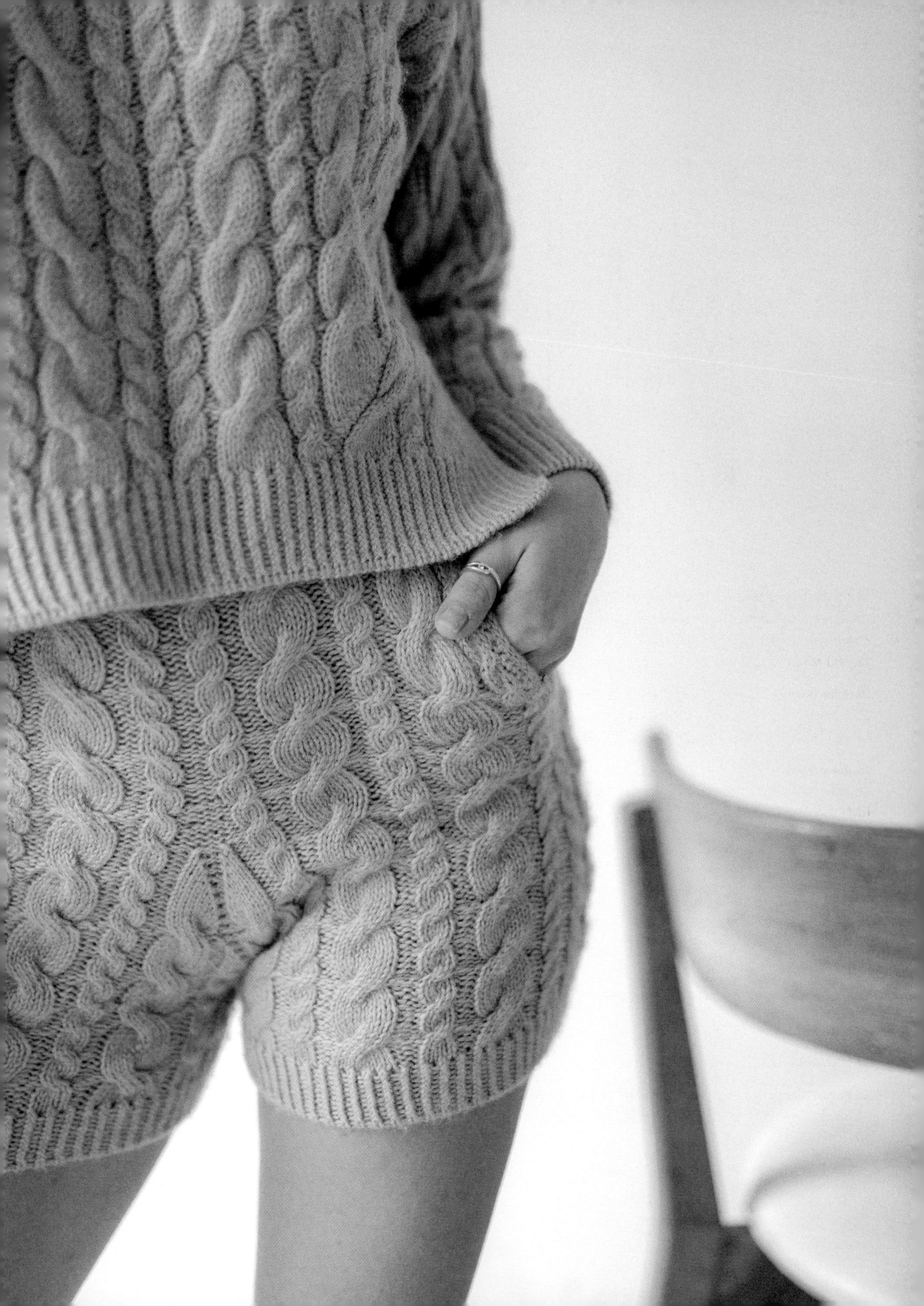

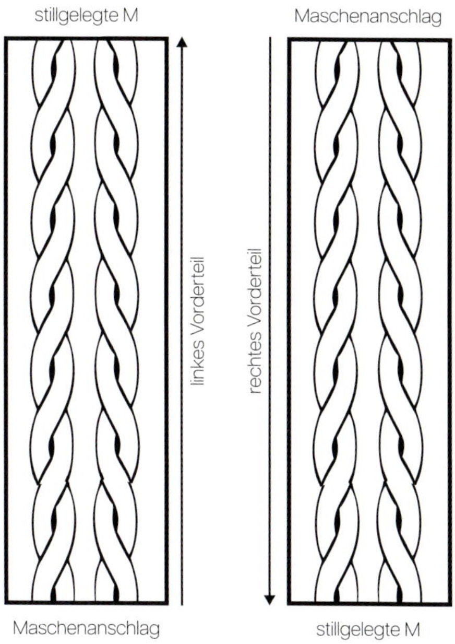

In der nächsten Reihe wird ein Markierer platziert. An dieser Stelle werden dann in Hin- und Rückreihen Zunahmen gearbeitet, um den Halsausschnitt zu formen. Es wird in der 16., 22. und 28. Reihe verzopft.

15. Reihe (Rückr): RM, * 2 re, **Zopf2-re**, 2 re, **Zopf1-re,** ab * insgesamt (2x) 2x (3x) 3x (4x) 4x arbeiten, **Zun-li(re)**, 1 MM platzieren, 2 re, **Zopf2-re**, 2 re, RM.

16. Reihe (Hinr): RM, bis zum nächsten MM im Muster str, MMv, **Zun-li(li)**, bis zur letzten M im Muster str, RM.

17. Reihe (Rückr): RM, bis zum nächsten MM im Muster str, **Zun-li(li)**, MMv, bis zur letzten M im Muster str, RM.

18. Reihe (Hinr): RM, bis zum nächsten MM im Muster str, MMv, **Zun-li(re)**, bis zur letzten M im Muster str, RM.

19. – 24. Reihe: die 17. – 18. Reihe 3x arbeiten.

25. – 26. Reihe: wie die 15. – 16. Reihe.

27. – 30. Reihe: die 17. – 18. Reihe 2x arbeiten.

31. Reihe (Rückr): RM, bis zum nächsten MM im Muster str, den MM entfernen, bis zur letzten M im Muster str, RM = (62) 62 (78) 78 (94) 94 M.

Den Faden abschneiden und die M stilllegen.

Nun werden Maschen aus der anderen Schulter für das ***rechte Vorderteil*** *aufgenommen, dabei wird in einer Hinreihe an der Ecke zu den stillgelegten Maschen der Schulter begonnen und zur Anschlagkante hingearbeitet.*

Entlang der langen Seite der Schulter gleichmäßig (46) 46 (62) 62 (78) 78 M aufnehmen (siehe Skizze oben).

1. Reihe (Rückr): RM, 2 re, * 8 li, 2 re, 4 li, 2 re, ab * insgesamt (2x) 2x (3x) 3x (4x) 4x wdh, 8 li, 2 re, RM.

2. Reihe (Hinr): RM, * 2 li, **Zopf2-li**, 2 li, **Zopf1-li**, ab * insgesamt (2x) 2x (3x) 3x (4x) 4x arbeiten, 2 li, **Zopf2-li**, 2 li, RM.

Die 1. – 2. Reihe noch 7x wdh.

In der nächsten Reihe wird ein Markierer platziert. An dieser Stelle werden dann in Hin- und Rückreihen Zunahmen gearbeitet, um den Halsausschnitt zu formen. Es wird in der 16., 22. und 28. Reihe verzopft.

15. Reihe (Rückr): RM, 2 re, **Zopf2-li**, 2 re, 1 MM platzieren, **Zun-re(re)**, * **Zopf1-li**, 2 re, **Zopf2-li**, 2 re, ab * insgesamt (2x) 2x (3x) 3x (4x) 4x arbeiten, RM.

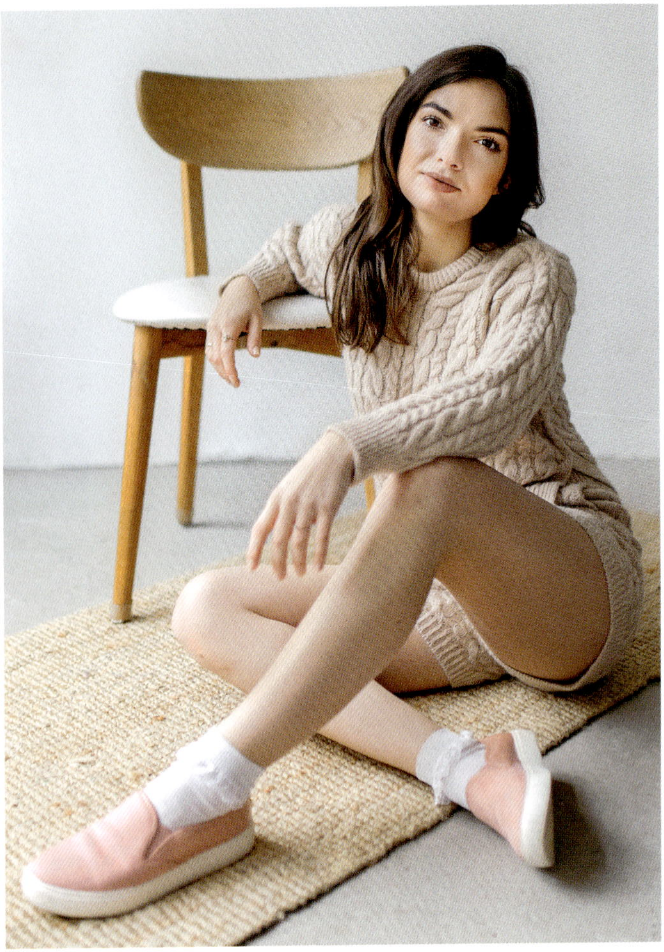

16. **Reihe (Hinr):** RM, bis zum nächsten MM im Muster str, MMv, **Zun-re(li)**, bis zur letzten M im Muster str, RM.

17. **Reihe (Rückr):** RM, bis zum nächsten MM im Muster str, **Zun-re(li)**, MMv, bis zur letzten M im Muster str, RM.

18. **Reihe (Hinr):** RM, bis zum nächsten MM im Muster str, MMv, **Zun-re(re)**, bis zur letzten M im Muster str, RM.

19. – 24. Reihe: die 17. – 18. Reihe 3x arbeiten.

25. – 26. Reihe: wie die 15. – 16. Reihe.

27. – 30. Reihe: die 17. – 18. Reihe 2x arbeiten.

31. **Reihe (Rückr):** RM, bis zum nächsten MM im Muster str, den MM entfernen, bis zur letzten M im Muster str, RM = (62) 62 (78) 78 (94) 94 M.

Den Faden nicht abschneiden.

In der nächsten Hinreihe werden die beiden Vorderteile miteinander verbunden. Dann wird das Vorderteil bis zum Ende des Armlochs in Reihen gestrickt. Es wird in jeder 6. Reihe verzopft.

32. **Reihe (Hinr):** RM, bis zur letzten M im Muster str, 1 re, 8 neue Maschen anschlagen (Schlingenanschlag, siehe Seite 150), 1 re, bis zur letzten M im Muster str, RM = (132) 132 (164) 164 (196) 196 M.

33. **Reihe (Rückr):** RM, bis zur letzten M im Muster str, RM.

34. **Reihe (Hinr):** RM, bis zur letzten M im Muster str, RM.

Die 33. – 34. Reihe noch 16x (16x) 22x (22x) 22x (22x) wdh, dann die 33. Reihe noch 1x arbeiten = 67 (67) 79 (79) 79 (79) Reihen.

Den Faden abschneiden und die M stilllegen.

RÜCKENTEIL

Nun werden Maschen aus der rechten Schulter für das ***rechte Rückenteil*** *aufgenommen, dabei wird in einer Hinreihe an der Ecke zur Anschlagkante begonnen und zu den stillgelegten Maschen der Schulter hingearbeitet. In der ersten Rückreihe wird ein Markierer platziert. An dieser Stelle werden Zunahmen gearbeitet, um den Halsausschnitt zu formen.*
Es wird in der 4., 10. und 16. Reihe verzopft.

Aus der langen Seite der rechten Schulter gleichmäßig (46) 46 (62) 62 (78) 78 M aufnehmen.

1. **Reihe (Rückr):** RM, * 2 re, **Zopf2-re**, 2 re, **Zopf1-re**, ab * insgesamt (2x) 2x (3x) 3x (4x) 4x arbeiten, 1 MM platzieren, 2 re, **Zopf2-re**, 2 re, RM.

2. **Reihe (Hinr):** RM, bis zur letzten M im Muster str, RM.

3. **Reihe (Rückr):** RM, bis zum nächsten MM im Muster str, **Zun-li(re)**, MMv, bis zur letzten M im Muster str, RM.

4. **Reihe (Hinr):** RM, bis zum nächsten MM im Muster str, MMv, **Zun-li(li)**, bis zur letzten M im Muster str, RM.

5. **Reihe (Rückr):** RM, bis zum nächsten MM im Muster str, **Zun-li(li)**, MMv, bis zur letzten M im Muster str, RM.

6. Reihe (Hinr): RM, bis zum nächsten MM im Muster str, MMv, **Zun-li(re)**, bis zur letzten M im Muster str, RM.

7. – 12. Reihe: die 5. – 6. Reihe noch 3x arbeiten.

13. – 14. Reihe: wie die 3. – 4. Reihe.

15. – 18. Reihe: die 5. – 6. Reihe noch 2x arbeiten.

19. Reihe (Rückr): RM, bis zum nächsten MM im Muster str, den MM entfernen, bis zur letzten M im Muster str, RM = (62) 62 (78) 78 (94) 94 M.

Den Faden abschneiden und die M stilllegen.

Als nächstes werden Maschen aus der linken Schulter für das linke Rückenteil aufgenommen. In der ersten Rückreihe wird ein Markierer platziert. An dieser Stelle werden Zunahmen gearbeitet, um den Halsausschnitt zu formen.
Es wird in der 4., 10. und 16. Reihe verzopft.

Aus der langen Seite der linken Schulter gleichmäßig (46) 46 (62) 62 (78) 78 M aufnehmen.

1. Reihe (Rückr): RM, 2 re, **Zopf2-li**, 2 re, 1 MM platzieren, * **Zopf1-li**, 2 re, **Zopf2-li**, 2 re, ab * insgesamt (2x) 2x (3x) 3x (4x) 4x arbeiten, RM.

2. Reihe (Hinr): RM, bis zur letzten M alle M im Muster str, RM.

3. Reihe (Rückr): RM, bis zum nächsten MM im Muster str, MMv, **Zun-re(re)**, bis zur letzten M im Muster str, RM.

4. Reihe (Hinr): RM, bis zum nächsten MM im Muster str, **Zun-re(li)**, MMv, bis zur letzten M im Muster str, RM.

5. Reihe (Rückr): RM, bis zum nächsten MM im Muster str, MMv, **Zun-re(li)**, bis zur letzten M im Muster str, RM.

6. Reihe (Hinr): RM, bis zum nächsten MM im Muster str, **Zun-re(re)**, MMv, bis zur letzten M im Muster str, RM.

7. – 12. Reihe: die 5. – 6. Reihe noch 3x arbeiten.

13. – 14. Reihe: wie die 3. – 4. Reihe.

15. – 18. Reihe: die 5. – 6. Reihe noch 2x arbeiten.

19. Reihe (Rückr): RM, bis zum nächsten MM im Muster str, den MM entfernen, bis zur letzten M im Muster str, RM = (62) 62 (78) 78 (94) 94 M.

Den Faden nicht abschneiden.

In der nächsten Hinreihe werden die beiden Rückenteile miteinander verbunden. Dann wird das Rückenteil bis zum Ende des Armlochs in Reihen gestrickt.
Es wird in jeder 6. Reihe verzopft.

20. Reihe (Hinr): die M des linken Rückenteils: RM, bis zur letzten M im Muster str, 1 re, 8 neue Maschen anschlagen (Schlingenanschlag, siehe Seite 150), dann die M des rechten Rückenteils: 1 re, bis zur letzten M im Muster str, RM = (132) 132 (164) 164 (196) 196 M.

21. Reihe (Rückr): RM, bis zur letzten M im Muster str, RM.

22. Reihe (Hinr): RM, bis zur letzten M im Muster str, RM.

Die 21. – 22. Reihe noch (22x) 22x (28x) 28x (28x) 28x arbeiten, dann die 21. Reihe noch 1x wdh. Den Faden nicht abschneiden.

RUMPF

Für den Rumpf werden Vorder- und Rückenteil nun verbunden, dazu wird in einer Hinreihe am Rückenteil begonnen, für das Armloch werden neue Maschen angeschlagen, bevor die Maschen des Vorderteils gestrickt und für das zweite Armloch noch einmal Maschen angeschlagen werden.

GRÖSSE 2XS/S/L

1. Runde: 1 re, [2 li, **Zopf2-li**, 2 li, **Zopf1-li**] 4x/5x/6x arbeiten, 2 li, [**Zopf1-re**, 2 li, **Zopf2-re**, 2 li] 4x/5x/6x arbeiten, 1 re, 8 neue M anschlagen (Schlingenanschlag, siehe Seite 150), 1 re, [2 li, **Zopf2-li**, 2 li, **Zopf1-li**] 4x/5x/6x arbeiten, 2 li, [**Zopf1-re**, 2 li, **Zopf2-re**, 2 li, ab] 4x/5x/6x arbeiten, 1 re, 8 neue M anschlagen, die M zur Runde schließen, 1 M re, 1 MM platzieren (Rundenbeginn) = 280/344/408 M.

2. Runde: [2 li, **Zopf2-li**, 2 li, **Zopf1-li**] 4x/5x/6x arbeiten, 2 li, [**Zopf1-re**, 2 li, **Zopf2-re**, 2 li] 4x/5x/6x arbeiten, **Zopf1-re**, 2 li, **Zopf1-li**, [2 li, **Zopf2-li**, 2 li, **Zopf1-li**] 4x/5x/6x arbeiten, 2 li, [**Zopf1-re**, 2 li, **Zopf2-re**, 2 li] 4x/5x/6x arbeiten, **Zopf1-re**, 2 li, **Zopf1-li**.

Die 2. Runde insgesamt 36x/48x/48x arbeiten.
Hinweis: In der letzten Runde wird verzopft.

GRÖSSE XS/M/XL

1. Runde: 1 re, [2 li, **Zopf2-li**, 2 li, **Zopf1-li**] 4x/5x/6x arbeiten, 2 li, [**Zopf1-re**, 2 li, **Zopf2-re**, 2 li] 4x/5x/6x arbeiten, 1 re, 18 neue M anschlagen (Schlingenanschlag, siehe Seite 150), 1 re, [2 li, **Zopf2-li**, 2 li, **Zopf1-li**] 4x/5x/6x arbeiten, 2 li, [**Zopf1-re**, 2 li, **Zopf2-re**, 2 li] 4x/5x/6x arbeiten, 1 re, 13 neue M anschlagen, 1 MM platzieren (Rundenbeginn), 5 neue M anschlagen, die M zur Runde schließen = 300/364/428 M.

2. Runde: 2 li, **Zopf1-li**, [2 li, **Zopf2-li**, 2 li, **Zopf1-li**] 4x/5x/6x arbeiten, 2 li, [**Zopf1-re**, 2 li, **Zopf2-re**, 2 li] 4x/5x/6x arbeiten, **Zopf1-re**, 2 li, **Zopf2-re**, 2 li, **Zopf1-li**, [2 li, **Zopf2-li**, 2 li, **Zopf1-li**] 4x/5x/6x arbeiten, 2 li, [**Zopf1-re**, 2 li, **Zopf2-re**, 2 li] 4x/5x/6x arbeiten, **Zopf1-re**, 2 li, **Zopf2-li**.

Die 2. Runde insgesamt 36x/48x/48x arbeiten.
Hinweis: In der letzten Runde wird verzopft.

Um den Pullover zu verlängern, kann die 2. Runde nun noch 12-mal gestrickt werden. Ich würde empfehlen, zuvor einmal anzuprobieren. Wenn keine zusätzlichen Runden gestrickt werden, verlängert sich der Pullover bis zum Abketten nun noch um etwa 15 cm.

Ab der nächsten Runde werden im Vorder- und Rückenteil wie folgt Abnahmen im Zopfmuster gearbeitet.

3. Runde nur für 2XS/S/L: 2 li, **Zopf2-li**, 2 li, **Zopf1-li**, 2 li, **Zopf2-li**, 1 li, 1 MM platzieren, **Abn**, 3 re, [2 li, **Zopf2-li**, 2 li, **Zopf1-li**] 2x/3x/4x arbeiten, 2 li, [**Zopf1-re**, 2 li, **Zopf2-re**, 2 li] 2x/3x/4x arbeiten, 3 re, **Abn**, 1 MM platzieren, 1 li, **Zopf2-re**, 2 li, **Zopf1-re**, 2 li, **Zopf2-re**, 2 li, **Zopf1-re**, 2 li, **Zopf1-li, 2** li, **Zopf2-li, 2** li, **Zopf1-li**, 2 li, **Zopf2-li**, 1 li, 1 MM platzieren, **Abn**, 3 re, [2 li, **Zopf2-li**, 2 li, **Zopf1-li**] 2x/3x/4x arbeiten, 2 li, [**Zopf1-re**, 2 li, **Zopf2-re**, 2 li] 2x/3x/4x arbeiten, 3 re, **Abn**, 1 MM platzieren, 1 li, [**Zopf2-re**, 2 li, **Zopf1-re**, 2 li] 2x arbeiten, **Zopf1-li**.

3. Runde nur für XS/M/XL: [2 li, **Zopf1-li**, 2 li, **Zopf2-li**] 2x arbeiten, 1 li, 1 MM platzieren, **Abn**, 3 re, [2 li, **Zopf2-li**, 2 li, **Zopf1-li**] 2x/3x/4x arbeiten, 2 li, [**Zopf1-re**, 2 li, **Zopf2-re**, 2 li] 2x/3x/4x arbeiten, 3 re, **Abn**, 1 MM platzieren, 1 li, [**Zopf2-re**, 2 li, **Zopf1-re**, 2 li] 2x arbeiten, [**Zopf2-li**, 2 li, **Zopf1-li**, 2 li] 2x arbeiten, **Zopf2-li**, 1 li, 1 MM platzieren, **Abn**, 3 re, [2 li, **Zopf2-li**, 2 li, **Zopf1-li**] 2x/3x/4x arbeiten, 2 li, [**Zopf1-re**, 2 li, **Zopf2-re**, 2 li] 2x/3x/4x arbeiten, 3 re, **Abn**, 1 MM platzieren, 1 li, [**Zopf2-re**, 2 li, **Zopf1-re**, 2 li] 2x arbeiten, **Zopf2-li**.

4. – 5. Runde wieder für alle Größen: alle M im Muster str.

6. Runde: * bis zum nächsten MM im Muster str, MMv, **Abn**, bis 2 M vor dem nächsten MM im Muster str, **Abn**, MMv, ab * noch 1x wdh, bis zum Rundenbeginn im Muster str.

7. Runde: wie die 4. Runde.

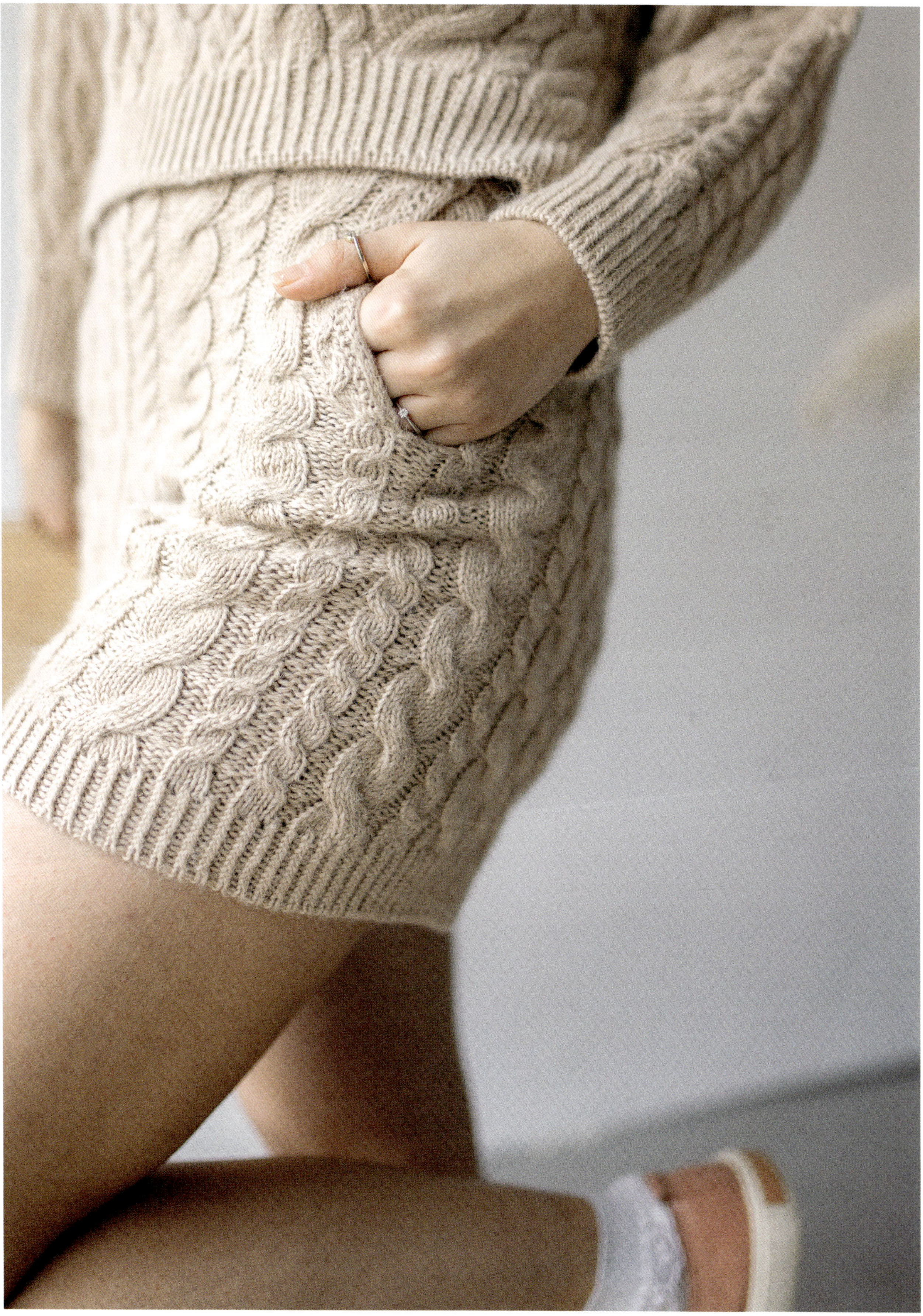

In der nächsten Runde werden Vorder- und Rückenteil wieder getrennt und separat in Reihen fertiggestellt. Zunächst wird das Vorderteil beendet, während die M des Rückenteils stillgelegt werden.

8. Runde nur für 2XS/S/L: bis zum nächsten MM im Muster str, **Abn**, bis 2 M vor dem nächsten MM im Muster str, **Abn**, MMv, 1 li, **Zopf2-re**, 2 li, **Zopf1-re**, 2 li, **Zopf2-re**, 2 li.

8. Runde nur für XS/M/XL: bis zum nächsten MM im Muster str, **Abn**, bis 2 M vor dem nächsten MM im Muster str, **Abn**, MMv, 1 li, [**Zopf2-re**, 2 li, **Zopf1-re**, 2 li] 2x arbeiten.

Alle Maschen der 8. Runde, die bisher gestrickt wurden, werden nun als Rückenteil-Maschen stillgelegt.

VORDERTEIL SAUM

Ab jetzt werden die Maschen, die den seitlichen Rippenabschluss der Arbeit bilden, mit 3,5 mm Nadeln gestrickt, am besten wird dazu ein Nadelspiel verwendet. Alle übrigen Maschen werden weiterhin mit 4 mm Nadeln gearbeitet.

1. Reihe nur für 2XS/S/L: (3,5 mm) RM, 1 li, 1 re verschr, 1 li, 2 re verschr zusammenstr, [1 li, 1 re verschr] 2x arbeiten, durch diese 9 M einen Faden in einer Kontrastfarbe ziehen (der Faden hilft später beim Aufnehmen der M für das Rückenteil), (4 mm) 2 li, **Zopf2-li**, 2 li, **Zopf1-li**, 2 li, **Zopf2-li**, 1 li, MMv, **Abn**, 1 re, (2 li, **Zopf2-li**, 2 li, **Zopf1-li**) 2x/3x/4x arbeiten, 2 li, (**Zopf1-re**, 2 li, **Zopf2-re**, 2 li) 2x/3x/4x arbeiten, 1 re, **Abn**, MMv, 1 li, **Zopf2-re**, 2 li, **Zopf1-re**, 2 li, **Zopf2-re**, 2 li, (3,5 mm) [1 re verschr, 1 li] 2x arbeiten, 2 re verschr zusammenstr, 1 li, 1 re verschr, 1 li, RM, auch durch diese 9 M einen Faden in einer Kontrastfarbe ziehen, MM entfernen = 142/174/206 M.

1. Reihe nur für XS/M/XL: (3,5 mm) RM, 1 li, 1 re verschr, 1 li, **Zun-li(re)**, [1 li, 1 re verschr] 2x arbeiten, durch diese 9 M einen Faden in einer Kontrastfarbe ziehen (der Faden hilft später beim Aufnehmen der M für das Rückenteil), (4 mm) [2 li, **Zopf1-li**, 2 li, **Zopf2-li**] 2x arbeiten, 1 li, MMv, **Abn**, 1 re, [2 li, **Zopf2-li**, 2 li, **Zopf1-li**] 2x/3x/4x arbeiten, 2 li, [**Zopf1-re**, 2 li, **Zopf2-re**, 2 li] 2x/3x/4x arbeiten, 1 re, **Abn**, MMv, 1 li, [**Zopf2-re**, 2 li, **Zopf1-re**, 2 li] 2x arbeiten, (3,5 mm) [1 re verschr, 1 li] 2x arbeiten, **Zun-re(re)**, 1 li, 1 re verschr, 1 li, RM, auch durch diese 9 M einen Faden in einer Kontrastfarbe ziehen, MM entfernen = 154/186/218 M.

2. Reihe (Rückr): (3,5 mm) RM, [1 re, 1 li verschr] 4x arbeiten, (4 mm) bis zu den letzten 9 M im Muster str, (3,5 mm) [1 li verschr, 1 re] 4x arbeiten, RM.

3. Reihe (Hinr): (3,5 mm) RM, [1 li, 1 re verschr] 4x arbeiten, (4 mm) bis zum nächsten MM im Muster str, MMv, **Abn**, bis 2 M vor dem nächsten MM im Muster str, **Abn**, MMv, bis zu den letzten 9 M im Muster str, (3,5 mm) [1 re verschr, 1 li] 4x arbeiten, RM.

4. – 28. Reihe: die 2. – 3. Reihe noch 12x wdh, dann noch 1x die 2. Reihe arbeiten.

In der nächsten Hinreihe wird zu der 3,5 mm Rundstricknadel gewechselt. Alle Maschenmarkierer können entfernt werden.

29. Reihe (Hinr): RM, * 1 li, 1 re verschr, ab * bis zu den 2 mittleren li M zwischen **Zopf1-li** und **Zopf1-re** wdh, **Abn**, * 1 re verschr, 1 li, ab * bis zur letzten M wdh, RM.

30. Reihe (Rückr): RM, * 1 re, 1 li verschr, ab * bis zu den letzten 2 M wdh, 1 re, RM.

31. Reihe (Hinr): RM, * 1 li, 1 re verschr, ab * bis zu den letzten 2 M wdh, 1 li, RM.

Die 30. – 31. Reihe bis zu einer Bündchenhöhe von 6 cm wdh.

Dann alle M italienisch abketten (siehe Seite 153).

RÜCKENTEIL SAUM

Nun wird das Rückenteil beendet.

1. Reihe (Rückr): (3,5 mm) 9 M von dem Faden in Kontrastfarbe aufnehmen und im Muster str, den Hilfsfaden entfernen, (4 mm) bis zu den letzten 9 M im Muster str, (3,5 mm) 9 M von dem Faden in Kontrastfarbe aufnehmen und im Muster str, den Hilfsfaden entfernen = (142) 154 (174) 186 (206) 218 M.

Dann das Rückenteil wie das Vorderteil fertigstellen. Dazu in der 2. Reihe (Rückr) des Saums auf Seite 56 beginnen.

HALSLOCHBLENDE

Für die Blende werden nun Maschen entlang des Halsausschnitts aufgenommen.

Vorbereitung: Beginnend am Übergang der linken Schulter zum Rückenteil mit der kurzen 3,5 mm Rundstricknadel 124 M aus dem Halsausschnitt aufnehmen, 1 MM platzieren = Rundenbeginn.

1. Runde: * 1 re verschr, 1 li, ab * bis zum Rundenbeginn wdh.

Diese Runde insgesamt 16x arbeiten (= 5 cm).

Die Blende nach innen umschlagen, dann * [die 1. M der 1. Runde auf die linke Nadel nehmen und mit der 1. M dieser Runde re zusammenstr] 2x arbeiten, beide M der re Nadel zurück auf die li Nadel heben, dann 1 M elastisch abketten (siehe Seite 152), ab * wdh, bis alle M abgekettet sind. Darauf achten, nicht zu fest abzuketten!

ÄRMEL

Zunächst werden für den ***linken Ärmel*** *wie folgt Maschen aus dem linken Armloch aufgenommen. Der Ärmel wird in Runden bis zum Bündchen gestrickt.*

GRÖSSE 2XS/S/L

Mittig unter dem Arm liegen 4 rechte, 2 linke, 4 rechte Maschen. Der Rundenbeginn befindet sich zwischen den beiden mittleren linken Maschen. Das Aufnehmen der Maschen beginnt also an der 2. linken Masche:

Vorbereitung: 5 M aufnehmen und als 1 li, 4 re str (aus jeder M des Körpers 1 neue Ärmel-M aufnehmen), dann aus dem Strickrand bis zur Schulterpasse gleichmäßig verteilt 42/58/58 M aufnehmen, die 16 M der Schulterpasse wie folgt str: **Abn**, 1 li, **Zopf1-re**, 2 li, **Zopf1-li**, 1 li, **Abn**, dann aus dem Strickrand gleichmäßig verteilt 42/58/58 M aufnehmen, aus den übrigen 5 M unter dem Arm 5 neue M aufnehmen und als 4 re, 1 li str, 1 MM platzieren (Rundenbeginn) = 108/140/140 M.

1. Runde: 1 li, [**Zopf1-re**, 2 li, **Zopf2-re**, 2 li] 3x/4x/4x arbeiten, **Zopf1-re**, 2 li, **Zopf1-li**, [2 li, **Zopf2-li**, 2 li, **Zopf1-li**] 3x/4x/4x arbeiten, 1 li.

Diese Runde insgesamt 62x/50x/50x arbeiten.

Nun werden symmetrisch auf beiden Seiten des Ärmels Abnahmen gearbeitet.

2. Runde: 1 li, **Zopf1-re**, 2 li, **Zopf2-re**, 1 li, 1 MM platzieren, **Abn**, 3 re, [2 li, **Zopf2-re**, 2 li, **Zopf1-re**] 2x/3x/3x arbeiten, 2 li, [**Zopf1-li**, 2 li, **Zopf2-li**, 2 li] 2x/3x/3x arbeiten, 3 re, **Abn**, 1 MM platzieren, 1 li, **Zopf2-li**, 2 li, **Zopf1-li**, 1 li.

3. Runde: alle M im Muster str.

4. Runde: bis zum nächsten MM im Muster str, MMv, **Abn**, bis 2 M vor dem nächsten MM im Muster str, **Abn**, MMv, bis zum Rundenbeginn im Muster str.

5. – 44. Runde: die 3. – 4. Runde noch 20x wdh = 64/96/96 M.

45. – 52. Runde: alle M im Muster str.

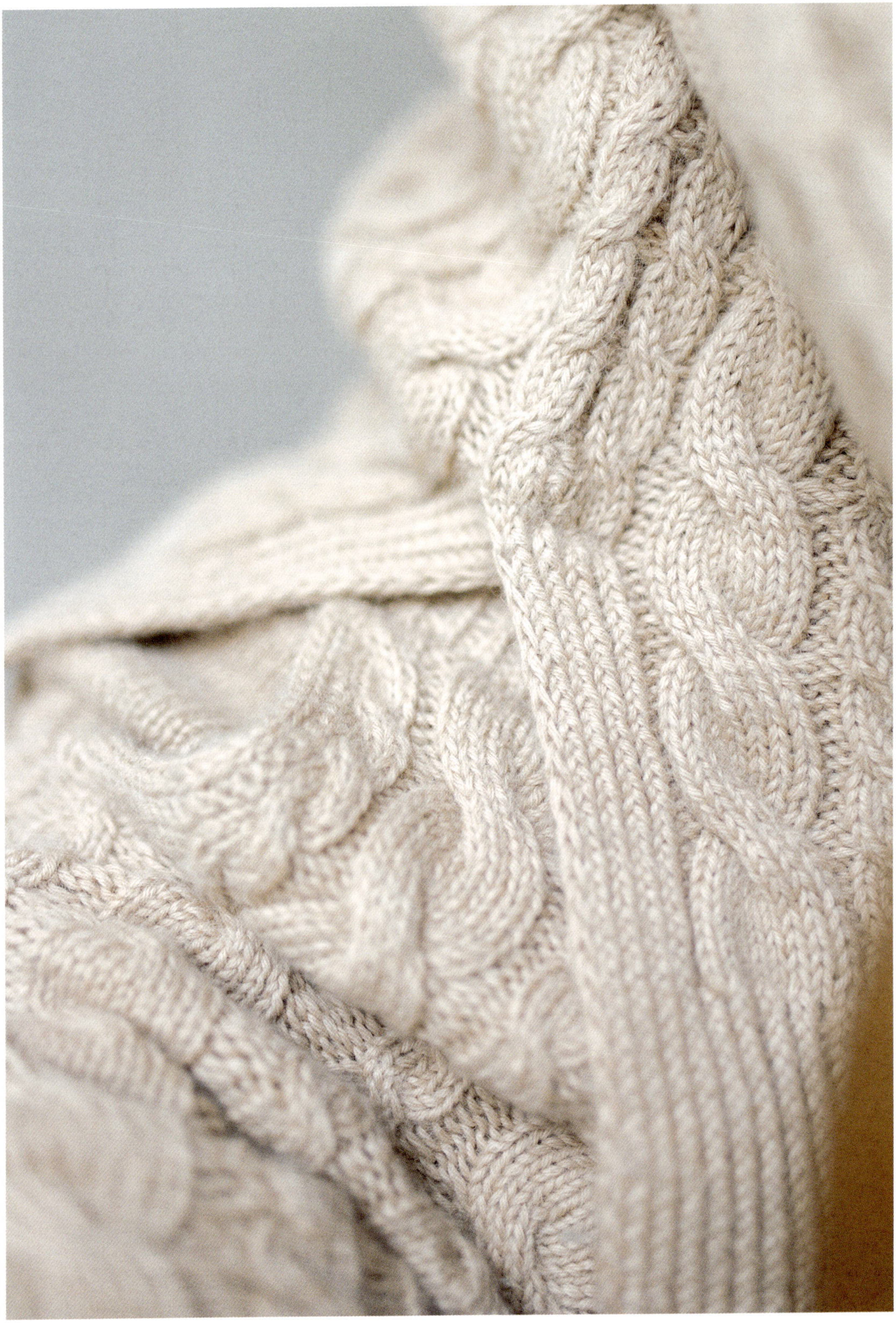

GRÖSSE XS/M/XL

Mittig unter dem Arm liegen 4 rechte, 2 linke, 8 rechte, 2 linke, 4 rechte Maschen. Der Rundenbeginn befindet sich hinter den 8 rechten Maschen. Das Aufnehmen der Maschen beginnt also an der 1. linken Masche nach den 8 rechten Maschen:

Vorbereitung: 6 M aufnehmen und als 2 li, 4 re str (aus jeder M des Körpers 1 neue Ärmel-M aufnehmen), dann aus dem Strickrand bis zur Schulterpasse gleichmäßig verteilt 42/58/58 M aufnehmen, die 16 M der Schulterpasse wie folgt str: **Abn**, 1 li, **Zopf1-re**, 2 li, **Zopf1-li**, 1 li, **Abn**, dann aus dem Strickrand gleichmäßig verteilt 42/58/58 M aufnehmen, aus den übrigen 14 M unter dem Arm 14 neue M aufnehmen und str als: 4 re, 2 li, 8 re, 1 MM platzieren (Rundenbeginn) = 118/150/150 M.

1. Runde: 2 li, [**Zopf1-re**, 2 li, **Zopf2-re**, 2 li] 3x/4x/4x arbeiten, **Zopf1-re**, 2 li, **Zopf1-li**, [2 li, **Zopf2-li**, 2 li, **Zopf1-li**] 3x/4x/4x arbeiten, 2 li, **Zopf2-li**.

Die Runde insgesamt 62x/50x/50x arbeiten.

Nun werden symmetrisch auf beiden Seiten des Ärmels Abnahmen gearbeitet.

2. Runde: 2 li, **Zopf1-re**, 2 li, **Zopf2-re**, 1 li, 1 MM platzieren, **Abn**, 3 re, [2 li, **Zopf2-re**, 2 li, **Zopf1-re**] 2x/3x/3x arbeiten, 2 li, [**Zopf1-li**, 2 li, **Zopf2-li**, 2 li] 2x/3x/3x arbeiten, 3 re, **Abn**, 1 MM platzieren, 1 li, **Zopf2-li**, 2 li, **Zopf1-li**, 2 li, **Zopf2-li**.

3. Runde: alle M im Muster str.

4. Runde: bis zum nächsten MM im Muster str, MMv, **Abn**, bis 2 M vor dem nächsten MM im Muster str, **Abn**, MMv, bis zum Rundenbeginn im Muster str.

5. – 44. Runde: die 3. – 4. Runde noch 20x wdh = 74/106/106 M.

45. – 52. Runde: alle M im Muster str.

WEITER FÜR GRÖSSE 2XS/XS

Nun befinden sich 64/74 Maschen auf der Nadel.

Auf die kurze 3,5 mm Rundstricknadel oder das 3,5 mm Nadelspiel wechseln. Die Markierer können entfernt werden.

53. Runde: * 1 re verschr, 1 li, ab * bis zum Rundenbeginn wdh.

Diese Runde wdh, bis der einfache Rippenabschluss 6 cm misst.

Dann allem M italienisch abketten (siehe Seite 153).

WEITER FÜR GRÖSSE S/L

Nun befinden sich 96/96 Maschen auf der Nadel.

53. – 73. Runde: Die 3. – 4. Runde noch 10x arbeiten, dann die 3. Runde noch 1x wdh = 76/76 M.

Auf die kurze 3,5 mm Rundstricknadel oder das 3,5 mm Nadelspiel wechseln. Die Markierer können entfernt werden.

74. Runde: * 1 re verschr, 1 li, ab * bis zum Rundenbeginn wdh.

Diese Runde wdh, bis der einfache Rippenabschluss 6 cm misst.

Dann allem M italienisch abketten (siehe Seite 153).

WEITER FÜR GRÖSSE M/XL

Nun befinden sich 106/106 Maschen auf der Nadel.

53. – 73. Runde: Die 3. – 4. Runde noch 10x arbeiten, dann die 3. Runde noch 1x wdh = 86/86 M.

Auf die kurze 3,5 mm Rundstricknadel oder das 3,5 mm Nadelspiel wechseln und eine Vorbereitungsrunde mit Abnahmen arbeiten. Die Markierer können entfernt werden.

74. Runde: [1 re verschr, 1 li] 3x arbeiten,
1 re verschr, **Abn** (= 2 M li zusammenstr),
[1 re verschr, 1 li] 2x arbeiten, 1 re verschr, **Abn**,
[1 re verschr, 1 li] 3x arbeiten, 1 re verschr, **Abn**,

[1 re verschr, 1 li] 3x arbeiten, 1 re verschr, **Abn**,
[1 re verschr, 1 li] 3x arbeiten, 1 re verschr, **Abn**,
[1 re verschr, 1 li] 3x arbeiten, 1 re verschr, **Abn**,
[1 re verschr, 1 li] 2x arbeiten, 1 re verschr, **Abn**,
[1 re verschr, 1 li] 3x arbeiten, 1 re verschr, **Abn**,
[1 re verschr, 1 li] 3x arbeiten, 1 re verschr, **Abn**,
[1 re verschr, 1 li] 3x arbeiten, 1 re verschr, **Abn** = 76 M.

75. Runde: * 1 re verschr, 1 li, ab * bis zum Rundenbeginn wdh.

Diese Runde wdh, bis der einfache Rippenabschluss 6 cm misst.

Dann allem M italienisch abketten (siehe Seite 153).

RECHTER ÄRMEL

Für einige Größen muss der rechte Ärmel gegengleich zum linken Ärmel gearbeitet werden, damit sich ein symmetrisches Muster ergibt.

GRÖSSE 2XS/S/L

Den rechten Ärmel wie den linken Ärmel arbeiten.

GRÖSSE XS/M/XL

Mittig unter dem Arm liegen 4 rechte, 2 linke, 8 rechte, 2 linke, 4 rechte Maschen. Der Rundenbeginn befindet sich vor den 8 rechten Maschen. Das Aufnehmen der Maschen beginnt also an der 1. der 8 rechten Maschen:

Vorbereitung: 14 M aufnehmen und als 8 re, 2 li, 4 re str (aus jeder M des Körpers 1 neue Ärmel-M aufnehmen), aus dem Strickrand bis zur Schulterpasse gleichmäßig verteilt 42/58/58 M aufnehmen, die 16 M der Schulterpasse wie folgt str: **Abn**, 1 li, **Zopf1-re**, 2 li, **Zopf1-li**, 1 li, **Abn**, dann aus dem Strickrand gleichmäßig verteilt 42/58/58 M aufnehmen, aus den übrigen 6 M unter dem Arm 6 neue M aufnehmen und str als: 4 re, 2 li, 1 MM platzieren (Rundenbeginn) = 118/150/150 M.

1. Runde: **Zopf2-re**, 2 li, [**Zopf1-re**, 2 li, **Zopf2-re**, 2 li] 3x/4x/4x arbeiten, **Zopf1-re**, 2 li, **Zopf1-li**, [2 li, **Zopf2-li**, 2 li, **Zopf1-li**] 3x/4x/4x arbeiten, 2 li.

Die Runde insgesamt 62x/50x/50x arbeiten.

Nun werden symmetrisch auf beiden Seiten des Ärmels Abnahmen gearbeitet:

2. Runde: **Zopf2-re**, 2 li, **Zopf1-re**, 2 li, **Zopf2-re**, 1 li, 1 MM platzieren, **Abn**, 3 re, [2 li, **Zopf2-re**, 2 li, **Zopf1-re**] 2x/3x/3x arbeiten, 2 li, [**Zopf1-li**, 2 li, **Zopf2-li**, 2 li] 2x/3x/3x arbeiten, 3 re, **Abn**, 1 MM platzieren, 1 li, **Zopf2-li**, 2 li, **Zopf1-li**, 2 li.

3. Runde: alle M im Muster str.

4. Runde: bis zum nächsten MM im Muster str, MMv, **Abn**, bis 2 M vor dem nächsten MM im Muster str, **Abn**, MMv, bis zum Rundenbeginn im Muster str.

5. – 44. Runde: die 3. – 4. Runde noch 20x wdh = 74/106/106 M.

45. – 52. Runde: alle M im Muster str.

WEITER FÜR GRÖSSE XS

Nun befinden sich 74 Maschen auf der Nadel.

Auf die kurze 3,5 mm Rundstricknadel oder das 3,5 mm Nadelspiel wechseln. Die Markierer können entfernt werden.

53. Runde: * 1 re verschr, 1 li, ab * bis zum Rundenbeginn wdh.

Diese Runde wdh, bis der einfache Rippenabschluss 6 cm misst.

Dann allem M italienisch abketten (siehe Seite 153).

WEITER FÜR GRÖSSE M/XL

Nun befinden sich 106/106 Maschen auf der Nadel.

53. – 73. Runde: Die 3. – 4. Runde noch 10x arbeiten, dann die 3. Runde noch 1x wdh = 86/86 M.

Auf die kurze 3,5 mm Rundstricknadel oder das 3,5 mm Nadelspiel wechseln und eine Vorbereitungsrunde mit Abnahmen arbeiten. Die Markierer können entfernt werden.

74. Runde: [1 re verschr, 1 li] 3x arbeiten, 1 re verschr, **Abn**, [1 re verschr, 1 li] 2x arbeiten, 1 re verschr, **Abn**, [1 re verschr, 1 li] 3x arbeiten, 1 re verschr, **Abn**, [1 re verschr, 1 li] 3x arbeiten, 1 re verschr, **Abn**, [1 re verschr, 1 li] 3x arbeiten, 1 re verschr, **Abn**, [1 re verschr, 1 li] 3x arbeiten, 1 re verschr, **Abn**, [1 re verschr, 1 li] 2x arbeiten, 1 re verschr, **Abn**, [1 re verschr, 1 li] 3x arbeiten, 1 re verschr, **Abn**, [1 re verschr, 1 li] 3x arbeiten, 1 re verschr, **Abn**, [1 re verschr, 1 li] 3x arbeiten, 1 re verschr, **Abn** = 76/76 M.

75. Runde: * 1 re verschr, 1 li, ab * bis zum Rundenbeginn wdh.

Diese Runde wdh, bis der einfache Rippenabschluss 6 cm misst.

Dann allem M italienisch abketten (siehe Seite 153).

FERTIGSTELLEN

Zum Schluss die Fäden vernähen, dann den Sweater waschen und spannen.

Und schon ist es geschafft!

ANLEITUNG

COZYCABLESHORTS

Es wird stets mit doppeltem Faden gearbeitet. ***Randmaschen*** *werden als I-Cord gearbeitet, sie werden im Anleitungstext beschrieben.*

BUND

(174) 194 (238) 258 (302) 322 M mit der 3,5 mm Rundstricknadel anschlagen, 1 MM platzieren und zur Runde schließen.

1. Runde: * 1 re verschr, 1 li, ab * stets wdh.

Diese Runde bis zur einer Höhe von 9,5 cm wdh.

Nun werden die Maschen für den doppelten Bund mit den Schlingen aus der Anschlagkante zusammengestrickt. Zum Einziehen des Gummibandes wird am Ende der Runde eine kleine Öffnung gelassen.

In der folgenden Runde: * die 1. M des M-Anschlags auf die li Nadel nehmen, **Abn-re**, ab * bis zu den letzten 6 M stets wdh, 6 re.

VORDERES HOSENTEIL

Zunächst wird das vordere Hosenteil bis zum unteren Ende des Tascheneingriffs gestrickt, dabei werden am Anfang und am Ende je 3 neue M angeschlagen, die im Folgenden als I-Cord-Rand gearbeitet werden.

Zu den 4 mm Nadeln wechseln.

Musteraufbau (Hinr): 3 neue M anschlagen (Schlingenanschlag, siehe Seite 150), 1 li, [**Zopf1-li**, 2 li, **Zopf2-li**, 2 li] (2x) 2x (3x) 3x (4x) 4x arbeiten, **Zopf1-li**, 1 MM platzieren, 2 li, 1 MM platzieren, [**Zopf1-re**, 2 li, **Zopf2-re**, 2 li] (2x) 2x (3x) 3x (4x) 4x arbeiten, **Zopf1-re**, 1 li, 3 neue M anschlagen = (82) 82 (114) 114 (146) 146 M.

Die restlichen (98) 118 (130) 150 (162) 182 M gehören zum hinteren Hosenteil und werden zunächst stillgelegt.

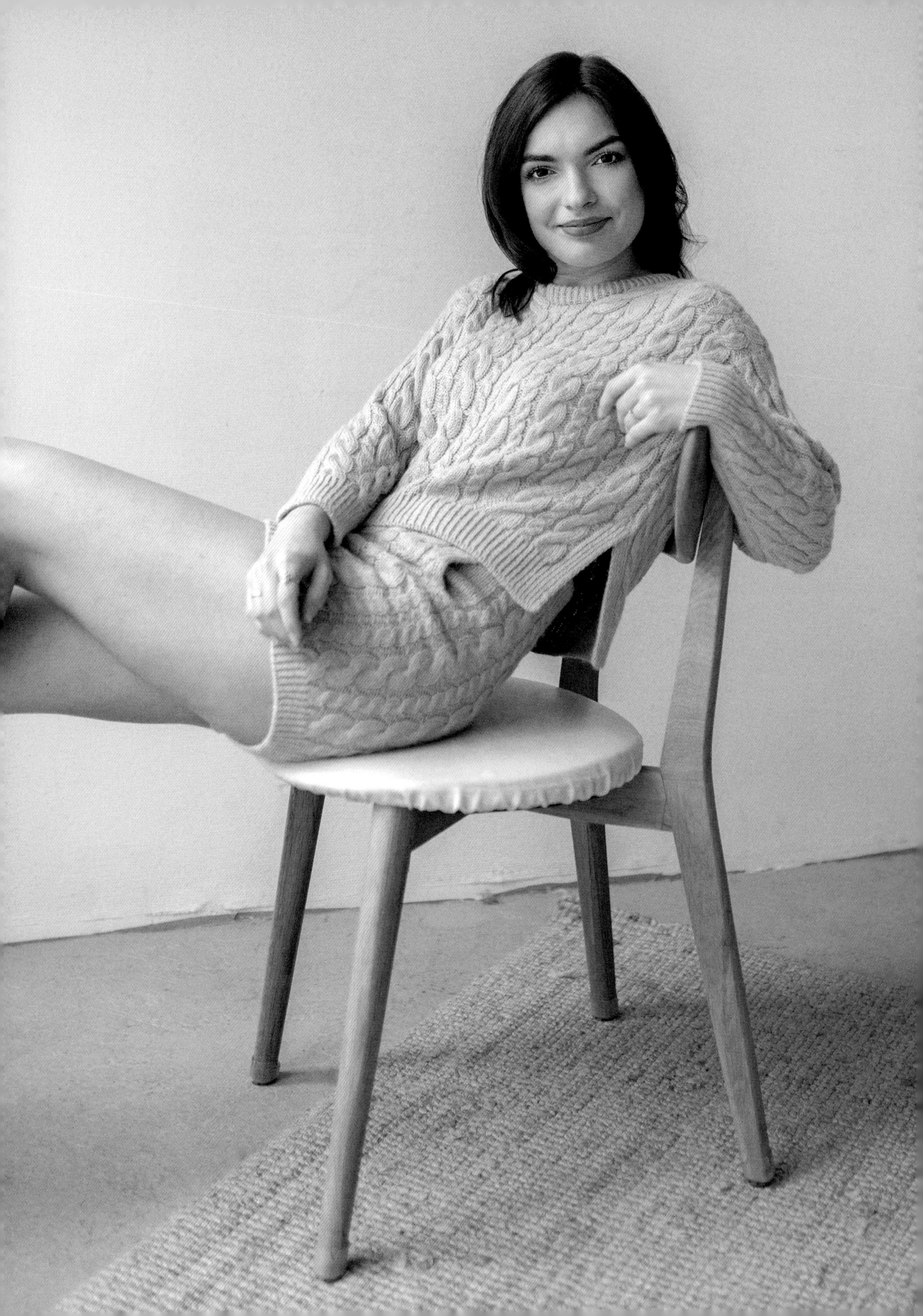

1. Reihe (Rückr): 3 M mit dem Faden vorne abh, bis zu den letzten 3 M alle M str, wie sie erscheinen, 3 M mit dem Faden vorne abh.

2. Reihe (Hinr): 3 re, bis zu den letzten 3 M im Muster str, 3 re.

Die 1. – 2. Reihe insgesamt 19x arbeiten. Darauf achten, dass **Zopf1** in jeder 6. Reihe und **Zopf2** in jeder 12. Reihe verzopft wird.

In der letzten Hinr die I-Cord-M wie folgt zusammenstr: 3 re zusammenstr, bis zu den letzten 3 M im Muster str, 1 abh, **Abn-re**, dann die abgehobene M überziehen = 78 (78) 114 (114) 142 (142) M.

Den Faden abschneiden und die M stilllegen.

HINTERES HOSENTEIL

Das hintere Hosenteil wird über die stillgelegten Maschen der Bundkante gearbeitet. Zusätzlich werden in der ersten Reihe hinter dem Vorderteil neue Maschen für den Taschenbeutel aufgenommen. Dazu wird am linken Tascheneingriff begonnen, als würde man eine Rückreihe stricken.

Die (98) 118 (130) 150 (162) 182 stillgelegten M der Bundkante auf die 4 mm Nadel nehmen, aber noch nicht str. Dann aus den li M, die entstanden sind, als der Bund zusammengestrickt wurde, 24 neue M aufnehmen, aber noch nicht str. Es wird in der 4., 10., 16., 22., 28., 34. und 40. Reihe verzopft.

GRÖSSE 2XS/S/L

Musteraufbau (Hinr): 24 re, [2 li, **Zopf1-li**, 2 li, **Zopf2-li**] 3x/4x/5x arbeiten, 1 MM platzieren, 2 li, 1 MM platzieren, [**Zopf2-re**, 2 li, **Zopf1-re**, 2 li] 3x/4x/5x arbeiten, dann aus den li M der Bundkante 24 neue M hinter dem vorderen Hosenteil aufnehmen.

1. Reihe (Rückr): 24 li, dann alle M str, wie sie erscheinen.

2. Reihe (Hinr): alle M str, wie sie erscheinen.

3. Reihe (Rückr) und alle folgenden Rückr: alle M str, wie sie erscheinen.

4. Reihe (Hinr): 24 re, [2 li, **Zopf1-li**, 2 li, **Zopf2-li**] 3x/4x/5x wdh, **Zun-re(li)**, MMv, 2 li, MMv, **Zun-li(li)**, [**Zopf2-re**, 2 li, **Zopf1-re**, 2 li] 3x/4x/5x wdh, 24 re.

GRÖSSE XS/M/XL

Musteraufbau (Hinr): 24 re, 2 li, **Zopf2-li**, [2 li, **Zopf1-li**, 2 li, **Zopf2-li**] 3x/4x/5x arbeiten, 1 MM platzieren, 2 li, 1 MM platzieren, [**Zopf2-re**, 2 li, **Zopf1-re**, 2 li] 3x/4x/5x arbeiten, **Zopf2-re**, 2 li, dann aus den li M der Bundkante 24 neue M hinter dem vorderen Hosenteil aufnehmen.

1. Reihe (Rückr): 24 li, str alle M wie sie erscheinen.

2. Reihe (Hinr): alle M str, wie sie erscheinen.

3. Reihe (Rückr) und alle folgenden Rückr: alle M str, wie sie erscheinen.

4. Reihe (Hinr): 24 re, 2 li, **Zopf2-li**, [2 li, **Zopf1-li**, 2 li, **Zopf2-li**] 3x/4x/5x arbeiten, **Zun-re(li)**, MMv, 2 li, MMv, **Zun-li(li)**, [**Zopf2-re**, 2 li, **Zopf1-re**, 2 li] 3x/4x/5x arbeiten, **Zopf2-re**, 2 li, 24 re.

WEITER FÜR ALLE GRÖSSEN

5. – 9. Reihe: alle M str, wie sie erscheinen.

10. Reihe (Hinr): 24 re, bis zum nächsten MM im Muster str, **Zun-re(li)**, MMv, 2 li, MMv, **Zun-li(li)**, bis zu den letzten 24 M im Muster str, 24 re.

11. – 15. Reihe: alle M str, wie sie erscheinen.

Nun werden in jeder zweiten Hinreihe Zunahmen in der hinteren Mitte gearbeitet.

16. Reihe (Hinr): 24 re, bis zum nächsten MM im Muster str, **Zun-re(re)**, MMv, 2 li, MMv, **Zun-li(re)**, bis zu den letzten 24 M im Muster str, 24 re.

17. Reihe (Rückr) und alle folgenden Rückr: alle M str, wie sie erscheinen.

18. Reihe: alle M str, wie sie erscheinen.

20. Reihe: 24 re, bis zum nächsten MM im Muster str, **Zun-re(re)**, MMv, 2 li, MMv, **Zun-li(re)**, bis zu den letzten 24 M im Muster str, 24 re.

22. Reihe: 24 re, bis zum nächsten MM im Muster str, MMv, 2 li, MMv, bis zu den letzten 24 M im Muster str, 24 re.

24. Reihe: 24 re, bis zum nächsten MM im Muster str, **Zun-re(re)**, MMv, 2 li, MMv, **Zun-li(re)**, bis zu den letzten 24 M im Muster str, 24 re.

26. Reihe: alle M str, wie sie erscheinen.

28. Reihe: 24 re, bis zum nächsten MM im Muster str, **Zun-re(re)**, MMv, 2 li, MMv, **Zun-li(re)**, bis zu den letzten 24 M im Muster str, 24 re.

30. Reihe: alle M str, wie sie erscheinen.

32. Reihe: 24 re, bis zum nächsten MM im Muster str, **Zun-re(li)**, MMv, 2 li, MMv, **Zun-li(li)**, bis zu den letzten 24 M im Muster str, 24 re.

34. Reihe nur für Größe 2XS/S/L: 24 re, [2 li, **Zopf1-li**, 2 li, **Zopf2-li**] 3x/4x/5x arbeiten, 2 li, **Zopf1-li**, 1 li, MMv, 2 li, MMv, 1 li, **Zopf1-re**, 2 li, [**Zopf2-re**, 2 li, **Zopf1-re**, 2 li] 3x/4x/5x arbeiten, 24 re.

34. Reihe nur für Größe XS/M/XL: 24 re, 2 li, **Zopf2-li**, [2 li, **Zopf1-li**, 2 li, **Zopf2-li**] 3x/4x/5x arbeiten, 2 li, **Zopf1-li**, 1 li, MMv, 2 li, MMv, 1 li, **Zopf1-re**, 2 li, [**Zopf2-re**, 2 li, **Zopf1-re**, 2 li] 3x/4x/5x arbeiten, **Zopf2-re**, 2 li, 24 re.

36. Reihe: 24 re, bis zum nächsten MM im Muster str, **Zun-re(li)**, MMv, 2 li, MMv, **Zun-li(li)**, bis zu den letzten 24 M im Muster str, 24 re.

38. Reihe: alle M str, wie sie erscheinen = 162 (182) 194 (214) 226 (246) M.

Die nächste Hinreihe ist die letzte Reihe des hinteren Hosenteils. Am Ende der Reihe werden die Maschen für den Taschenbeutel stillgelegt und die Maschen von vorderem und hinterem Hosenteil werden zur Runde geschlossen.

40. Reihe (Hinr) nur für Größe 2XS/S/L: 24 re, [2 li, **Zopf1-li**, 2 li, **Zopf2-li**] 3x/4x/5x arbeiten, 2 li, **Zopf1-li**, 2 li, **Zun-re(re)**, MMv, 2 li, MMv, **Zun-li(re)**, 2 li, **Zopf1-re**, [2 li, **Zopf2-re**, 2 li, **Zopf1-re**] 3x/4x/5x arbeiten, 1 li, die nächste li M bleibt auf der linken Nadel, die restlichen 24 M für den Taschenbeutel werden stillgelegt. Dann die stillgelegten M des vorderen Hosenteils wieder auf die linke Nadel nehmen und 3 M li zusammenstr.

40. Reihe (Hinr) nur für Größe XS/M/XL: 24 re, 2 li, **Zopf2-li**, [2 li, **Zopf1-li**, 2 li, **Zopf2-li**] 3x/4x/5x arbeiten, 2 li, **Zopf1-li**, 2 li, **Zun-re(re)**, MMv, 2 li, MMv, **Zun-li(re)**, 2 li, **Zopf1-re**, [2 li, **Zopf2-re**, 2 li, **Zopf 1-re**] 3x/4x/5x arbeiten, 1 li, die nächste li M bleibt auf der linken Nadel, die restlichen 24 M für den Taschenbeutel werden stillgelegt. Dann die stillgelegten M des vorderen Hosenteils wieder auf die linken Nadel nehmen und 3 M li zusammenstr.

SHORTS

Nun weiter in Runden stricken. Es wird in der 6., 12., 18., 24., 30. und 36. Runde verzopft.

1. Runde: 1 MM platzieren (Rundenbeginn), die M des Vorderteils bis zu den letzten 2 M im Muster str, die 24 Maschen des Taschenbeutels stilllegen, die M zur Runde schließen, 3 M li zusammenstr, dann alle M bis zum Rundenbeginn str, wie sie erscheinen.

2. und 3. Runde: alle M im Muster str.

4. Runde: bis zum nächsten MM im Muster str, **Zun-re(li)**, MMv, 2 li, MMv, **Zun-li(li)**, bis zum nächsten MM im Muster str, **Zun-re(re)**, MMv, 2 li, MMv, **Zun-li(re)**, bis zum Rundenbeginn im Muster str.

5. – 7. Runde: alle M im Muster str.

8. Runde: bis zum nächsten MM im Muster str, **Zun-re(li)**, MMv, 2 li, MMv, **Zun-li(li)**, bis zum nächsten MM im Muster str, **Zun-re(re)**, MMv, 2 li, MMv, **Zun-li(re)**, bis zum Rundenbeginn im Muster str.

9. – 11. Runde: alle M im Muster str.

12. Runde: [bis zum nächsten MM im Muster str, **Zun-re(re)**, MMv, 2 li, MMv, **Zun-li(re)**] 2x arbeiten, bis zum Rundenbeginn im Muster str.

13. Runde: alle M im Muster str.

14. – 21. Runde: die 12. – 13. Runde noch 4x wdh.

22. Runde: bis zum nächsten MM im Muster str, **Zun-re(re)**, MMv, 2 li, MMv, **Zun-li(re)**, bis zum nächsten MM im Muster str, **Zun-re(li)**, MMv, 2 li, MMv, **Zun-li(li)**, bis zum Rundenbeginn im Muster str.

23. Runde: alle M im Muster str.

24. Runde: bis zum nächsten MM im Muster str, **Zun-re(re)**, MMv, 2 li, MMv, **Zun-li(re)**, bis zum nächsten MM im Muster str, **Zun-re(li)**, MMv, 2 li, MMv, **Zun-li(li)**, bis zum Rundenbeginn im Muster str.

25. Runde: alle M im Muster str.

26. Runde: wie die 12. Runde.

27. Runde: alle M im Muster str.

28. Runde: wie die 4. Runde.

29. Runde: alle M im Muster str.

30. Runde nur für 2XS/S/L: [**Zopf1-li**, 2 li, **Zopf2-li**, 2 li] 2x/3x/4x arbeiten, **Zopf1-li**, 2 li, **Zopf2-li**, 1 li, **Zun-re(li)**, MMv, 2 li, MMv, **Zun-li(li)**, 1 li, **Zopf2-re**, 2 li, **Zopf1-re**, [2 li, **Zopf2-re**, 2 li, **Zopf1-re**] 2x/3x/4x arbeiten, 2 li, [**Zopf1-li**, 2 li, **Zopf2-li**, 2 li] 4x/5x/6x arbeiten, 2 re, **Zun-re(re)**, MMv, 2 li, MMv, **Zun-li(re)**, 2 re, [2 li, **Zopf2-re**, 2 li, **Zopf1-re**] 4x/5x/6x arbeiten, 2 li.

30. Runde nur für XS/M/XL: [**Zopf1-li**, 2 li, **Zopf2-li**, 2 li] 2x/3x/4x arbeiten, **Zopf1-li**, 2 li, **Zopf2-li**, 1 li, **Zun-re(li)**, MMv, 2 li, MMv, **Zun-li(li)**, 1 li, **Zopf2-re**, 2 li, **Zopf1-re**, [2 li, **Zopf2-re**, 2 li, **Zopf1-re**] 2x/3x/4x arbeiten, 2 li, **Zopf2-li**, 2 li, [**Zopf1-li**, 2 li, **Zopf2-li**, 2 li] 4x/5x/6x arbeiten, 2 re, **Zun-re(re)**, MMv, 2 li, MMv, **Zun-li(re)**, 2 re, [2 li, **Zopf2-re**, 2 li, **Zopf1-re**] 4x/5x/6x arbeiten, 2 li, **Zopf2-re**, 2 li.

31. Runde: alle M im Muster str.

32. Runde: wie die 12. Runde.

33. Runde: alle M im Muster str.

34. Runde: wie die 22. Runde.

Nun werden nur noch Zunahmen im vorderen Hosenteil gestrickt.

35. Runde: alle M im Muster str.

36. Runde nur für 2XS/S/L: [**Zopf1-li**, 2 li, **Zopf2-li**, 2 li] 3x/4x/5x arbeiten, 2 re, **Zun-re(re)**, MMv, 2 li, MMv, **Zun-li(re)**, 2 re, [2 li, **Zopf2-re**, 2 li, **Zopf1-re**] 3x/4x/5x arbeiten, 2 li, [**Zopf1-li**, 2 li, **Zopf2-li**, 2 li] 4x/5x/6x arbeiten, **Zopf1-li**, 1 li, MMv, 2 li, MMv, 1 li, **Zopf1-re**, [2 li, **Zopf2-re**, 2 li, **Zopf1-re**] 4x/5x/6x arbeiten, 2 li.

36. Runde nur für XS/M/XL: [**Zopf1-li**, 2 li, **Zopf2-li**, 2 li] 3x/4x/5x arbeiten, 2 re, **Zun-re(re)**, MMv, 2 li, MMv, **Zun-li(re)**, 2 re, [2 li, **Zopf2-re**, 2 li, **Zopf1-re**] 3x/4x/5x arbeiten, 2 li, **Zopf2-li**, 2 li, [**Zopf1-li**, 2 li, **Zopf2-li**, 2 li] 4x/5x/6x arbeiten, **Zopf1-li**, 1 li, MMv, 2 li, MMv, 1 li, **Zopf1-re**, [2 li, **Zopf2-re**, 2 li, **Zopf1-re**] 4x/5x/6x arbeiten, 2 li, **Zopf2-re**, 2 li.

37. Runde: alle M im Muster str.

38. Runde: bis zum nächsten MM im Muster str, **Zun-re(re)**, MMv, 2 li, MMv, **Zun-li(re)**, bis zum Rundenbeginn im Muster str.

39. Runde: wie die 2. Runde.

40. Runde: bis zum nächsten MM im Muster str, **Zun-re(li)**, MMv, 2 li, MMv, **Zun-li(li)**, bis zum Rundenbeginn im Muster str = (252) 272 (316) 336 (380) 400 M.

HOSENBEINE

In der nächsten Runde wird das ***rechte Hosenbein*** *zur Runde geschlossen, die Maschen des linken Hosenbeins werden stillgelegt. Anschließend wird zunächst das rechte Hosenbein gearbeitet:*

41. Runde nur für 2XS/S/L: [**Zopf1-li**, 2 li, **Zopf2-li**, 2 li] 3x/4x/5x arbeiten, 4 re, 1 li, den MM entfernen, 1 li, dann die folgenden 126/158/190 M stilllegen, dafür 18 M neu anschlagen (Schlingenanschlag, siehe Seite 150), die M des Hosenbeins zur Runde schließen, 1 li, den MM entfernen, 1 li, [**Zopf1-re**, 2 li, **Zopf2-re**, 2 li] 4x/5x/6x wdh, **Zopf1-re**, 2 li.

41. Runde nur für XS/M/XL: [**Zopf1-li**, 2 li, **Zopf2-li**, 2 li] 3x/4x/5x arbeiten 4 re, 1 li, den MM entfernen, 1 li, dann die folgenden 136/168/200 M stilllegen, dafür 18 M neu anschlagen (Schlingenanschlag, siehe Seite 150), das Hosenbein zur Runde schließen, 1 li, den MM entfernen, 1 li, [**Zopf1-re**, 2 li, **Zopf2-re**, 2 li] 5x/6x/7x arbeiten.

Nun befinden sich (144) 154 (176) 186 (208) 218 Maschen auf der Nadel. Darüber wird das rechte Hosenbein im Grundmuster weitergearbeitet. Es wird in der 1. Runde und dann in jeder folgenden 6. bzw. 12. Runde mustergemäß verzopft.

1. Runde nur für 2XS/S/L: [**Zopf1-li**, 2 li, **Zopf2-li**, 2 li] 3x/4x/5x arbeiten, **Zopf1-li**, 2 li, **Zopf2-li**, 2 li, **Zopf2-re**, 2 li, [**Zopf1-re**, 2 li, **Zopf2-re**, 2 li] 4x/5x/6x arbeiten, **Zopf1-re**, 2 li.

1. Runde nur für XS/M/XL: [**Zopf1-li**, 2 li, **Zopf2-li**, 2 li] 3x/4x/5x arbeiten, **Zopf1-li**, 2 li, **Zopf2-li**, 2 li, **Zopf2-re**, 2 li, [**Zopf1-re**, 2 li, **Zopf2-re**, 2 li] 5x/6x/7x arbeiten.

2. Runde: alle M im Muster str.

Die 2. Runde insgesamt (29x) 29x (29x) 29x (41x) 41x arbeiten, dabei mustergemäß in jeder 6. bzw. 12. Runde verzopfen.

Zu den 3,5 mm Nadeln wechseln.

In der folgenden Runde: * 1 re verschr, 1 li, ab * bis zum Rundenbeginn wdh.

Diese Runde wdh, bis der Rippenabschluss am rechten Hosenbein 3,5 cm misst. Dann alle M italienisch abketten (siehe Seite 153).

LINKES HOSENBEIN

Das Hosenbein beginnt an der Schrittnaht der Vorderhose. Zunächst werden alle Maschen gestrickt, wie sie erscheinen. Dann werden 18 Maschen aus den 18 neu angeschlagenen Maschen des rechten Hosenbeins aufgenommen. Es wird in der 1. Runde und dann in jeder folgenden 6. bzw. 12. Runde mustergemäß verzopft.

Vorbereitungsrunde: alle M im Muster str, 18 M aus der Anschlagkante des rechten Hosenbeins aufnehmen, 1 MM platzieren und die M zur Runde schließen = (144) 154 (176) 186 (208) 218 M.

1. Runde nur für 2XS/S/L: 2 li, [**Zopf1-re**, 2 li, **Zopf2-re**, 2 li] 3x/4x/5x arbeiten, **Zopf1-re**, 2 li, [**Zopf1-li**, 2 li, **Zopf2-li**, 2 li] 4x/5x/6x arbeiten, **Zopf1-li**, 2 li, **Zopf2-li**, 2 li, **Zopf2-re**.

1. Runde nur für XS/M/XL: 2 li, [**Zopf1-re**, 2 li, **Zopf2-re**, 2 li] 3x/4x/5x arbeiten, **Zopf1-re**, 2 li, [**Zopf2-li**, 2 li, **Zopf1-li**, 2 li] 5x/6x/7x arbeiten, **Zopf2-li**, 2 li, **Zopf2-re**.

2. Runde: alle M im Muster str.

Die 2. Runde insgesamt (29x) 29x (29x) 29x (41x) 41x arbeiten, dabei mustergemäß in jeder 6. bzw. 12. Runde verzopfen.

Zu den 3,5 mm Nadeln wechseln.

In der folgenden Runde: * 1 re verschr, 1 li, ab * bis zum Rundenbeginn wdh.

Diese Runde wdh, bis der Rippenabschluss am rechten Hosenbein 3,5 cm misst. Dann alle M italienisch abketten (siehe Seite 153).

TASCHENBEUTEL

Nun werden beide Taschenbeutel gearbeitet. Es wird mit dem rechten Taschenbeutel begonnen. Dazu werden die stillgelegten 24 Maschen wieder auf die 4 mm Nadel genommen:

1. Reihe (Hinr): alle M re str.

2. Reihe (Rückr): alle M li str.

Diese beiden Reihen bis zu einer Höhe des Tascheneingriffs von 6 cm wdh. In der nächsten Hinr alle M elastisch abketten (siehe Seite 153).

Den **linken Taschenbeutel** auf die gleiche Weise arbeiten, dazu aber mit einer Rückr beginnen.

FERTIGSTELLEN

Alle Fäden vernähen, dann die Shorts waschen und spannen. Die Taschenbeutel erst nach dem Blocken im Matratzenstich an die Hose nähen, damit keine Züge entstehen. Das Zopfmuster hat vor dem Blocken eine andere Elastizität als der glatt rechts gestrickte Taschenbeutel! **Tipp:** Die Taschenbeutel von der rechten Seite mit Stecknadeln feststecken und vor dem Annähen anprobieren, um zu prüfen, ob beim Tragen alles flach anliegt und es keine Züge gibt. Achtung wegen der Nadeln!

Die Hose nach dem Annähen der Taschenbeutel erneut anziehen. Auf der Höhe, an der der Bund sitzen soll, das Bundgummi anlegen und am Körper messen, wie eng es sein muss. Zu diesem Fertigmaß auf beiden Seiten je 1 cm Nahtzugabe addieren und das Gummi entsprechend zuschneiden. Dann das Bundgummi mit Hilfe einer Sicherheitsnadel durch den Bund ziehen. Die Enden des Bundgummis übereinanderlegen, sodass ein Stück von 2 cm doppelt liegt. Das Bundgummi mittig mit der Nähmaschine oder von Hand fixieren.

Und schon ist es geschafft!

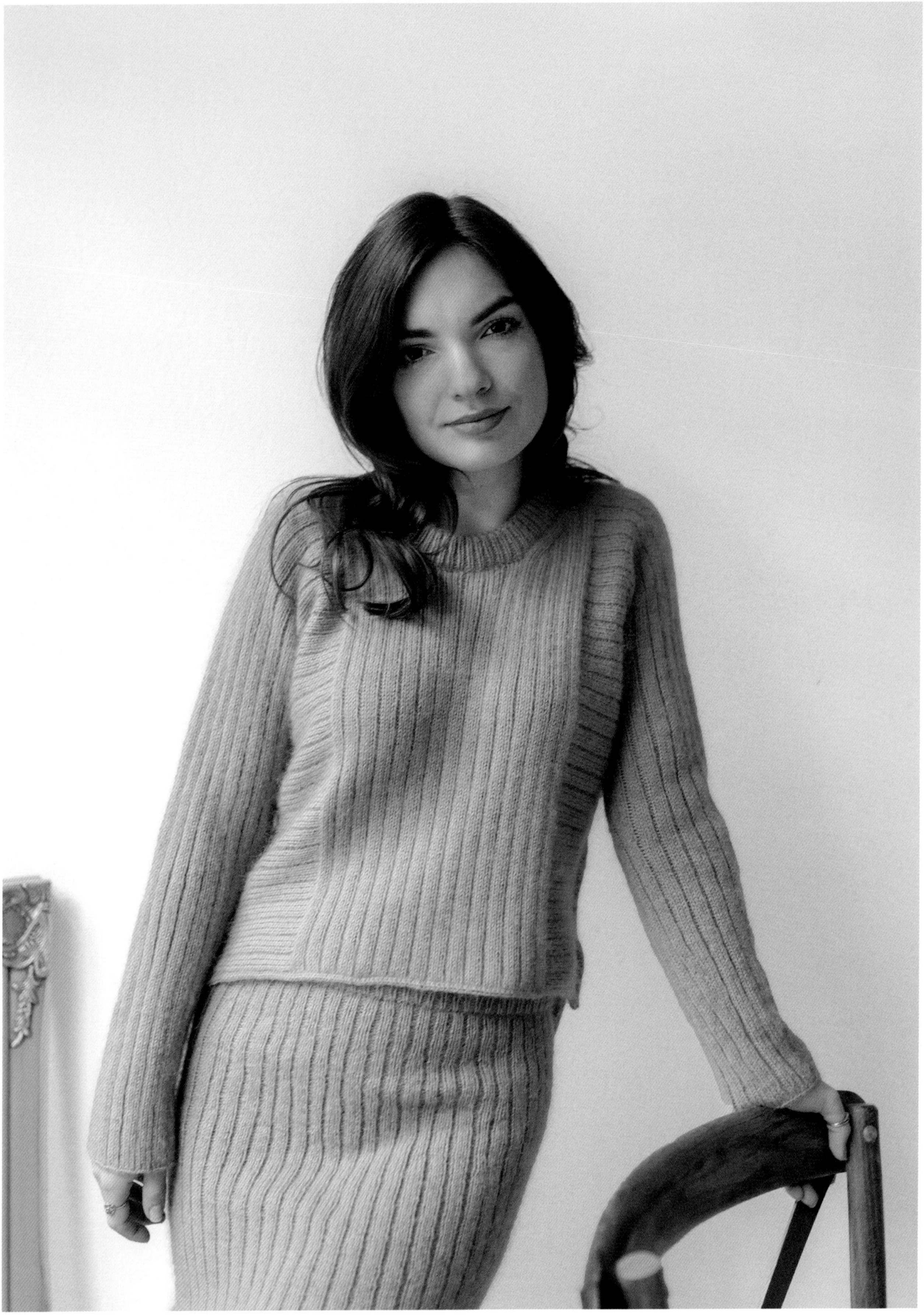

BASICRIBSET AUS PULLI UND ROCK

Das Basicribset besteht aus einem oversized geschnittenen Pullover mit Seitenschlitzen und einem schmalen Rock in moderner Midi-Länge. Beides wird im 3/1-Rippenmuster gestrickt und kann sowohl einzeln als auch im Set getragen werden. Außerdem können auch die Teile der beiden Basicribsets untereinander kombiniert werden.

Der **Basicribsweater** zeichnet sich durch den Strickrichtungswechsel im Rumpf aus. Die unterschiedlichen Längen in Vorder- und Rückenteil und der dadurch entstehende Seitenschlitz geben dem Sweater das gewisse Etwas.

Der **Basicribskirt** ist ein moderner Bleistiftrock mit Seitenschlitzen. Im Bund ist ein Gummi für maximalen Tragekomfort eingearbeitet.

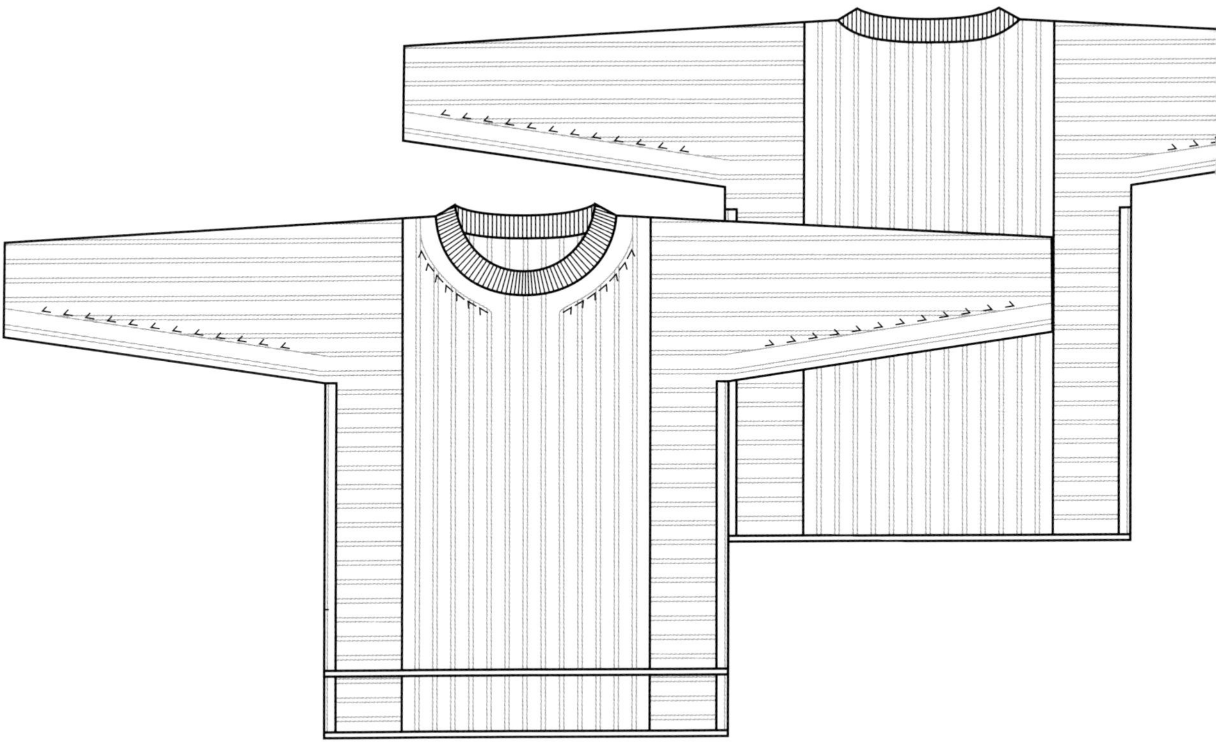

GRÖSSEN

(2XS) XS (S) M (L) XL

MASSE BASICRIBSWEATER

Brust: (106) 114 (122) 130 (138) 146 cm
Länge: (52) 52 (54) 54 (56) 56 cm

Die Länge bezieht sich auf das Rückenteil, das Vorderteil ist 5 cm kürzer.

MASSE BASICRIBSKIRT

Taille: (63) 68 (73) 78 (83) 88 cm
Hüfte: (83) 90 (96) 103 (110) 116 cm
Länge: (72) 72 (72) 72 (72) 72 cm

EMPFOHLENE NADELN UND ZUBEHÖR

2 Rundstricknadeln 3,5 mm (80 cm, für L/XL 100 cm)
Rundstricknadel 3,5 mm (40 cm)
Rundstricknadel 3 mm (40 cm)
Nadelspiel 3 mm
4 cm breites Bundgummi: (75) 85 (100) 110 (125) 135 cm für den Rock

MASCHENPROBE

Zweifädig mit je 1 Faden Fine Merino und Pearl Mohair
mit 3,5 mm Nadeln
24 Maschen und 36 Reihen im Grundmuster = 10 cm x 10 cm
(gewaschen und gespannt)

Bitte zuvor die eigene Nadelstärke ermitteln, mit der diese Maschenprobe möglichst genau erreicht wird!

GARN

Fine Merino von MAJO GARN
100 % Merinowolle, Lauflänge = 175 m/50 g
und
Pearl Mohair von MAJO GARN
70 % Super Kid Mohair, 30 % Seide
Lauflänge = 210 m/25 g

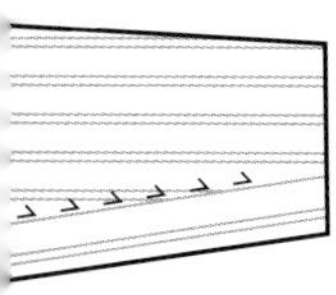

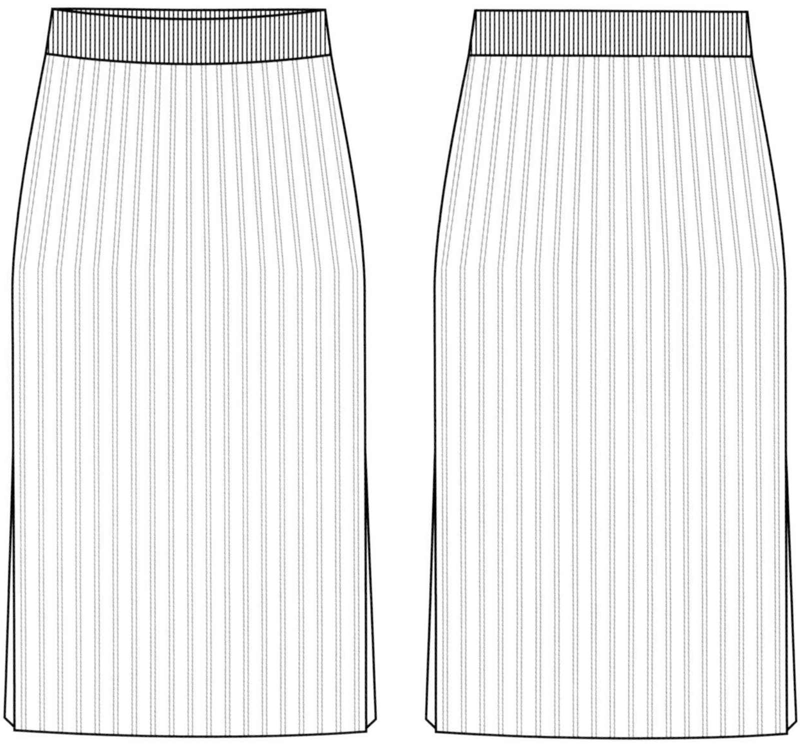

Basicribsweater:
Majo Fine Merino:
(400) 450 (500) 550 (600) 600 g
und Majo Pearl Mohair:
(175) 175 (200) 225 (250) 250 g

Basicribskirt:
Majo Fine Merino:
(300) 300 (350) 400 (450) 500 g
und Majo Pearl Mohair:
(125) 125 (150) 175 (200) 225 g

GRÖSSENGUIDE

Der Pullover sollte mit einer Weitenzugabe (positive ease) von 20 – 30 cm gestrickt werden. Die Größe wird anhand des Brustumfangs ermittelt, dieser entspricht für die angegebenen Größen ungefähr (76 – 84 cm) 85 – 92 cm (93 – 100 cm) 101 – 108 cm (109 – 116 cm) 117 – 125 cm.

Das Hüftmaß des Rockes sollte in etwa mit dem gemessenen Hüftumfang übereinstimmen. Der Rock kann auch etwas enger sein. Die angegebenen Größen entsprechen einem Maß von ungefähr (76 – 84 cm) 85 – 91 cm (92 – 97 cm) 98 – 104 cm (105 – 111 cm) 112 – 117 cm.

RIPPENMUSTER IN RUNDEN

* 1 li, 3 re, ab * bis zum Rundenbeginn stets wdh.

RIPPENMUSTER IN REIHEN

1. Reihe (Rückr): * 3 li, 1 re, ab * stets wdh.

2. Reihe (Hinr): alle M str, wie sie erscheinen.

ANLEITUNG

BASICRIBSWEATER

Es wird stets mit einem Faden Fine Merino und einem Faden Pearl Mohair gearbeitet. Beide ***Randmaschen*** *werden in Hin- und Rückreihen rechts gestrickt.*

Vorder- und Rückenteil werden zunächst getrennt von unten nach oben gestrickt und an der Schulter mit Hilfe des Abkettens mit drei Nadeln verbunden.

RÜCKENTEIL

(61) 69 (69) 77 (77) 85 M mit der 3,5 mm Rundstricknadel anschlagen.

1. Reihe (Rückr): RM, * 3 li, 1 re, ab * bis zu den letzten 4 M stets wdh, 3 li, RM.

2. Reihe (Hinr): RM, * 3 re, 1 li, ab * bis zu den letzten 4 M stets wdh, 3 re, RM.

Die 1. – 2. Reihe bis zu einer Länge von (51) 51 (53) 53 (55) 55 cm stets wdh.

Den Faden abschneiden und die M wie folgt stilllegen: die ersten und die letzten (9) 13 (13) 13 (13) 17 M für die Schultern jeweils auf einem Faden stilllegen, die mittleren (43) 43 (43) 51 (51) 51 M für den Halsausschnitt auf einem 3. Faden stilllegen.

VORDERTEIL

(61) 69 (69) 77 (77) 85 M mit der 3,5 mm Rundstricknadel anschlagen.

1. Reihe (Rückr): RM, * 3 li, 1 re, ab * bis zu den letzten 4 M stets wdh, 3 li, RM.

2. Reihe (Hinr): RM, * 3 re, 1 li, ab * bis zu den letzten 4 M stets wdh, 3 re, RM.

Die 1. – 2. Reihe bis zu einer Länge von (36) 36 (38) 36 (38) 38 cm wdh. Die letzte Reihe ist eine Rückr.

VORDERER HALSAUSSCHNITT

Nun wird nur über die ersten (21) 25 (25) 29 (29) 33 Maschen gearbeitet. Die übrigen Maschen werden zunächst stillgelegt. Dann wird der Halsausschnitt in den folgenden Reihen durch Abnahmen ausgeformt:

Vorbereitung (Hinr): RM, * 3 re, 1 li, ab * (3x) 4x (4x) 5x (5x) 6x arbeiten, 3 re, **Abn-re**, 2 re, RM = (20) 24 (24) 28 (28) 32 M. Die übrigen (40) 44 (44) 48 (48) 52 M stilllegen.

1. Reihe (Rückr): RM, bis zur letzten M alle M str, wie sie erscheinen, RM.

2. Reihe (Hinr): RM, bis zu den letzten 5 M alle M str, wie sie erscheinen, **Abn-re**, 2 re, RM.

Die 1. – 2. Reihe noch (10x) 10x (10x) 14x (14x) 14x wdh = (9) 13 (13) 13 (13) 17 M.

Anschließend werden 11 Reihen ohne Abnahmen gearbeitet:

3. Reihe (Rückr): RM, * 3 li, 1 re, ab * (1x) 2x (2x) 3x (3x) 4x arbeiten, 3 li, RM.

4. Reihe (Hinr): RM, bis zur letzten M alle M str, wie sie erscheinen, RM.

Die 3. – 4. Reihe noch 4x wdh, dann die 3. Reihe noch 1x arbeiten.

Diese (9) 13 (13) 13 (13) 17 M der linken Schulter mit den Schulter-M des Rückenteils zusammen abketten (3-Nadel-Abketten, siehe Seite 152).

Der Halsausschnitt und die rechte Schulter werden nun gegengleich zur linken Seite über die letzten (21) 25 (25) 29 (29) 33 Maschen gearbeitet. Die mittleren 19 Maschen werden in der folgenden Hinreihe noch nicht berücksichtigt. Sie bleiben weiterhin stillgelegt, bis der Halsausschnitt fertiggestellt wird.

Vorbereitung (Hinr): RM, 2 re, **Abn-li**, * 3 re, 1 li, ab * (3x) 4x (4x) 5x (5x) 6x arbeiten, 3 re, RM.

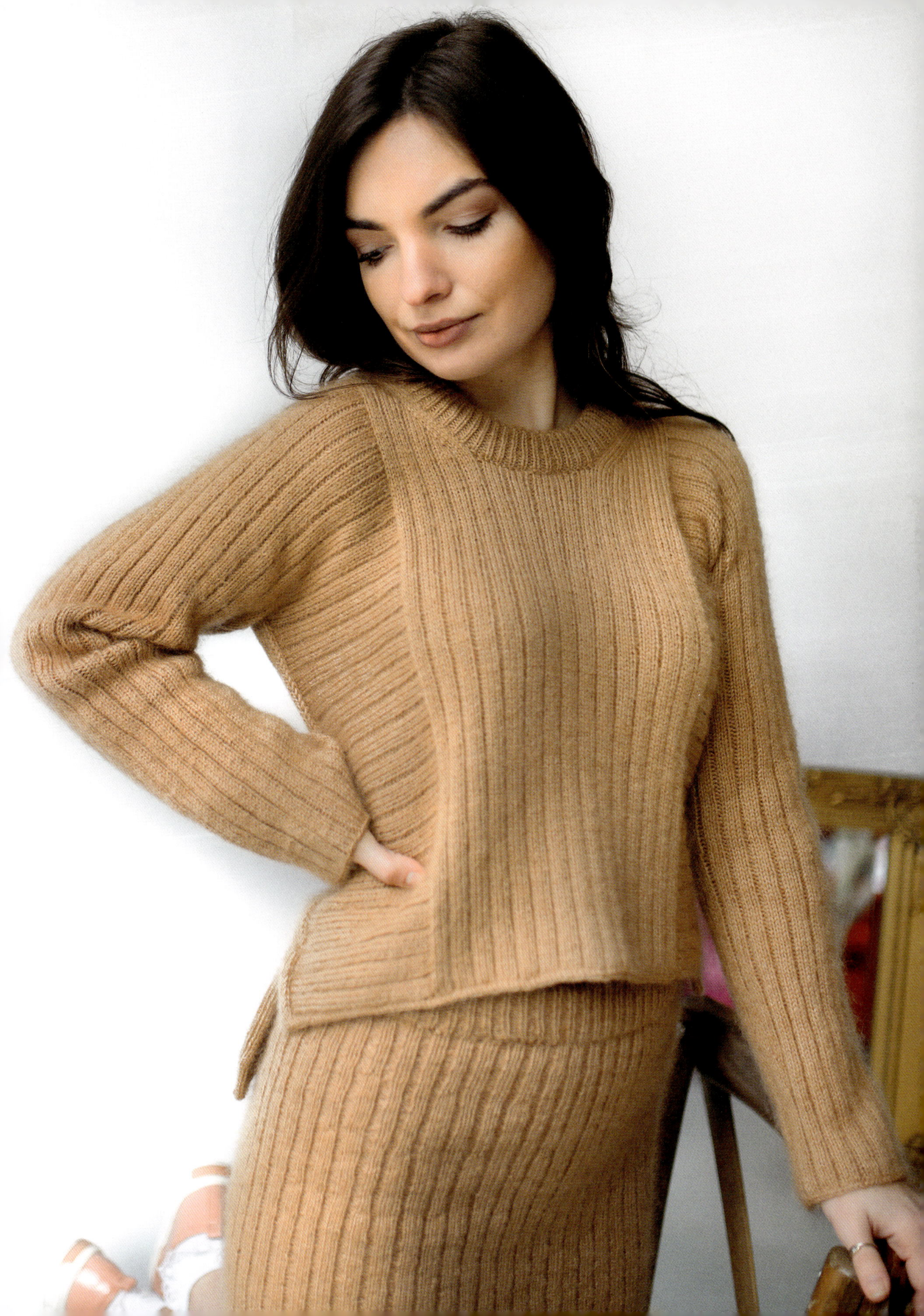

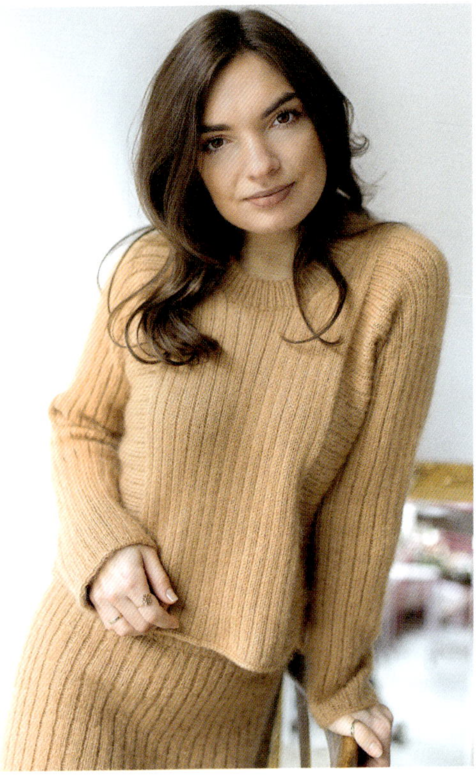
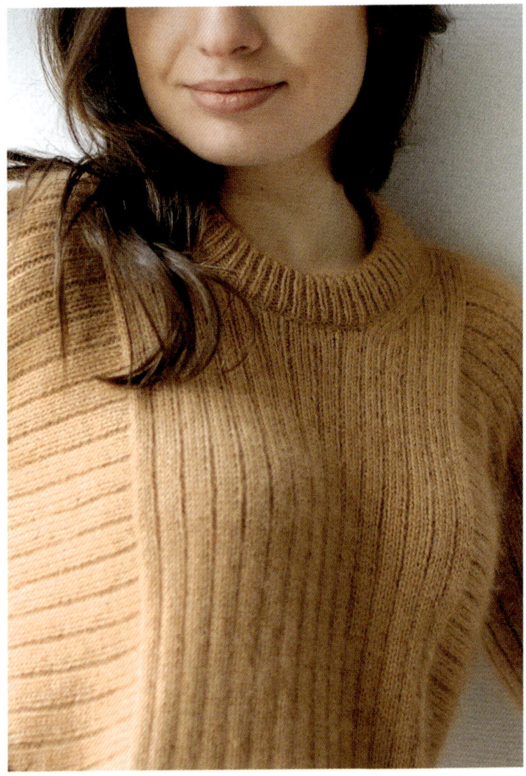
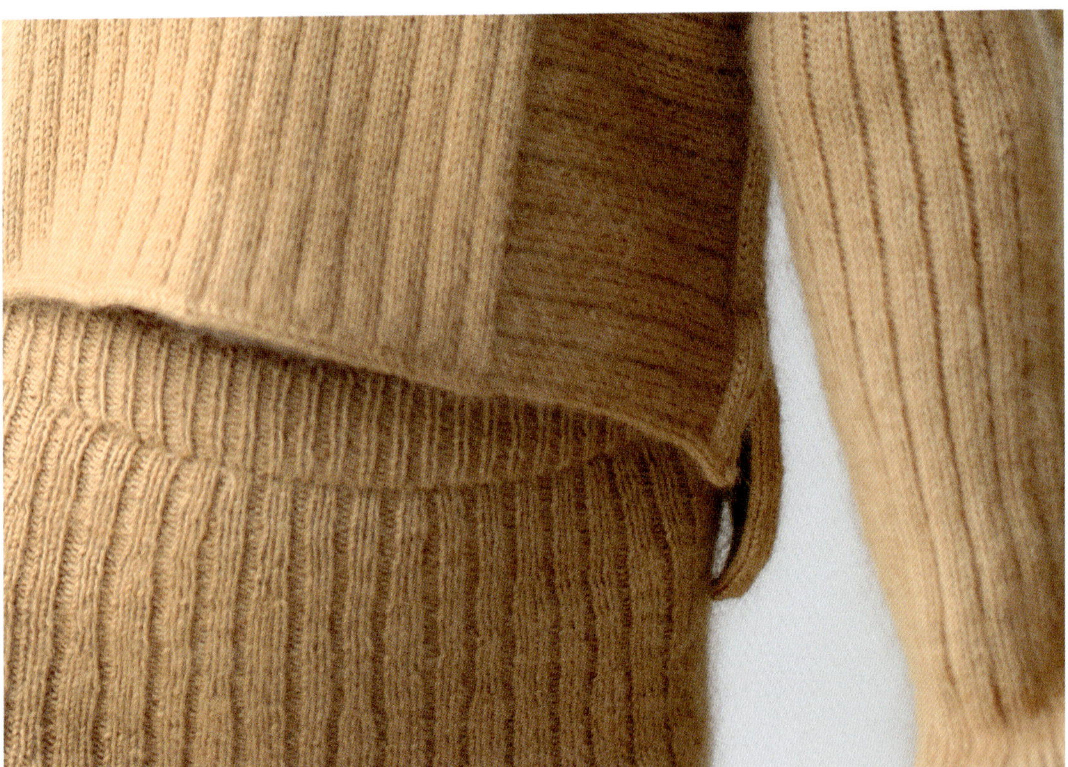

1. Reihe (Rückr): RM, bis zur letzten M alle M str, wie sie erscheinen, RM.

2. Reihe (Hinr): RM, 2 re, **Abn-li**, bis zur letzten M alle M str, wie sie erscheinen, RM.

Die 1. – 2. Reihe noch (10x) 10x (10x) 14x (14x) 14x wdh = (9) 13 (13) 13 (13) 17 M.

Anschließend werden 11 Reihen ohne Abnahmen gearbeitet:

3. Reihe (Rückr): RM, * 3 li, 1 re, ab * insgesamt (1x) 2x (2x) 3x (3x) 4x arbeiten, 3 li, RM.

4. Reihe (Hinr): RM, bis zur letzten M alle M str, wie sie erscheinen, RM.

Die 3. – 4. Reihe noch 4x wdh, dann die 3. Reihe noch 1x arbeiten.

Diese (9) 13 (13) 13 (13) 17 M der **rechten Schulter** mit den Schulter-M des Rückenteils zusammen abketten (3-Nadel-Abketten, siehe Seite 152).

HALSBLENDE

Aus dem Halsausschnitt werden nun Maschen für die Halsblende aufgenommen.

Beginnend an der linken Schulter mit der 3 mm Rundstricknadel gleichmäßig verteilt (27) 27 (27) 33 (33) 33 M aus der linken Halsausschnittschräge aufnehmen (ca. 3 M aus 4 Reihen), die mittleren, noch immer stillgelegten 19 M str, wie sie erscheinen, aus der rechten Halsausschnittschräge nochmal gleichmäßig verteilt (27) 27 (27) 33 (33) 33 M aufnehmen und die stillgelegten (43) 43 (43) 51 (51) 51 M des Rückenteils str, wie sie erscheinen, 1 MM für den Rundenbeginn platzieren = (116) 116 (116) 136 (136) 136 M.

1. Runde: * 1 re, 1 li, ab * bis zum Rundenbeginn stets wdh.

Diese Runde insgesamt 12x arbeiten

In der folgenden Runde: alle M li str.

Dann die 1. Runde noch 13x arbeiten.

Dann wird die Halsblende zusammengestrickt, dabei werden gleichzeitig alle Maschen elastisch abgekettet.

In der letzten Runde: * die 1. M des M-Anschlags auf die li Nadel heben, **Abn-re**, ab * wdh, bis alle M abgekettet sind.

LINKES SEITENTEIL

Beginnend am Saum des Vorderteils bis hin zum Saum des Rückenteils werden nun in einem Stück Maschen aus dem linken Strickrand von Vorderteil und Rückenteil aufgenommen.

Mit der 3,5 mm Nadel gleichmäßig verteilt (221) 221 (229) 229 (237) 237 M aufnehmen (ca. 2 M aus 3 Reihen).

1. Reihe (Rückr): RM, * 3 li, 1 re, ab * bis zu den letzten 4 M stets wdh, 3 li, RM.

2. Reihe (Hinr): RM, * 3 re, 1 li, ab * bis zu den letzten 4 M stets wdh, 3 re, RM.

Die 1. – 2. Reihe stets wdh, bis (13) 13 (15) 15 (17) 17 cm gearbeitet wurden. Die letzte Reihe ist eine Rückr.

In der nächsten Hinreihe werden nur die Maschen des Vorderteils und des gesamten linken Ärmels gearbeitet. Dann werden die Maschen von Vorder- und Rückenteil stillgelegt und die Maschen des Ärmels zur Runde geschlossen:

In der folgenden Hinr: RM, (68) 64 (64) 60 (60) 56 M (= Vorderteil) im Rippenmuster str und stilllegen, die nächsten (73) 81 (89) 97 (105) 113 M (= Ärmel) im Rippenmuster str, die restlichen (80) 76 (76) 72 (72) 68 M (= Rückenteil) stilllegen, ohne sie zu str, 7 neue M anschlagen (Schlingenanschlag, siehe Seite 150), 1 MM platzieren und die M zur Runde schließen = (80) 88 (96) 104 (112) 120 M.

LINKER ÄRMEL

Im Ärmel wird das Rippenmuster fortgeführt.

1. Runde: * 1 li, 3 re, ab * bis zum Rundenbeginn stehts wdh.

Diese Runde bis zu einer Länge von (12) 12 (12) 6 (6) 6 cm wdh.

Dann mit den Abnahmen zur Formgebung des Ärmels beginnen. In der ersten Runde werden dazu 2 Maschenmarkierer platziert.

2. Runde: 1 li, 2 re, 1 MM platzieren (später MMv), **Abn-li**, bis zu den letzten 12 M alle M str, wie sie erscheinen, **Abn-re**, 1 MM platzieren (später MMv), bis zum Rundenbeginn alle M str, wie sie erscheinen.

3. – 9. Runde: alle M str, wie sie erscheinen.

Die 2. – 9. Runde noch 3x wdh.

FÜR DIE GRÖSSE XXS/XS/S

Die 1. Runde wdh, bis 10 cm Ärmellänge hinzugefügt wurden. Der Ärmel sollte eine Länge von ca. 48 cm haben.

Anschließend alle M abketten, wie sie erscheinen.

FÜR DIE GRÖSSE M/L/XL

Die 1. Runde wdh, bis 4 cm Ärmellänge hinzugefügt wurden.

Dann die 2. – 9. Runde noch 4x arbeiten. Anschließend die 1. Runde noch so oft wdh, bis der Ärmel ca. 48 cm misst.

Anschließend alle M abketten, wie sie erscheinen.

SCHLITZ

Beginnend am Ärmel wird über die sieben Unterarm-Maschen nun ein schmaler Seitenstreifen gearbeitet. Vorder- und Rückenteil werden verbunden, indem in jeder Hinreihe jeweils eine Masche von Vorder- und Rückenteil mit den seitlichen Maschen des Seitenstreifens zusammengestrickt werden. Wenn die Schlitzhöhe erreicht ist, werden Vorder- und Rückenteil wieder getrennt gearbeitet und die Schlitzblende angestrickt.

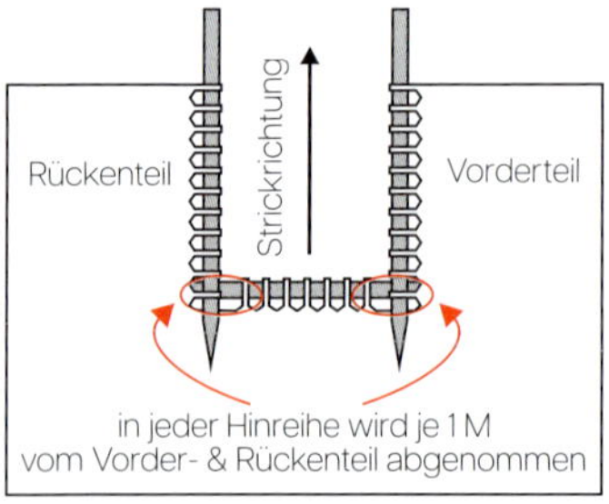

LINKER SCHLITZ

Die stillgelegten M von Vorder- und Rückenteil jeweils auf eine 3,5 mm Rundstricknadel heben. Mit der 3 mm Nadel aus den 7 Unterarm-M des linken Ärmels 7 neue M aufnehmen.

1. Reihe (Rückr): 1 M mit dem Faden vorne abh 2 li, 1 re, 2 li, 2 M mit dem Faden vorne abh (= die letzte Unterarm-M und die 1. M des Vorderteils).

2. Reihe (Hinr): **Abn-re**, 2 re, 1 li, 2 re, **Abn-li**.

Die 1. – 2. Reihe wdh, bis vom Vorderteil noch 16 M übrig sind.

In der nächsten Rückreihe werden Vorder- und Rückenteil wieder getrennt. Zunächst wird das Vorderteil fertig gestellt:

3. Reihe (Rückr): 1 M mit dem Faden vorne abh, 2 li, 1 re, 2 li, 2 M mit dem Faden vorne abh.

4. Reihe (Hinr): **Abn-re**, 2 re, 1 li, 3 re.

Die 3. – 4. Reihe wdh, bis alle M des Vorderteils abgekettet wurden.

Die übrigen 7 M stilllegen.

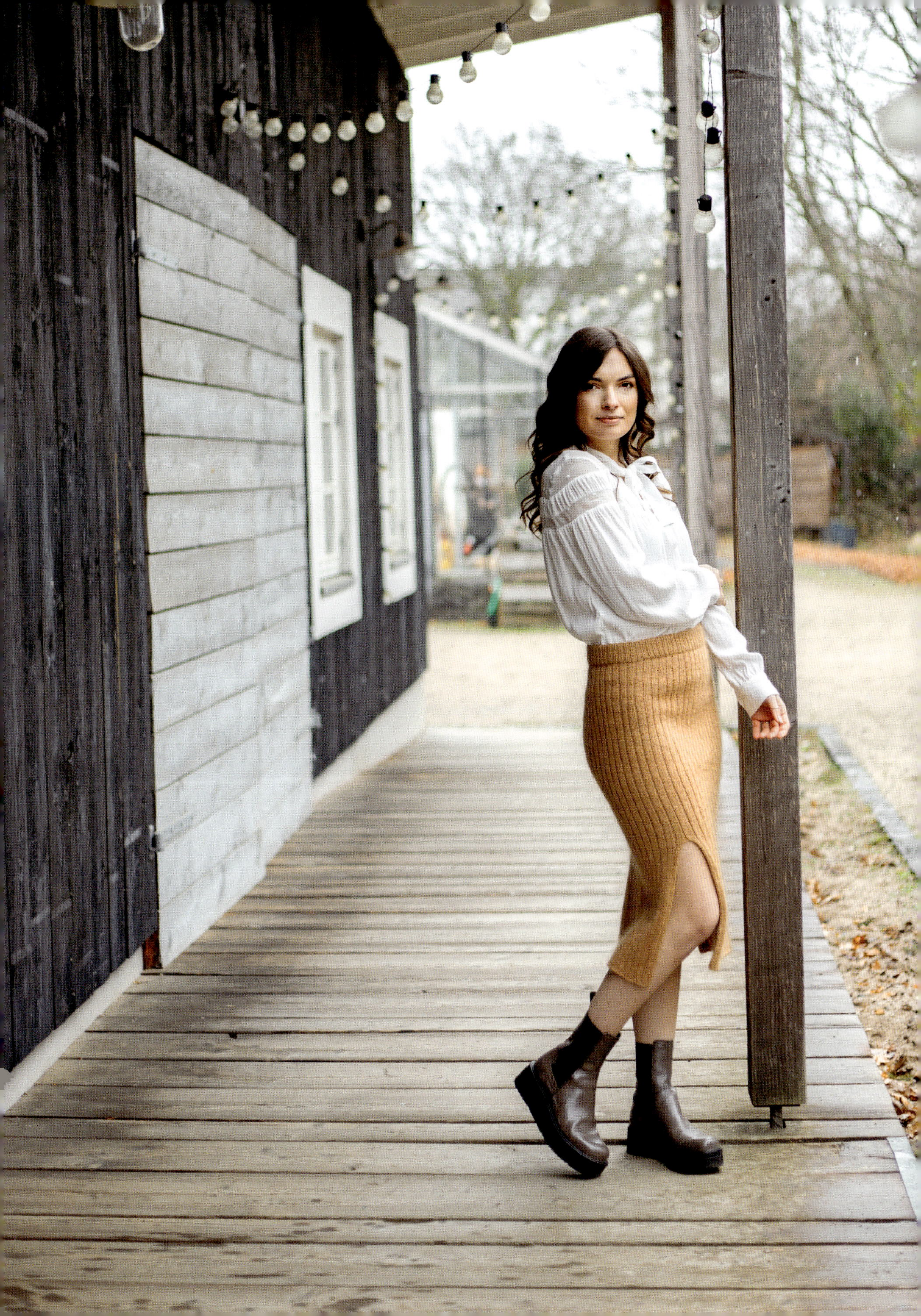

Der Pullover wird mit einseitig verdecktem Schlitz gearbeitet. Dazu werden aus der Reihe, in der Vorder- und Rückenteil getrennt wurden, von hinten sieben Maschen für die Schlitzblende des Rückenteils auf die Nadel gehoben. Die Maschenaufnahme ist später von außen nicht sichtbar.

1. Reihe (Rückr): Mit der Rückseite vor Augen 7 M aus der Reihe, in der Vorder- und Rückenteil getrennt wurden, aufnehmen, ohne sie zu str.

2. Reihe (Hinr): 3 re, 1 li, 2 re, **Abn-li**.

3. Reihe (Rückr): 1 M mit dem Faden vorne abh, 2 li, 1 re, 2 li, 1 M mit dem Faden vorne abh.

Die 2. – 3. Reihe wdh, bis alle M des Rückenteils abgekettet wurden. Die letzte Reihe ist die 2. Reihe, in der die letzte M abgekettet wird.

Die übrigen 7 M stilllegen.

RECHTES SEITENTEIL

Beginnend am Saum des Rückenteils bis hin zum Saum des Vorderteils werden nun in einem Stück Maschen aus dem rechten Strickrand von Vorderteil und Rückenteil aufgenommen.

Mit der 3,5 mm Nadel gleichmäßig verteilt (221) 221 (229) 229 (237) 237 M aufnehmen (ca. 2 M aus 3 Reihen).

1. Reihe (Rückr): RM, * 3 li, 1 re, ab * bis zu den letzten 4 M stets wdh, 3 li, RM.

2. Reihe (Hinr): RM, * 3 re, 1 li, ab * bis zu den letzten 4 M stets wdh, 3 re, RM.

Die 1. – 2. Runde stets wdh, bis (13) 13 (15) 15 (17) 17 cm gearbeitet wurden. Die letzte Reihe ist eine Rückr.

In der nächsten Hinreihe werden nur die Maschen des Rückenteils und des gesamten rechten Ärmels gearbeitet. Dann werden die Maschen von Vorder- und Rückenteil stillgelegt und die Maschen des Ärmels zur Runde geschlossen.

In der folgenden Hinr: RM, (80) 76 (76) 72 (72) 68 M (= Rückenteil) im Rippenmuster str und stilllegen, die nächsten (73) 81 (89) 97 (105) 113 M (= Ärmel) im Rippenmuster str, die restlichen (68) 64 (64) 60 (60) 56 M (= Vorderteil) stilllegen, ohne sie zu str, 7 neue M anschlagen (Schlingenanschlag, siehe Seite 150), 1 MM platzieren und die M zur Runde schließen = (80) 88 (96) 104 (112) 120 M.

RECHTER ÄRMEL

Den rechten Ärmel wie den linken Ärmel arbeiten (siehe Seite 76).

RECHTER SCHLITZ

Den rechten Schlitz bis zu der Stelle, an der Vorder- und Rückenteil wieder getrennt werden, wie den linken Schlitz arbeiten (siehe Seite 76).

In der nächsten Rückreihe werden Vorder- und Rückenteil getrennt. Zunächst wird das Vorderteil fertig gestellt.

3. Reihe (Rückr): 1 M mit dem Faden vorne abh, 2 li, 1 re, 2 li, 2 M mit dem Faden vorne abh.

4. Reihe (Hinr): 3 re, 1 li, 2 re, **Abn-li**.

Die 3. – 4. Reihe wdh, bis alle M des Vorderteils abgekettet wurden.

Die übrigen 7 M stilllegen.

Nun wird der rechte Schlitz am Rückenteil gearbeitet.

1. Reihe (Rückr): 7 M aus der Reihe, in der Vorder- und Rückenteil getrennt wurden, von hinten für die verdeckte Schlitzblende aufnehmen, ohne sie zu stricken, 1 M mit dem Faden vorne abh.

2. Reihe (Hinr): **Abn-re**, 2 re, 1 li, 3 re.

3. Reihe (Rückr): 1 M mit dem Faden vorne abh, 2 li, 1 re, 2 li, 2 M mit dem Faden vorne abh.

Die 2. – 3. Reihe wdh, bis alle M des Rückenteils abgekettet wurden. Die letzte Reihe ist die 2. Reihe, in der die letzte M abgekettet wird.

Die übrigen 7 M stilllegen. Den Faden nicht abschneiden.

SAUMABSCHLUSS

Für einen schönen Saumabschluss an Vorder- und Rückenteil wird jeweils ein I-Cord-Abschluss mit den 3 mm Nadeln gearbeitet.

Mit einer Hinr am **Rückenteil** beginnen. Die 7 M des Schlitzes wurden bereits gestrickt und bleiben auf der re Nadel, dann wie folgt weiterarbeiten:

Vorbereitung: aus dem Strickrand des quergestrickten Bereichs (30) 30 (35) 35 (40) 40 M aufnehmen, aus dem längs gestrickten Bereich (61) 69 (69) 77 (77) 85 M aufnehmen, aus dem Strickrand des quergestrickten Bereichs (30) 30 (35) 35 (40) 40 M aufnehmen, 3 re, 1 li, 3 re.

1. Reihe (Rückr): alle M li str.

2. Reihe (Hinr): 3 neue M anschlagen (Schlingenanschlag, siehe Seite 150) und alle M mit I-Cord-Rand abketten (siehe Seite 152).

Den Saumabschluss am **Vorderteil** wie beim Rückenteil arbeiten. Dazu mit den M am rechten Schlitz beginnen.

Vorbereitung: 3 re, 1 li, 3 re, aus dem Strickrand des quergestrickten Bereichs (30) 30 (35) 35 (40) 40 M aufnehmen, aus dem längs gestrickten Bereich (61) 69 (69) 77 (77) 85 M aufnehmen, aus dem Strickrand des quergestrickten Bereichs (30) 30 (35) 35 (40) 40 M aufnehmen, 3 re, 1 li, 3 re.

1. Reihe (Rückr): alle M li str.

2. Reihe (Hinr): 3 neue M anschlagen (Schlingenanschlag, siehe Seite 150) und alle M mit I-Cord-Rand abketten (siehe Seite 152).

FERTIGSTELLEN

Die Fäden vernähen und den Pullover waschen und spannen. Es empfiehlt sich, Nadeln oder ähnliche Hilfsmittel zu verwenden, um trotz verschiedener Strickrichtungen saubere und gerade Kanten zu erhalten.

Und schon ist es geschafft!

ANLEITUNG
BASICRIBSKIRT

Es wird stets mit einem Faden Fine Merino und einem Faden Pearl Mohair gearbeitet. Beide ***Randmaschen*** *an den Schlitzen werden in den Hinreihen rechts gestrickt und in den Rückreihen mit dem Faden vorne abgehoben.*

BUND

(150) 162 (174) 186 (198) 210 M mit der 3,0 mm Rundstricknadel anschlagen, 1 MM für den Rundenbeginn platzieren und die M zur Runde schließen.

1. Runde: * 1 re, 1 li, ab * stets wdh.

Diese Runde insgesamt 20x arbeiten.

21. Runde: alle M li str.

Die 1. Runde weitere 20x arbeiten. Dann den Bund zusammenstr, dabei an den letzten 6 M ein Loch offenlassen, durch das später das Bundgummi eingezogen werden kann.

In der letzten Runde: * die 1. M des M-Anschlags auf die li Nadel heben, **Abn-re**, ab * bis zu den letzten 6 M wdh, 6 re.

HÜFTE UND ROCKTEIL

Zur 3,5 mm Rundstricknadel wechseln und das Muster aufbauen:

1. Runde: * 2 re, 1 li, ab * stets wdh.

Die Runde wdh, bis 5 cm gestrickt wurden.

Nun werden die Hüftzunahmen gearbeitet:

2. Runde nur für Größe XXS/M: * 2 re, 1 li, 1 re, ***Zun-li(re)***, 1 re, 1 li, 2 re, 1 li, ab * bis zu den letzten 6 M wdh, 2 re, 1 li, 1 re, ***Zun-li(re)***, 1 re, 1 li = 167/207 M.

2. Runde nur für Größe XS/L: * 2 re, 1 li, 1 re, ***Zun-li(re)***, 1 re, 1 li, 2 re, 1 li, ab * stets wdh = 180/220 M.

2. Runde nur für Größe S/XL: * 2 re, 1 li, 1 re, ***Zun-li(re)***, 1 re, 1 li, 2 re, 1 li, ab * bis zu den letzten 3 M wdh, 2 re, 1 li = 193/233 M.

3. Runde: alle M str, wie sie erscheinen.

Die **3. Runde** über weitere 5 cm wdh, bevor wieder Zunahmen gearbeitet werden.

4. Runde nur für Größe XXS/M: * 1 re, ***Zun-li(re)***, 1 re, 1 li, 3 re, 1 li, 2 re, 1 li, ab * bis zu den letzten 7 M wdh, 1 re, ***Zun-li(re)***, 1 re, 1 li, 3 re, 1 li = 184/228 M.

4. Runde nur für Größe XS/L: * 1 re, ***Zun-li(re)***, 1 re, 1 li, 3 re, 1 li, 2 re, 1 li, ab * stets wdh = 198/242 M.

4. Runde nur für Größe S/XL: * 1 re, ***Zun-li(re)***, 1 re, 1 li, 3 re, 1 li, 2 re, 1 li, ab * bis zu den letzten 3 M wdh, 1 re, ***Zun-li(re)***, 1 re, 1 li = 213/257 M.

Die 3. Runde über weitere 5 cm wdh, bevor wieder Zunahmen gearbeitet werden.

5. Runde nur für Größe XXS/M: * 3 re, 1 li, 3 re, 1 li, 1 re, ***Zun-li(re)***, 1 re, 1 li, ab * bis zu den letzten 8 M wdh, 3 re, 1 li, 3 re, 1 li = 200/248 M.

5. Runde nur für Größe XS/L: * 3 re, 1 li, 3 re, 1 li, 1 re, ***Zun-li(re)***, 1 re, 1 li, ab * stets wdh = 216/264 M.

5. Runde nur für Größe S/XL: * 3 re, 1 li, 3 re, 1 li, 1 re, ***Zun-li(re)***, 1 re, 1 li, ab * bis zu den letzten 4 M wdh, 3 re, 1 li = 232/280 M.

Für das **Rockteil** die **3. Runde** nun noch so oft wdh, bis die Arbeit 46 cm (inkl. Bund) misst.

SCHLITZ

Nun werden das vordere und das hintere Rockteil getrennt in Reihen fertiggestellt. Zunächst wird das ***vordere Rockteil*** *gestrickt:*

1. Reihe (Hinr): * 3 re, 1 li, ab * insgesamt (24x) 26x (28x) 30x (31x) 33x arbeiten, 2 re, **Abn-re**, wenden.

2. Reihe (Rückr): 1 M mit dem Faden vorne abh, bis zur letzten M alle M str, wie sie erscheinen, 1 M mit dem Faden vorne abh.

3. Reihe (Hinr): * 3 re, 1 li, ab * bis zu den letzten 3 M stets wdh, 3 re.

Die 2. – 3. Reihe noch so oft wdh, bis die Arbeit 72 cm (inkl. Bund) misst.

Dann alle M abketten, wie sie erscheinen.

Das **hintere Rockteil** ebenso arbeiten.

FERTIGSTELLEN

Alle Fäden vernähen. Dann den Rock waschen und spannen. Es empfiehlt sich, Nadeln oder ähnliche Hilfsmittel zu verwenden, um zu verhindern, dass sich die Schlitzenden nach innen einrollen.

Das Bundgummi mit Hilfe einer Sicherheitsnadel durch den Bund ziehen. Die Enden des Bundgummis übereinanderlegen, sodass sich ca. 2 cm überlappen. Das Bundgummi mit der Nähmaschine oder von Hand mittig fixieren.

Und schon ist es geschafft!

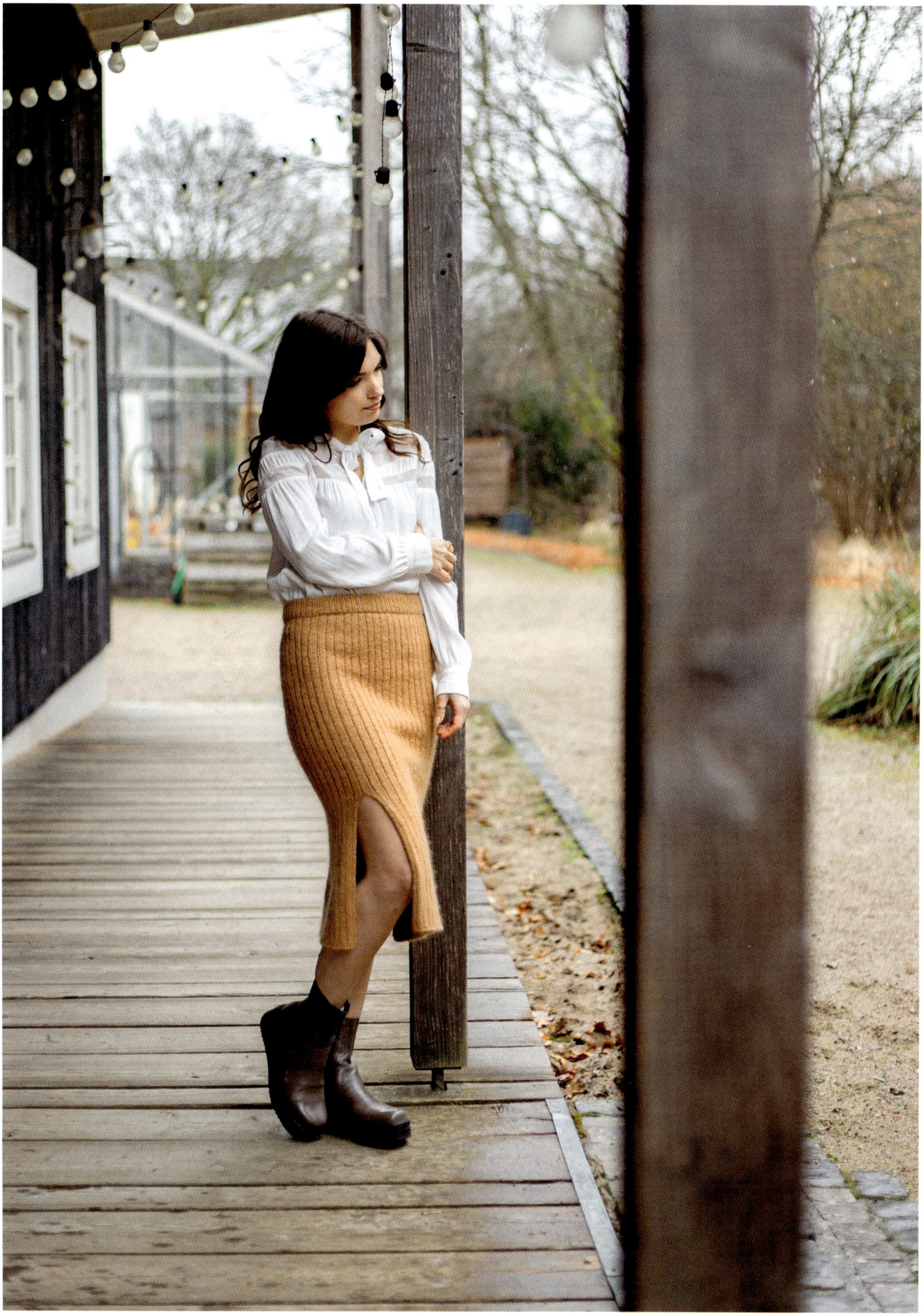

BASICRIBSET AUS SLIPOVER UND SHORTS

Das zweite Basicribset besteht aus einem Slipover mit passenden Shorts. Beides kann sowohl einzeln als auch im Set getragen werden. Außerdem können auch die Teile der beiden Basicribsets untereinander kombiniert werden.

Wie der Basicribsweater zeichnet sich auch der **Basicribslipover** durch den Strickrichtungswechsel im Rumpf aus. Seine kastige und verkürzt geschnittene Form macht ihn zu einer modernen und unkomplizierten Ergänzung im Kleiderschrank.

Die **Basicribshorts** sind locker sitzende Shorts im Rippenmuster mit praktischen seitlichen Eingriffstaschen. Im Bund ist ein Gummi für maximalen Tragekomfort eingearbeitet.

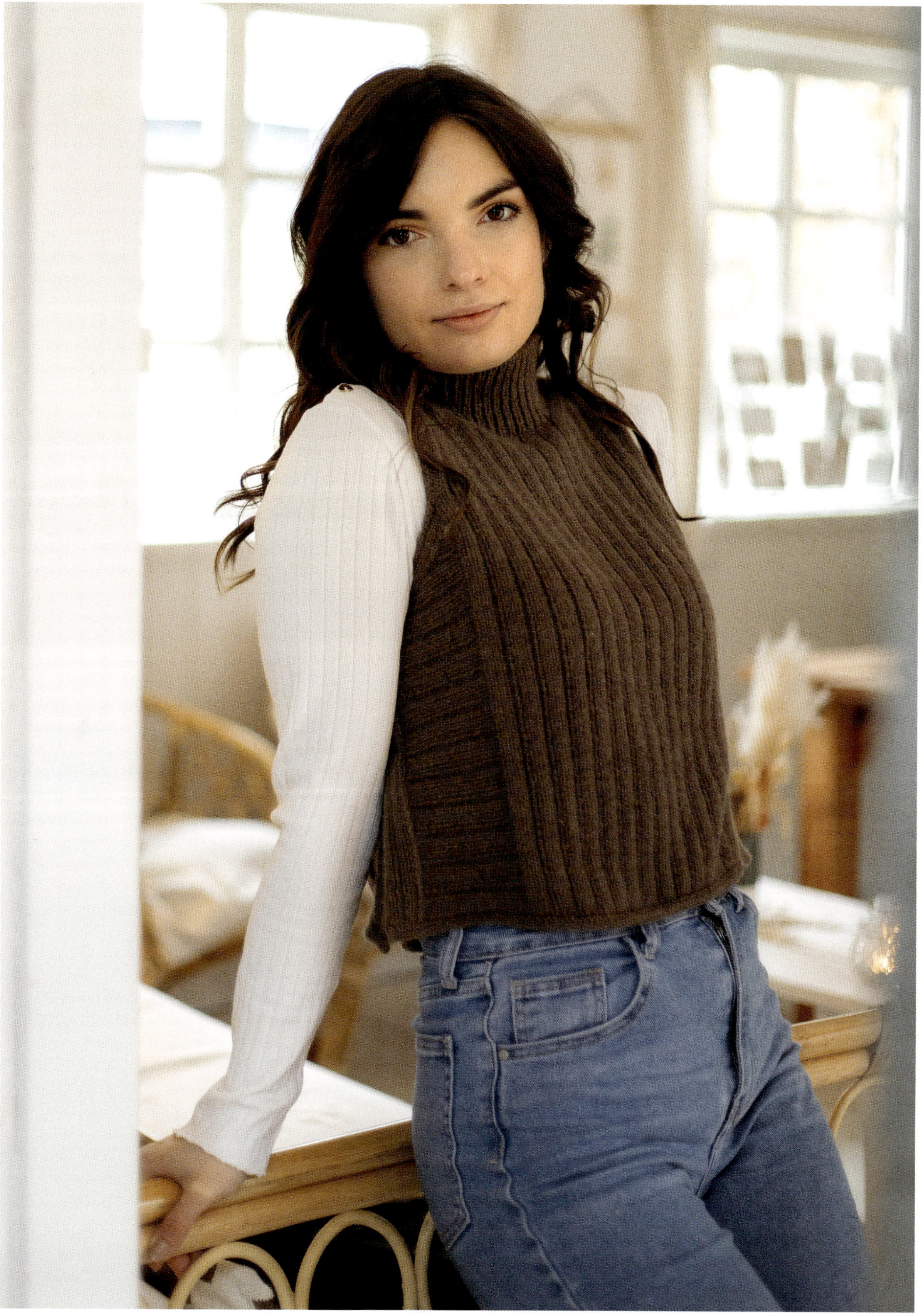

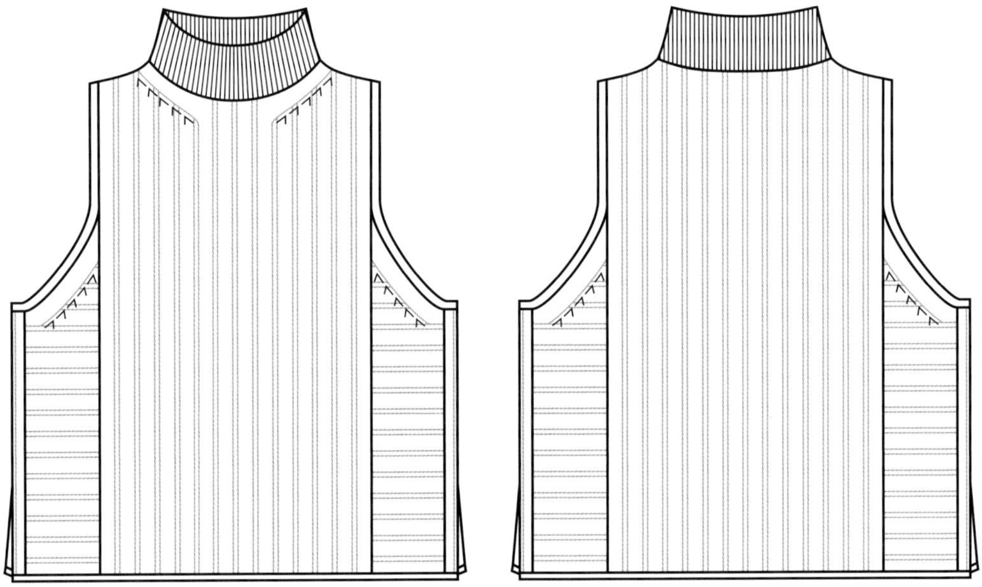

GRÖSSEN

(2XS) XS (S) M (L) XL

MASSE SLIPOVER

Brust: (90) 98 (106) 114 (122) 130 cm

Länge: (44) 44 (46) 46 (48) 48 cm

MASSE SHORTS

Taille: (72) 78 (84) 90 (96) 102 cm

Hüfte: (112) 120 (128) 136 (142) 148 cm

Länge: (38) 38 (40) 40 (42) 42 cm

EMPFOHLENE NADELN UND ZUBEHÖR

Rundstricknadel 3,5 mm (80 cm, für L/XL 100 cm)
Rundstricknadel 3 mm (40 cm)
Rundstricknadel 3,5 mm (40 cm)
Nadelspiel 3 mm

MASCHENPROBE

im Rippenmuster mit 3,5 mm Nadeln
20 Maschen und 34 Reihen = 10 cm x 10 cm
(gewaschen und gespannt)

Bitte zuvor die eigene Nadelstärke ermitteln, mit der diese Maschenprobe möglichst genau erreicht wird!

GARN

Como Grande von Lamana
100 % Schurwolle (Merino Superfine)
Lauflänge = 120 m/50 g

Slipover: (250) 300 (350) 400 (450) 450 g

Shorts: (250) 275 (325) 350 (375) 400 g

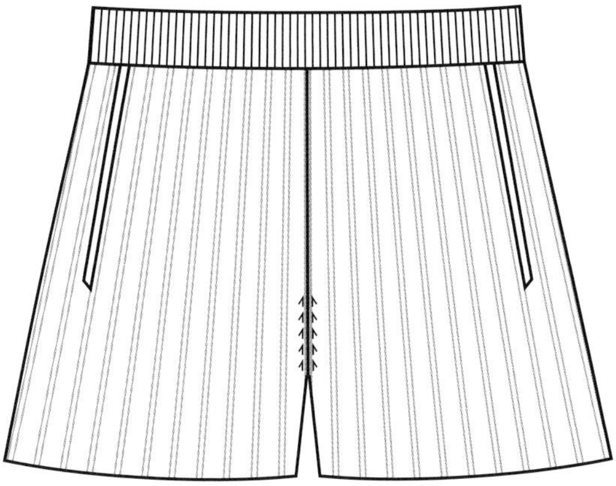

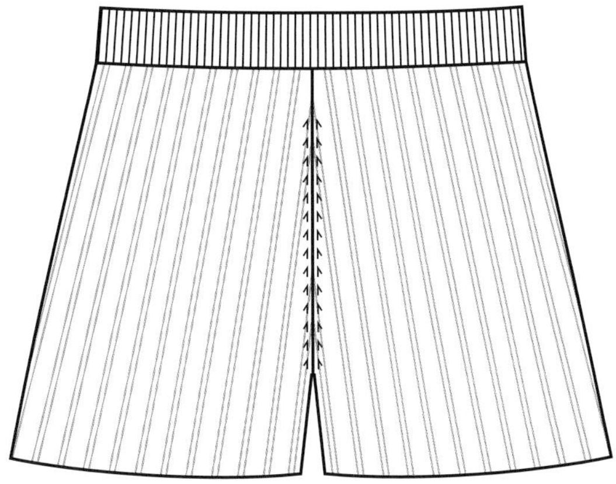

GRÖSSENGUIDE

Der Slipover sollte mit einer Weitenzugabe (positive ease) von 6 – 12 cm gestrickt werden. Die Größe wird anhand des Brustumfangs ermittelt, dieser entspricht bei den angegebenen Größen ungefähr (78 – 84 cm) 85 – 92 cm (93 – 100 cm) 101 – 108 cm (109 – 116 cm) 117 – 125 cm.

Die Shorts sollten mit einer Weitenzugabe (positive ease) von ca. 20 cm gestrickt werden. Die benötigte Größe wird anhand des Hüftumfangs ermittelt, dieser entspricht für die angegebenen Größen ungefähr (85 – 92 cm) 93 – 100 cm (101 – 108 cm) 109 – 116 cm (117 – 122 cm) 123 – 128 cm.

RIPPENMUSTER IN RUNDEN

* 1 li, 3 re, ab * bis zum Rundenbeginn stets wdh.

RIPPENMUSTER IN REIHEN

1. Reihe (Rückr): * 3 li, 1 re, ab * stets wdh.

2. Reihe (Hinr): alle M str, wie sie erscheinen

ANLEITUNG

BASICRIBSLIPOVER

*Beide **Randmaschen** werden in Hin- und Rückreihen rechts gestrickt.*

Vorder- und Rückenteil werden zunächst getrennt von unten nach oben gestrickt und an der Schulter mit Hilfe des Abkettens mit drei Nadeln verbunden.

RÜCKENTEIL

(61) 69 (69) 77 (77) 85 M mit der 3,5 mm Rundstricknadel anschlagen.

1. Reihe (Rückr): RM, * 3 li, 1 re, ab * bis zu den letzten 4 M stets wdh, 3 li, RM.

2. Reihe (Hinr): RM, * 3 re, 1 li, ab * bis zu den letzten 4 M stets wdh, 3 re, RM.

Die 1. – 2. Reihe bis zu einer Länge von (43) 43 (45) 45 (47) 47 stets wdh.

Dann den Faden abschneiden und die M wie folgt stilllegen: die ersten und die letzten (9) 13 (13) 13 (13) 17 M für die Schultern jeweils auf einem Faden stilllegen, die mittleren (43) 43 (43) 51 (51) 51 M für den Halsausschnitt auf einem 3. Faden stilllegen.

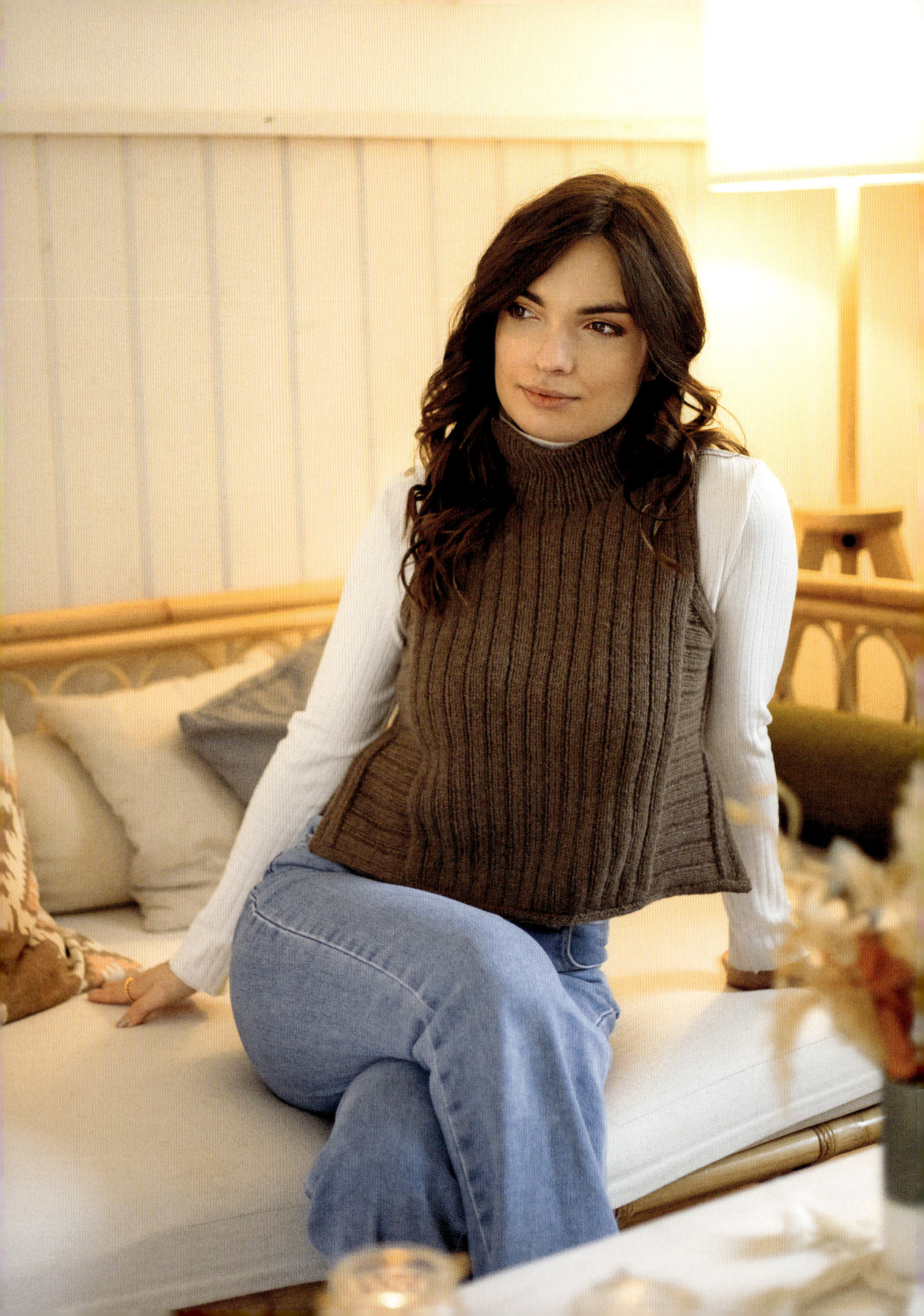

VORDERTEIL

(61) 69 (69) 77 (77) 85 M mit der 3,5 mm Rundstricknadel anschlagen.

1. Reihe (Rückr): RM, * 3 li, 1 re, ab * bis zu den letzten 4 M stets wdh, 3 li, RM.

2. Reihe (Hinr): RM, * 3 re, 1 li, ab * bis zu den letzten 4 M stets wdh, 3 re, RM.

Die 1. – 2. Reihe bis zu einer Länge von (36) 36 (38) 36 (38) 38 cm wdh. Die letzte Reihe ist eine Rückr.

VORDERER HALSAUSSCHNITT

Nun wird nur über die ersten (21) 25 (25) 29 (29) 33 Maschen gearbeitet. Die übrigen Maschen werden zunächst stillgelegt. Dann wird der Halsausschnitt in den folgenden Reihen durch Abnahmen ausgeformt.

Vorbereitung (Hinr): RM, * 3 re, 1 li, ab * (3x) 4x (4x) 5x (5x) 6x arbeiten, 3 re, **Abn-re**, 2 re, RM = (20) 24 (24) 28 (28) 32 M. Die übrigen (40) 44 (44) 48 (48) 52 M stilllegen.

1. Reihe (Rückr): RM, bis zur letzten M alle M str, wie sie erscheinen, RM.

2. Reihe (Hinr): RM, bis zu den letzten 5 M alle M str, wie sie erscheinen, **Abn-re**, 2 re, RM.

Die 1. – 2. Reihe noch (10x) 10x (10x) 14x (14x) 14x wdh = (9) 13 (13) 13 (13) 17 M.

Noch 1x die 1. Reihe (Rückr) arbeiten, dann die (9) 13 (13) 13 (13) 17 M der linken Schulter mit den Schulter-M des Rückenteils zusammen abketten (3-Nadel-Abketten, siehe Seite 152).

*Der Halsausschnitt und die **rechte Schulter** werden nun gegengleich zur linken Seite über die letzten (21) 25 (25) 29 (29) 33 Maschen gearbeitet. Die mittleren 19 Maschen werden in der folgenden Hinreihe noch nicht berücksichtigt. Sie bleiben weiterhin stillgelegt, bis der Halsausschnitt fertiggestellt wird.*

Vorbereitung (Hinr): RM, 2 re, **Abn-li**, * 3 re, 1 li, ab * (3x) 4x (4x) 5x (5x) 6x arbeiten, 3 re, RM.

1. Reihe (Rückr): RM, bis zur letzten M alle M str, wie sie erscheinen, RM.

2. Reihe (Hinr): RM, 2 re, **Abn-li**, bis zur letzten M alle M str, wie sie erscheinen, RM.

Die 1. – 2. Reihe noch (10x) 10x (10x) 14x (14x) 14x wdh = (9) 13 (13) 13 (13) 17 M.

Noch 1x die 1. Reihe (Rückr) arbeiten, dann die (9) 13 (13) 13 (13) 17 M der **rechten Schulter** mit den Schulter-M des Rückenteils zusammen abketten (3-Nadel-Abketten, siehe Seite 152).

TURTLENECK-KRAGEN

Aus dem Halsausschnitt werden nun Maschen für die Halsblende aufgenommen.

Beginnend an der linken Schulter mit der 3 mm Rundstricknadel gleichmäßig verteilt (20) 20 (20) 26 (26) 26 M aus der linken Halsausschnittsschräge aufnehmen (ca. 1 M aus jedem Knötchen), die mittleren, noch immer stillgelegten 19 M str, wie sie erscheinen, aus der rechten Halsausschnittschräge nochmal gleichmäßig verteilt (20) 20 (20) 26 (26) 26 M aufnehmen und die stillgelegten (43) 43 (43) 51 (51) 51 M des Rückenteils str, wie sie erscheinen, 1 MM für den Rundenbeginn platzieren = (102) 102 (102) 122 (122) 122 M.

1. Runde: * 1 re, 1 li, ab * bis zum Rundenbeginn stets wdh.

Diese Runde so oft wdh, bis der Kragen 7 cm misst. Dann alle M italienisch abketten (siehe Seite 153).

SEITENTEILE MIT SCHLITZ

Für die Seitenteile werden erst aus dem Vorderteil, später auch aus dem Rückenteil Maschen aufgenommen, und im weiteren Verlauf jeweils die Armausschnitte durch Abnahmen ausgeformt. Anschließend wird am Unterarm beginnend ein schmaler Streifen gearbeitet. Vorder- und Rückenteil werden verbunden, indem in jeder Hinreihe jeweils eine Masche von Vorder- und Rückenteil mit den seitlichen Maschen des Seitenstreifens zusammengestrickt werden. Wenn die Schlitzhöhe erreicht ist, werden Vorder- und Rückenteil wieder getrennt gearbeitet und die Schlitzblende angestrickt.

LINKES SEITENTEIL

Zunächst das Seitenteil an den linken Strickrand des Vorderteils anstricken:

Mit der 3,5 mm Nadel aus den unteren (30) 30 (32) 32 (34) 34 cm des **Vorderteils** insgesamt (57) 57 (61) 61 (65) 65 M aufnehmen (ca. 1 M aus jedem Knötchen).

1. Reihe (Rückr): RM, * 3 li, 1 re, ab * bis zu den letzten 4 M wdh, 3 li, RM.

2. Reihe (Hinr): RM, * 3 re, 1 li, ab * bis zu den letzten 5 M wdh, ***Abn- re***, 2 re, RM.

3. Reihe: RM, bis zur letzten M alle M str, wie sie erscheinen, RM.

Die 2. – 3. Reihe noch (3x) 3x (3x) 7x (7x) 7x wdh = (53) 53 (57) 53 (57) 57 M.

Nun werden die Abnahmen nur noch in jeder zweiten Hinreihe gearbeitet.

4. Reihe (Hinr): RM, * 3 re, 1 li, ab * bis zu den letzten 5 M wdh, ***Abn- re***, 2 re, RM.

5. – 7. Reihe: RM, bis zur letzten M alle M str, wie sie erscheinen, RM.

Die 4. – 7. Reihe noch 3x wdh = (49) 49 (53) 49 (53) 53 M.

Dann die 6. – 7. Reihe weitere (0x) 0x (4x) 0x (4x) 4x arbeiten.

Den Faden abschneiden und die M stilllegen.

Anschließend wird das Seitenteil an den linken Strickrand des Rückenteils angestrickt.

Mit der 3,5 mm Nadel aus den unteren (30) 30 (32) 32 (34) 34 cm des **Rückenteils** insgesamt (57) 57 (61) 61 (65) 65 M aufnehmen (ca. 1 M aus jedem Knötchen).

1. Reihe (Rückr): RM, * 3 li, 1 re, ab * bis zu den letzten 4 M wdh, 3 li, RM.

2. Reihe (Hinr): RM, 2 re, ***Abn-li***, bis zur letzten M alle M str, wie sie erscheinen, RM.

3. Reihe: RM, bis zur letzten M alle M str, wie sie erscheinen, RM.

Die 2. – 3. Reihe noch (3x) 3x (3x) 7x (7x) 7x wdh = (53) 53 (57) 53 (57) 57 M.

Nun werden die Abnahmen nur noch in jeder zweiten Hinreihe gearbeitet.

4. Reihe (Hinr): RM, 2 re, ***Abn-li***, bis zur letzten M alle M str, wie sie erscheinen, RM.

5. – 7. Reihe: RM, bis zur letzten M alle M str, wie sie erscheinen, RM.

Die 4. – 7. Reihe noch 3x wdh = (49) 49 (53) 49 (53) 53 M.

Dann die 6. – 7. Reihe weitere (0x) 0x (4x) 0x (4x) 4x arbeiten.

Den Faden nicht abschneiden.

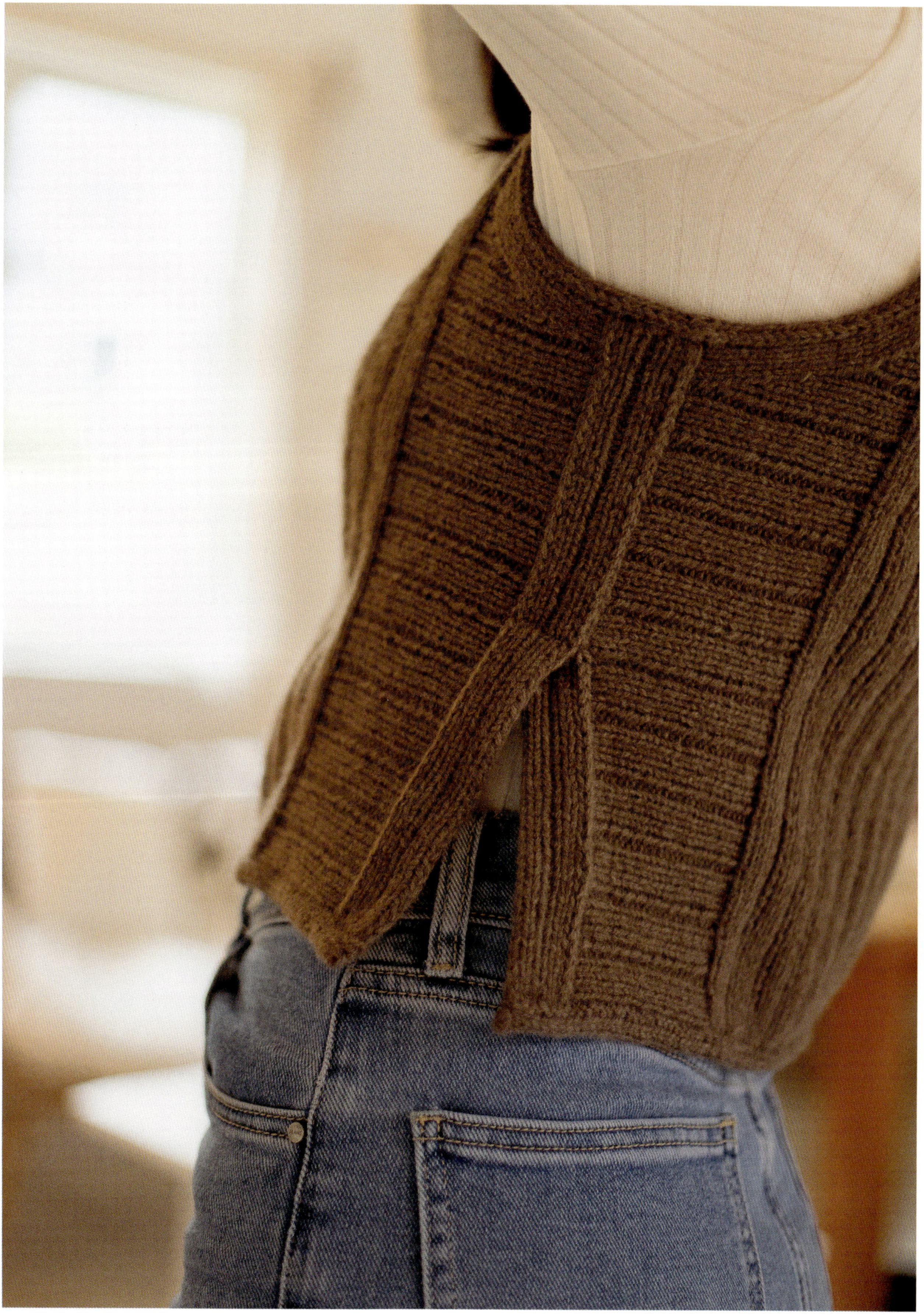

LINKER SCHLITZ

Beginnend am Rückenteil in der Höhe des Armlochs wird die letzte Rückreihe nun fortgesetzt, indem sieben Maschen angeschlagen werden und noch eine Masche des Vorderteils abgehoben wird. Über diese Maschen wird nun ein schmaler Seitenstreifen gearbeitet. Vorder- und Rückenteil werden verbunden, indem in jeder Hinreihe jeweils eine Masche von Vorder- und Rückenteil mit den seitlichen Maschen des Seitenstreifens zusammengestrickt werden. Wenn die Schlitzhöhe erreicht ist, werden Vorder- und Rückenteil wieder getrennt gearbeitet und die Schlitzblende angestrickt.

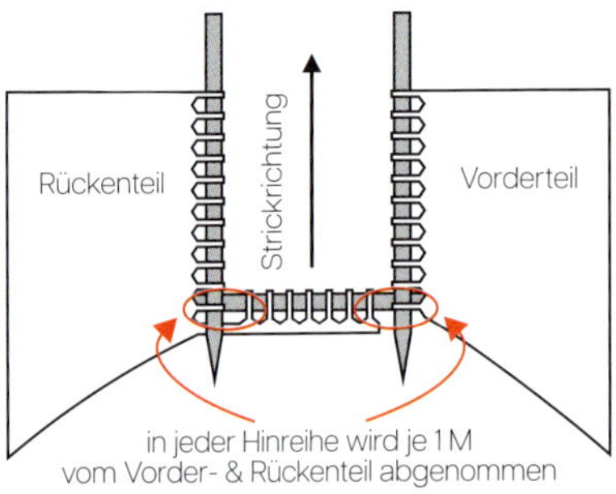

1. Reihe (Rückr): 7 neue M anschlagen (Schlingenanschlag, siehe Seite 150), 1 M (vom Vorderteil) mit dem Faden vorne abh.

2. Reihe (Hinr): **Abn-re**, 2 re, 1 li, 2 re, **Abn-li**.

3. Reihe (Rückr): 1 M mit dem Faden vorne abh, 2 li, 1 re, 2 li, 2 M mit dem Faden vorne abh.

Die 2. – 3. Reihe wdh, bis an Vorder- und Rückenteil noch jeweils (25) 25 (25) 21 (21) 21 M übrig sind.

In der nächsten Rückreihe werden Vorder- und Rückenteil wieder getrennt. Zunächst wird das Vorderteil fertiggestellt.

4. Reihe (Hinr): **Abn-re**, 2 re, 1 li, 3 re.

5. Reihe (Rückr): 1 M mit dem Faden vorne abh, 2 li, 1 re, 2 li, 2 M mit dem Faden vorne abh.

Die 4. – 5. Reihe wdh, bis alle M des Vorderteils abgekettet wurden.

Die übrigen 7 M stilllegen.

Der Slipover wird mit einseitig verdecktem Schlitz gearbeitet. Dazu werden aus der Reihe, in der Vorder- und Rückenteil getrennt wurden, von hinten sieben Maschen für die Schlitzblende des Rückenteils auf die Nadel gehoben. Die Maschenaufnahme wird später von außen nicht sichtbar sein.

1. Reihe (Rückr): Mit der Rückseite vor Augen 7 M aus der Reihe, in der Vorder- und Rückenteil getrennt wurden, aufnehmen, ohne sie zu stricken.

2. Reihe (Hinr): 3 re, 1 li, 2 re, **Abn-li** (letzte M des Streifens und 1. M des Rückenteils).

3. Reihe (Rückr): 1 M mit dem Faden vorne abh, 2 li, 1 re, 2 li, 1 M mit dem Faden vorne abh.

Die 2. – 3. Reihe wdh, bis alle M des Rückenteils abgekettet wurden. Die letzte Reihe ist die 2. Reihe, in der die letzte M abgekettet wird.

Die übrigen 7 M stilllegen.

RECHTES SEITENTEIL

Zunächst wird das Seitenteil an den rechten Strickrand des Rückenteils angestrickt.

Mit der 3,5 mm Nadel aus den unteren (30) 30 (32) 32 (34) 34 cm des Rückenteils insgesamt (57) 57 (61) 61 (65) 65 M aufnehmen (ca. 1 M aus jedem Knötchen).

1. Reihe (Rückr): RM, * 3 li, 1 re, ab * bis zu den letzten 4 M wdh, 3 li, RM.

2. Reihe (Hinr): RM, * 2 re, **Abn-li**, bis zur letzten M alle M str, wie sie erscheinen, RM.

3. Reihe: RM, bis zur letzten M alle M str, wie sie erscheinen, RM.

Die 2. – 3. Reihe noch (3x) 3x (3x) 7x (7x) 7x wdh = (53) 53 (57) 53 (57) 57 M.

Nun werden die Abnahmen nur noch in jeder zweiten Hinreihe gearbeitet.

4. Reihe (Hinr): RM, * 2 re, **Abn-li**, bis zur letzten M alle M str, wie sie erscheinen, RM.

5. – 7. Reihe: RM, bis zur letzten M alle M str, wie sie erscheinen, RM.

Die 4. – 7. Reihe noch 3x wdh = (49) 49 (53) 49 (53) 53 M.

Dann die 6. – 7. Reihe weitere (0x) 0x (4x) 0x (4x) 4x arbeiten.

Den Faden abschneiden und die M stilllegen.

Anschließend wird das Seitenteil an den rechten Strickrand des Vorderteils angestrickt.

Mit der 3,5 mm Nadel aus den unteren (30) 30 (32) 32 (34) 34 cm des **Vorderteils** insgesamt (57) 57 (61) 61 (65) 65 M aufnehmen (ca. 1 M aus jedem Knötchen).

1. Reihe (Rückr): RM, * 3 li, 1 re, ab * bis zu den letzten 4 M wdh, 3 li, RM.

2. Reihe (Hinr): RM, bis zu den letzten 5 M alle M str, wie sie erscheinen, ***Abn-re***, 2 re, RM.

3. Reihe: RM, bis zur letzten M alle M str, wie sie erscheinen, RM.

Die 2. – 3. Reihe noch (3x) 3x (3x) 7x (7x) 7x wdh = (53) 53 (57) 53 (57) 57 M.

Nun werden die Abnahmen nur noch in jeder zweiten Hinreihe gearbeitet.

4. Reihe (Hinr): RM, bis zu den letzten 5 M alle M str, wie sie erscheinen, ***Abn-re***, 2 re, RM.

5. – 7. Reihe: RM, bis zur letzten M alle M str, wie sie erscheinen, RM.

Die 4. – 7. Reihe noch 3x wdh = (49) 49 (53) 49 (53) 53 M.

Dann die 6. – 7. Reihe weitere (0x) 0x (4x) 0x (4x) 4x arbeiten.

Den Faden nicht abschneiden.

RECHTER SCHLITZ

Beginnend am Vorderteil in der Höhe des Armlochs wird die letzte Rückreihe nun fortgesetzt, indem sieben Maschen angeschlagen werden und noch eine Masche des Rückenteils abgehoben wird. Über diese Maschen wird nun ein schmaler Seitenstreifen gearbeitet. Vorder- und Rückenteil werden verbunden, indem in jeder Hinreihe jeweils eine Masche von Vorder- und Rückenteil mit den seitlichen Maschen des Seitenstreifens zusammengestrickt werden. Wenn die Schlitzhöhe erreicht ist, werden Vorder- und Rückenteil wieder getrennt gearbeitet und die Schlitzblende angestrickt.

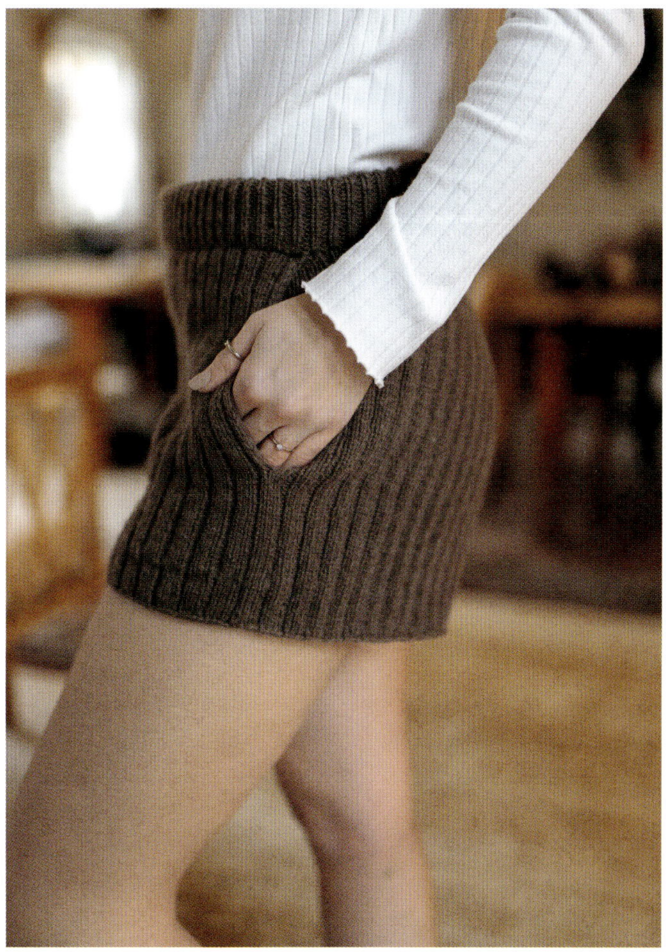

1. Reihe (Rückr): 7 neue M anschlagen (Schlingenanschlag, siehe Seite 150), 1 M (vom Rückenteil) mit dem Faden vorne abh.

2. Reihe (Hinr): ***Abn-re***, 2 re, 1 li, 2 re, ***Abn-li***.

3. Reihe (Rückr): 1 M mit dem Faden vorne abh, 2 li, 1 re, 2 li, 2 M mit dem Faden vorne abh.

Die 2. – 3. Reihe wdh, bis an Vorder- und Rückenteil noch jeweils (25) 25 (25) 21 (21) 21 M übrig sind.

In der nächsten Rückreihe werden Vorder- und Rückenteil wieder getrennt. Zunächst wird das Vorderteil fertig gestellt.

4. Reihe (Hinr): 3 re, 1 li, 2 re, ***Abn-li***.

5. Reihe (Rückr): 1 M mit dem Faden vorne abh, 2 li, 1 re, 2 li, 1 M mit dem Faden vorne abh.

Die 4. – 5. Reihe wdh, bis alle M des Vorderteils abgekettet wurden.

Die übrigen 7 M stilllegen.

Für die verdeckte Schlitzblende des Rückenteils werden aus der Reihe, in der Vorder- und Rückenteil getrennt wurden, von hinten sieben Maschen auf die Nadel gehoben. Die Maschenaufnahme ist später von außen nicht sichtbar.

1. Reihe (Rückr): Mit der Rückseite vor Augen 7 M aus der Reihe, in der Vorder- und Rückenteil getrennt wurden, aufnehmen, ohne sie zu stricken, 1 M mit dem Faden vorne abh (= 1. M des Rückenteils).

2. Reihe (Hinr): ***Abn-re***, 2 re, 1 li, 3 re.

3. Reihe (Rückr): 1 M mit dem Faden vorne abh, 2 li, 1 re, 2 li, 2 M mit dem Faden vorne abh.

Die 2. – 3. Reihe wdh, bis alle M des Rückenteils abgekettet wurden. Die letzte Reihe ist die 2. Reihe, in der die letzte M abgekettet wird.

Die übrigen 7 M stilllegen.

SAUMABSCHLUSS

Für einen schönen Saumabschluss an Vorder- und Rückenteil sowie an den Ärmeln wird jeweils ein I-Cord-Abschluss mit der 3 mm Nadel gearbeitet.

Mit einer Hinr am **Rückenteil** beginnen, nachdem der rechte Schlitz beendet wurde. Die 7 M des Schlitzes wurden bereits gestrickt und bleiben auf der re Nadel, dann wie folgt weiterarbeiten:

Vorbereitung: aus dem Strickrand des quergestrickten Bereichs (24) 24 (32) 32 (40) 40 M aufnehmen, aus dem längs gestrickten Bereich (61) 69 (69) 77 (77) 85 M aufnehmen, aus dem Strickrand des quergestrickten Bereichs (24) 24 (32) 32 (40) 40 M aufnehmen, 3 re, 1 li, 3 re.

1. Reihe (Rückr): alle M li str.

2. Reihe (Hinr): 3 neue M anschlagen (Schlingenanschlag, siehe Seite 150) und alle M mit I-Cord-Rand abketten (siehe Seite 152).

Den Saumabschluss am **Vorderteil** wie beim Rückenteil arbeiten. Dazu mit den Maschen am rechten Schlitz beginnen.

Vorbereitung: 3 re, 1 li, 3 re, aus dem Strickrand des quergestrickten Bereichs (30) 30 (35) 35 (40) 40 M aufnehmen, aus dem längs gestrickten Bereich (61) 69 (69) 77 (77) 85 M aufnehmen, aus dem Strickrand des quergestrickten Bereichs (30) 30 (35) 35 (40) 40 M aufnehmen, 3 re, 1 li, 3 re.

1. Reihe (Rückr): alle M li str.

2. Reihe (Hinr): 3 neue M anschlagen (Schlingenanschlag, siehe Seite 150) und alle M mit I-Cord-Rand abketten (siehe Seite 152).

Auf die gleiche Weise auch einen I-Cord-Rand um beide **Armausschnitte** arbeiten.

FERTIGSTELLEN

Die Fäden vernähen und den Slipover waschen und spannen.

Und schon ist es geschafft!

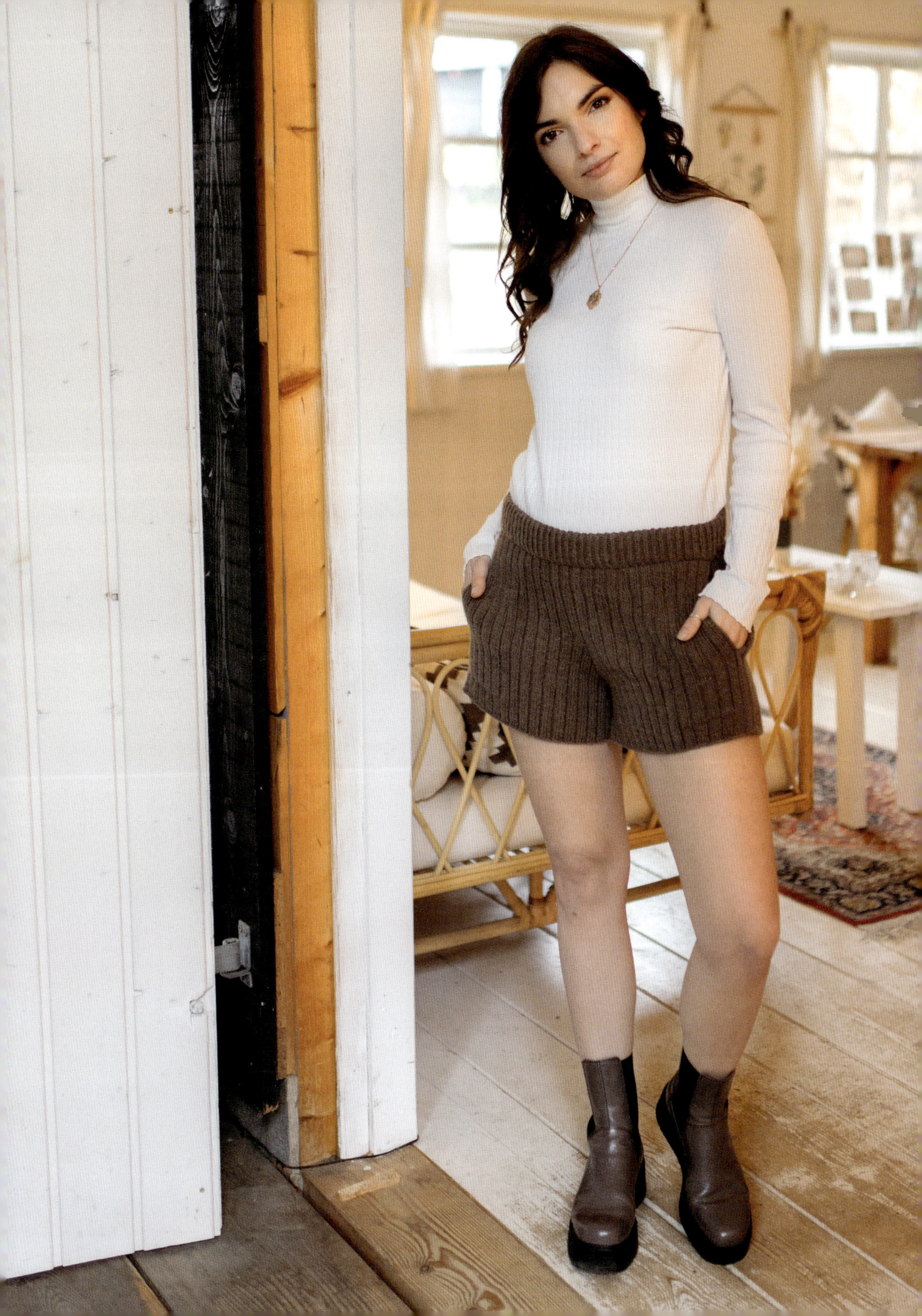

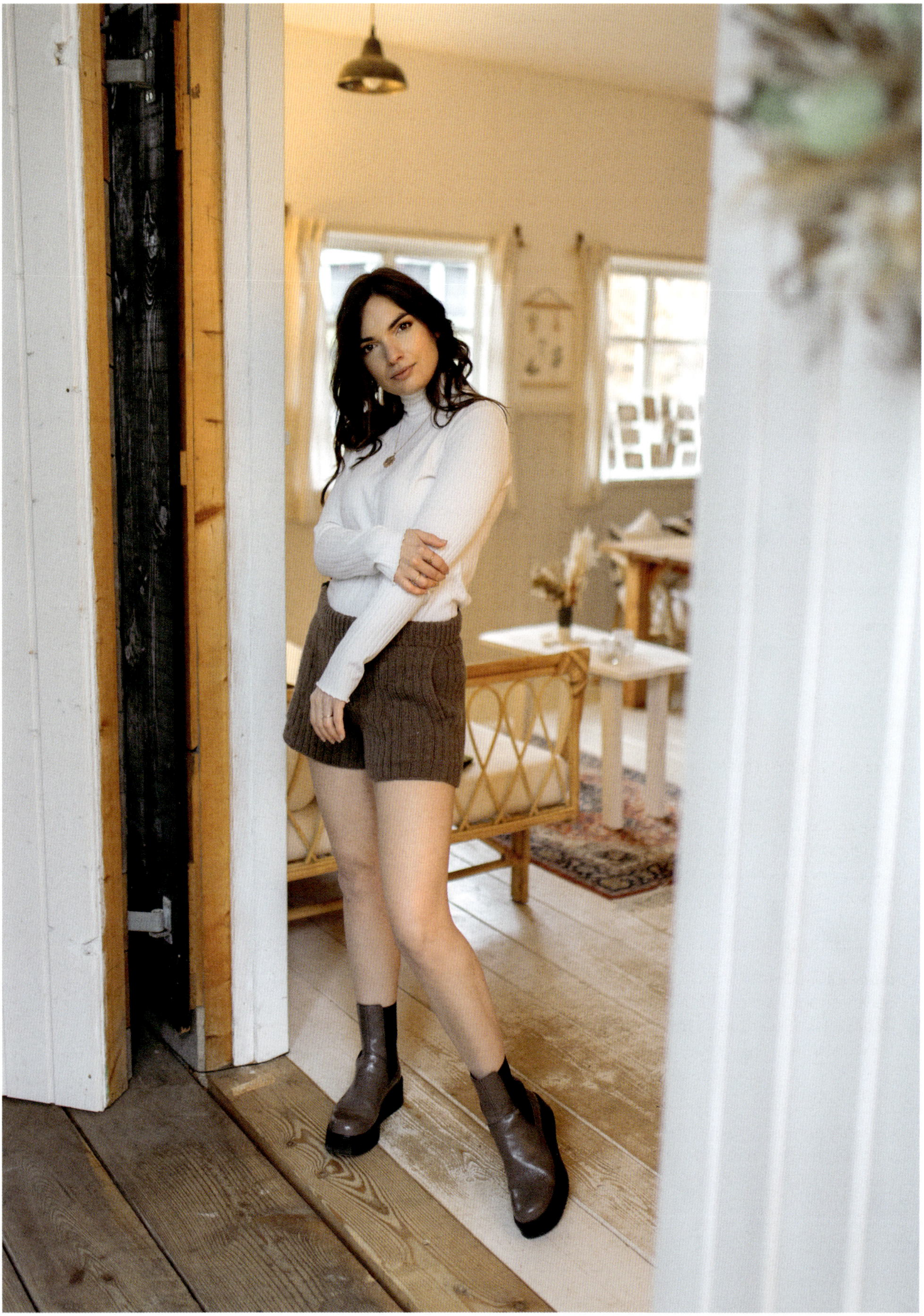

ANLEITUNG
BASICRIBSHORTS

*Beide **Randmaschen** werden in Hin- und Rückreihen rechts gestrickt.*

BUND

(150) 162 (174) 186 (198) 210 M mit der 3,0 mm Rundstricknadel anschlagen, 1 MM für den Rundenbeginn platzieren und die M zur Runde schließen.

1. Runde: * 1 re, 1 li, ab * stets wdh.

Diese Runde insgesamt 20x arbeiten.

21. Runde: alle M li str.

Dann die **1. Runde** noch 20x arbeiten.

Anschließend den Bund zusammenstr, dabei an den letzten 6 M ein Loch offenlassen, durch das später das Bundgummi eingezogen werden kann:

In der letzten Runde: * die 1. M des M-Anschlags auf die li Nadel platzieren, **Abn-re**, ab * bis zu den letzten 6 M wdh, 6 re.

VORDERES HOSENTEIL

Zunächst wird das vordere Hosenteil bis zum unteren Ende des Tascheneingriffs gestrickt, dabei werden am Anfang und am Ende je drei neue Maschen angeschlagen, die im Folgenden als I-Cord-Rand gearbeitet werden.

Zur 3,5 mm Rundstricknadel wechseln.

Musteraufbau (Hinr): 3 neue M anschlagen (Schlingenanschlag, siehe Seite 150), 1 li, [2 re, 1 li] (10x) 11x (12x) 13x (14x) 15x arbeiten, 2 re, 1 MM platzieren, 1 li, 1 MM platzieren, [2 re, 1 li] (10x) 11x (12x) 13x (14x) 15x arbeiten, 2 re, 1 li, 3 neue M anschlagen = (73) 79 (85) 91 (97) 103 M.

Die restlichen (83) 89 (95) 101 (107) 113 M gehören zum hinteren Hosenteil und werden zunächst stillgelegt.

1. Reihe (Rückr): 3 M mit dem Faden vorne abh, bis zu den letzten 3 M alle M str, wie sie erscheinen, 3 M mit dem Faden vorne abh.

2. Reihe (Hinr): 3 re, bis zu den letzten 3 M im Muster str, 3 re.

Die **1. – 2. Reihe** wdh, bis 4 cm gestrickt wurden. Dabei in der vorderen Mitte messen, weil der Tascheneingriff durch den I-Cord-Rand etwas eingehalten wird. Die letzte Reihe ist eine Rückr.

Nun wird mit den Zunahmen begonnen.

3. Reihe (Hinr) nur für Größe 2XS/S/L: 3 re, [1 li, 2 re, 1 li, 1 re, **Zun-li(re)**, 1 re] 5x/6x/7x arbeiten, 1 li, 2 re, MMv, 1 li, MMv, 2 re, 1 li, [1 re, **Zun-li(re)**, 1 re, 1 li, 2 re, 1 li] 5x/6x/7x arbeiten, 3 re.

3. Reihe (Hinr) nur für Größe XS/M/XL: 3 re, [1 li, 2 re, 1 li, 1 re, **Zun-li(re)**, 1 re] 6x/7x/8x arbeiten, MMv, 1 li, MMv, [1 re, **Zun-li(re)**, 1 re, 1 li, 2 re, 1 li] 6x/7x/8x arbeiten, 3 re = (83) 91 (97) 105 (111) 119 M.

Die **1. – 2. Reihe** wdh, bis weitere 4 cm gestrickt wurden. Die letzte Reihe ist eine Rückr.

4. Reihe (Hinr) nur für Größe 2XS/S/L: 3 re, [1 li, 1 re, **Zun-li(re)**, 1 re, 1 li, 3 re] 5x/6x/7x arbeiten, 1 li, 1 re, **Zun-li(re)**, 1 re, MMv, 1 li, MMv, 1 re, **Zun-li(re)**, 1 re, 1 li, [3 re, 1 li, 1 re, **Zun-li(re)**, 1 re, 1 li] 5x/6x/7x arbeiten, 3 re.

4. Reihe (Hinr) nur für Größe XS/M/XL: 3 re, [1 li, 1 re, **Zun-li(re)**, 1 re, 1 li, 3 re] 6x/7x/8x arbeiten, MMv, 1 li, MMv, [1 re, **Zun-li(re)**, 1 re, 1 li, 3 re, 1 li] 6x/7x/8x arbeiten, 3 re = (95) 103 (111) 119 (127) 135 M.

Die **1. – 2. Reihe** wdh, bis die Arbeit ab der unteren Bundkante 12 cm misst. Die letzte Reihe ist eine Rückr.

Anschließend wird mit den Zunahmen in der vorderen Mitte begonnen.

5. Reihe (Hinr): 3 re, bis zum MM alle M str, wie sie erscheinen, **Zun-re(li)**, MMv, 1 li, MMv, **Zun-li(li)**, bis zu den letzten 3 M alle M str, wie sie erscheinen, 3 re.

6. Reihe (Rückr): 3 mit dem Faden vorne abh, bis zu den letzten 3 M alle M str, wie sie erscheinen, 3 M mit dem Faden vorne abh.

7. Reihe (Hinr): 3 re, bis zum nächsten MM alle M str, wie sie erscheinen, **Zun-re(re)**, MMv, 1 li, MMv, **Zun-li(re)**, bis zu den letzten 3 M alle M str, wie sie erscheinen, 3 re.

8. Reihe (Rückr): 3 mit dem Faden vorne abh, bis zu den letzten 3 M alle M str, wie sie erscheinen, 3 M mit dem Faden vorne abh.

9. – 12. Reihe: die 7. – 8. Reihe noch 2x wdh.

Dann die 5. – 10. Reihe noch 1x arbeiten = (109) 117 (125) 133 (141) 149 M.

Nun werden die drei Maschen am Tascheneingriff zusammengestrickt.

13. Reihe (Hinr): 3 M re zusammenstr, bis zum nächsten MM alle M str, wie sie erscheinen, **Zun-re(re)**, MMv, 1 li, MMv, **Zun-li(re)**, bis zu den letzten 3 M alle M str, wie sie erscheinen, 1 M wie zum Rechtsstr abh, **Abn-re**, dann die abgehobene M über die Abnahme ziehen = (107) 115 (123) 131 (139) 147 M.

14. Reihe (Rückr): 1 M mit dem Faden vorne abh, bis zur letzten M alle M str, wie sie erscheinen, 1 M mit dem Faden vorne abh = (103) 111 (119) 127 (135) 143 M.

Den Faden abschneiden und die M stilllegen.

HINTERES HOSENTEIL

Das hintere Hosenteil wird über die stillgelegten Maschen der Bundkante gearbeitet. Zusätzlich werden in der ersten Reihe hinter dem Vorderteil neue Maschen für den Taschenbeutel aufgenommen. Dazu wird am linken Tascheneingriff begonnen, als würde man eine Rückreihe stricken.

Vorbereitung: die stillgelegten M der Bundkante wieder auf die 3,5 mm Nadel heben, dann von hinten aus den li M, die entstanden sind, als der Bund zusammengestrickt wurde, 24 neue M aufnehmen, wenden.

Musteraufbau (Hinr): 24 re, [2 re, 1 li] (13x) 14x (15x) 16x (17x) 18x arbeiten, 2 re, 1 MM platzieren, 1 li, 1 MM platzieren, [2 re, 1 li] (13x) 14x (15x) 16x (17x) 18x arbeiten, 2 re, aus den li M der Bundkante 24 neue M hinter der Vorderhose aufnehmen.

Für mehr Länge in der hinteren Mitte und eine bessere Passform werden verkürzte Reihen gestrickt.

1. Reihe (Rückr): 24 li, bis zum nächsten MM alle M str, wie sie erscheinen, MMv, 1 re, MMv, 2 li, 1 re, wenden.

2. Reihe (Hinr): DM, 2 re, MMv, 1 li, MMv, 2 re, 1 li, wenden.

3. Reihe (Rückr): DM, bis zum nächsten MM alle M str, wie sie erscheinen, MMv, 1 re, MMv, bis zur DM alle M str, wie sie erscheinen, DMre, 2 li, 1 re, wenden.

4. Reihe (Hinr): DM, bis zum nächsten MM alle M str, wie sie erscheinen, MMv, 1 li, MMv, bis zur DM alle M str, wie sie erscheinen, DMli, 2 re, 1 li, wenden.

Die 3. – 4. Reihe noch 1x wdh, dann die 3. Reihe noch 1x arbeiten.

Nun werden zusätzlich in jeder zweiten Hinreihe Zunahmen in der hinteren Mitte gearbeitet.

5. Reihe (Hinr): DM, bis zum nächsten MM alle M str, wie sie erscheinen, **Zun-re(li)**, MMv, 1 li, MMv, **Zun-li(li)**, bis zur DM alle M str, wie sie erscheinen, DMli, 2 re, 1 li, wenden.

6. – 8. Reihe: die 3. – 4. Reihe 1x arbeiten, dann die 3. Reihe noch 1x wdh.

9. Reihe (Hinr): DM, bis zum nächsten MM alle M str, wie sie erscheinen, **Zun-re(re)**, MMv, 1 li, MMv, **Zun-li(re)**, bis zur DM alle M str, wie sie erscheinen, DMli, 2 re, 1 li, wenden.

10. – 12. Reihe: die 3. – 4. Reihe 1x arbeiten, dann die 3. Reihe noch 1x wdh.

13. – 16. Reihe: die 9. - 12. Reihe noch 1x wdh = (137) 143 (149) 155 (161) 167 M.

Dann die 5. – 11. Reihe noch 1x wdh = (141) 147 (153) 159 (165) 171 M.

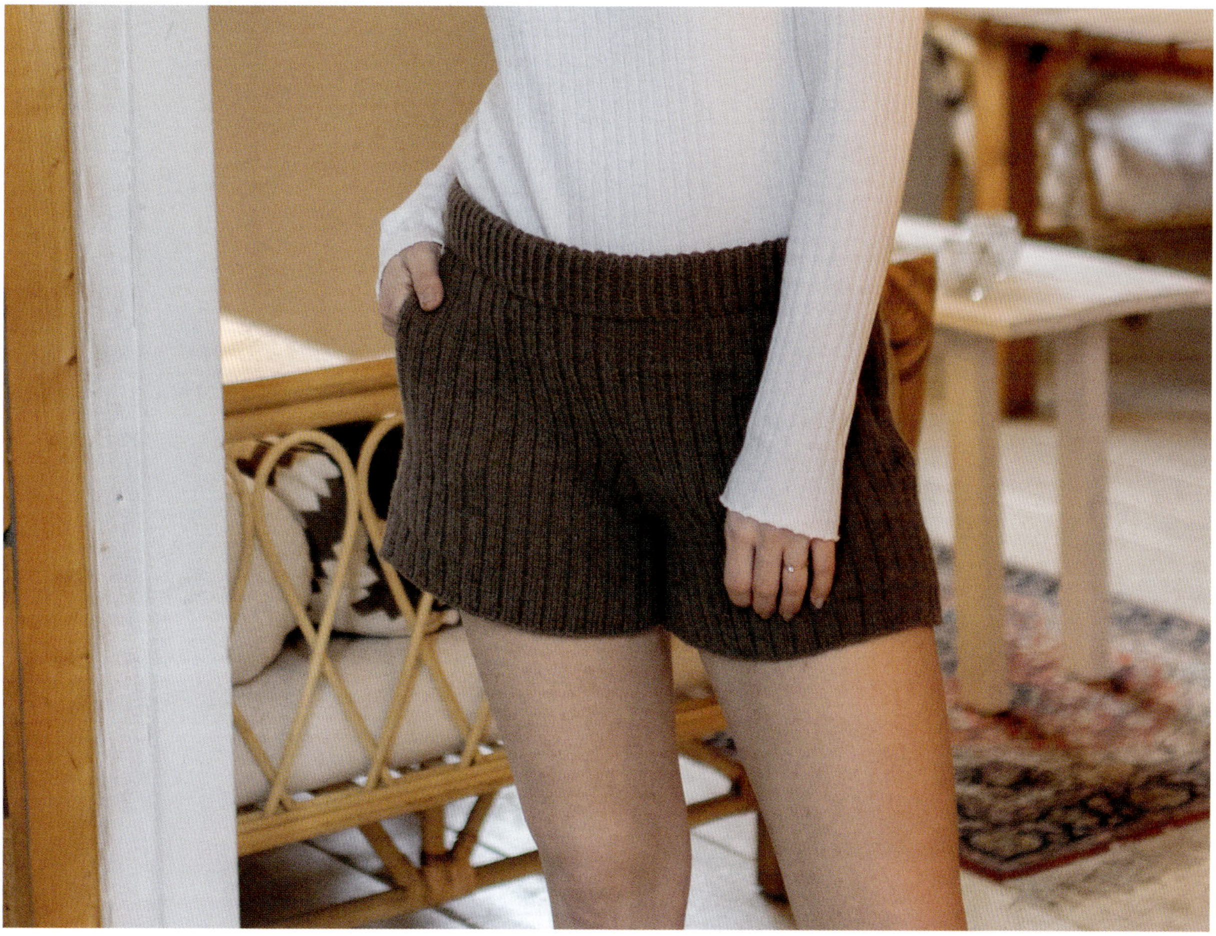

17. Reihe (Rückr): DM, bis zum nächsten MM alle M str, wie sie erscheinen, MMv, 1 re, MMv, bis zur DM alle M str, wie sie erscheinen, DMre, alle übrigen M, wie sie erscheinen.

18. Reihe (Hinr) nur für Größe XXS/S/L: 24 re, [2 re, 1 li, 1 re, ***Zun-li(re)***, 1 re, 1 li] 7x/8x/9x arbeiten, 2 re, 1 li, 1 re, ***Zun-re(re)***, MMv, 1 li, MMv, ***Zun-li(re)***, 1 re, 1 li, [2 re, 1 li, 1 re, ***Zun-li(re)***, 1 re, 1 li] 7x/8x/9x arbeiten, 26 re = 157/171/185 M.

18. Reihe (Hinr) nur für Größe XS/M/XL: 24 re, [2 re, 1 li, 1 re, ***Zun-li(re)***, 1 re, 1 li] 8x/9x/10x arbeiten, 1 re, ***Zun-re(re)***, MMv, 1 li, MMv, ***Zun-li(re)***, 1 re, [1 li, 1 re, ***Zun-li(re)***, 1 re, 1 li, 2 re] 8x/9x/10x arbeiten, 24 re = 165/179/193 M.

19. – 21. Reihe: alle M str, wie sie erscheinen.

22. Reihe (Hinr): bis zum nächsten MM alle M str, wie sie erscheinen, ***Zun-re(re)***, MMv, 1 re, MMv, ***Zun-li(re)***, alle übrigen M, wie sie erscheinen.

23. – 25. Reihe: alle M str, wie sie erscheinen.

26. Reihe (Hinr): bis zum nächsten MM alle M str, wie sie erscheinen, ***Zun-re(li)***, MMv, 1 re, MMv, ***Zun-li(li)***, alle übrigen M, wie sie erscheinen.

27. – 38. Reihe: die 19. – 22. Reihe noch 3x wdh = (167) 175 (181) 189 (195) 203 M.

39. – 41. Reihe: alle M str, wie sie erscheinen.

42. Reihe (Hinr) nur für Größe XXS/S/L: 24 re, [1 re, ***Zun-li(re)***, 1 re, 1 li, 3 re, 1 li] 8x/9x/10x arbeiten, 3 re, ***Zun-re(li)***, MMv, 1 li, MMv, ***Zun-li(li)***, 3 re, [1 li, 3 re, 1 li, 1 re, ***Zun-li(re)***, 1 re] 8x/9x/10x arbeiten, 24 re = 185/201/217 M.

42. Reihe (Hinr) nur für Größe XS/M/XL: 24 re, [1 re, ***Zun-li(re)***, 1 re, 1 li, 3 re, 1 li] 8x/9x/10x arbeiten, 3 re, 1 li, 3 re, ***Zun-re(li)***, MMv, 1 li, MMv, ***Zun-li(li)***, 3 re, 1 li, 3 re, [1 li, 3 re, 1 li, 1 re, ***Zun-li(re)***, 1 re] 8x/9x/10x arbeiten, 24 re = 193/209/225 M.

43. – 54. Reihe: die 19. – 22. Reihe noch 3x wdh = (191) 199 (207) 215 (223) 231 M.

55. – 57. Reihe: alle M str, wie sie erscheinen.

Nun werden in jeder Hinreihe Zunahmen in der hinteren Mitte gearbeitet.

58. Reihe (Hinr): bis zum nächsten MM alle M str, wie sie erscheinen, **Zun-re(li)**, MMv, 1 re, MMv, **Zun-li(li)**, alle M str, wie sie erscheinen.

59. Reihe (Rückr): alle M str, wie sie erscheinen.

60. Reihe (Hinr): bis zum nächsten MM alle M str, wie sie erscheinen, **Zun-re(re)**, MMv, 1 re, MMv, **Zun-li(re)**, alle M str, wie sie erscheinen.

61. Reihe (Rückr): alle M str, wie sie erscheinen.

62. – 67. Reihe: die 60. – 61. Reihe noch 3x wdh = (199) 207 (215) 223 (231) 239 M.

SHORTS

In der nächsten Hinreihe werden die Maschen für den Taschenbeutel stillgelegt und die übrigen Maschen werden zur Runde geschlossen.

1. Runde: 25 re und stilllegen, bis zum nächsten MM alle M str, wie sie erscheinen, **Zun-re(li)**, MMv, 1 li, MMv, **Zun-li(li)**, bis zu den letzten 25 M alle M str, wie sie erscheinen, 25 M stilllegen, (vorderes Hosenteil) bis zum nächsten MM alle M str, wie sie erscheinen, **Zun-re(li)**, MMv, 1 li, MMv, **Zun-li(li)**, alle M str, wie sie erscheinen, 1 MM platzieren (Rundenbeginn) = (260) 276 (292) 308 (324) 340 M.

2. Runde: alle M str, wie sie erscheinen.

3. Runde: bis zum nächsten MM alle M str, wie sie erscheinen, **Zun-re(re)**, MMv, 1 li, MMv, **Zun-li(re)**, bis zum nächsten MM alle M str, wie sie erscheinen, **Zun-re(re)**, MMv, 1 li, MMv, **Zun-li(re)**, bis zum Rundenbeginn alle M str, wie sie erscheinen.

4. – 7. Runde: die 2. – 3. Runde 2x wdh = (272) 288 (304) 320 (336) 352 M.

8. Runde: wie die 2. Runde.

HOSENBEINE

In der nächsten Runde werden die Maschen für das ***linke Hosenbein*** *zur Runde geschlossen, die Maschen des rechten Hosenbeins werden stillgelegt. Anschließend wird zunächst das linke Hosenbein gestrickt.*

9. Runde: bis zum nächsten MM alle M str, wie sie erscheinen, den MM entfernen, 1 li, den MM entfernen, 15 M neue anschlagen (Schlingenanschlag, siehe Seite 150), alle M bis zum nächsten MM stilllegen = (135) 142 (150) 157 (164) 171 M, den MM entfernen, 1 li, den MM entfernen, bis zum Rundenbeginn alle M str, wie sie erscheinen = (152) 160 (168) 176 (184) 192 M.

10. Runde: 2 re, *1 li, 3 re, ab * bis 2 M vor dem MM wdh, 1 li, 1 re.

Dann die 10. Runde wdh, bis das Hosenbein 8 cm misst.

Anschließend alle M abketten, wie sie erscheinen.

Das ***rechte Hosenbein*** *beginnt an der Schrittnaht des vorderen Hosenteils.*

Dazu 17 M aus den neu angeschlagenen M aufnehmen, die stillgelegten M str, wie sie erscheinen, 1 MM platzieren, zur Runde schließen = (152) 160 (168) 176 (184) 192 M.

1. Runde: * 1 li, 3 re, ab * bis zum Rundenende stets wdh.

Diese Runde wdh, bis das Hosenbein 8 cm misst.

Anschließend alle M abketten, wie sie erscheinen.

TASCHENBEUTEL

*Nun werden beide Taschenbeutel gearbeitet. Es wird mit dem **rechten Taschenbeutel** begonnen. Dazu werden die stillgelegten 24 Maschen wieder auf die 3,5 mm Nadel genommen.*

1. Reihe (Hinr): alle M re str.

2. Reihe (Rückr): alle M li str.

Diese beiden Reihen wdh, bis der Taschenbeutel insgesamt 22 cm misst. In der nächsten Hinr alle M elastisch abketten (siehe Seite 152).

Den **linken Taschenbeutel** auf die gleiche Weise arbeiten, dazu aber mit einer Rückr beginnen.

FERTIGSTELLEN

Alle Fäden vernähen, dann die Shorts waschen und spannen. Die Taschenbeutel erst nach dem Spannen im Matratzenstich an die Hose nähen, da das Rippenmuster vor dem Spannen eine andere Elastizität hat als der glatt rechts gestrickte Taschenbeutel. So werden Querzüge vermieden.

Tipp: Die Taschenbeutel von der rechten Seite mit Stecknadeln feststecken und vor dem Annähen anprobieren, um zu prüfen, ob beim Tragen alles flach anliegt und es keine Züge gibt. Achtung wegen der Nadeln!

Die Hose nach dem Annähen der Taschenbeutel erneut anziehen. Auf der Höhe, an der der Bund sitzen soll, das Bundgummi anlegen und am Körper messen, wie eng es sein muss. Zu diesem Fertigmaß auf beiden Seiten je 1 cm Nahtzugabe addieren und das Gummi entsprechend zuschneiden. Dann das Bundgummi mit Hilfe einer Sicherheitsnadel durch den Bund ziehen. Die Enden des Bundgummis übereinanderlegen, sodass ein Stück von 2 cm doppelt liegt. Das Bundgummi mittig mit der Nähmaschine oder von Hand fixieren.

Und schon ist es geschafft!

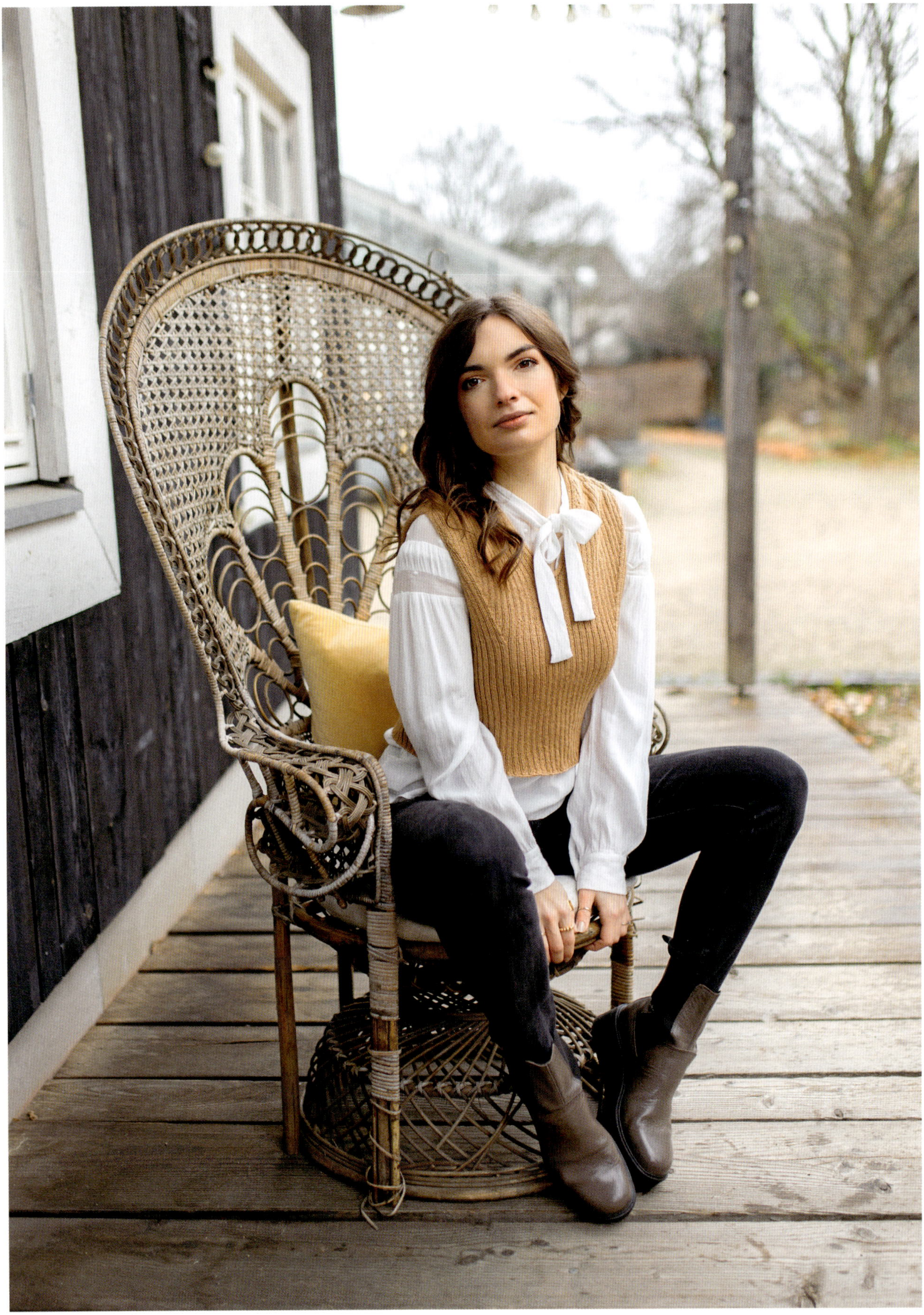

SASSYCABLESLIPOVER

Der **Sassycableslipover** wird nahtlos von oben nach unten gestrickt.
Besonderer Eyecatcher ist das Zopfdetail an der Schulter, welches sich von dem Rippenmuster absetzt.
Der Slipover kann sowohl mit einem klassischen Longsleeve als auch mit Bluse kombiniert werden.
Auch an warmen Sommertagen ist der Slipover als Top der perfekte Begleiter.

GRÖSSEN

(2XS) XS (S) M (L) XL (2XL)

MASSE

Brust: (85) 92 (98) 105 (112) 118 (125) cm

Länge: (45) 45 (48) 48 (50) 50 (50) cm

EMPFOHLENE NADELN UND ZUBEHÖR

Je eine Rundstricknadel 3,5 mm (40 cm und 80 cm)
Zopfnadel
Maschenmarkierer

MASCHENPROBE

im Rippenmuster mit 3,5 mm Nadeln
26 Maschen und 38 Reihen = 10 cm x 10 cm
(gewaschen und gespannt)

Bitte zuvor die eigene Nadelstärke ermitteln, mit der diese Maschenprobe möglichst genau erreicht wird!

GARN

Fine Merino von MAJO GARN
100 % Merinowolle, Lauflänge = 175 m/50 g
(200) 200 (250) 250 (300) 350 (350) g

GRÖSSENGUIDE

Der Slipover sollte mit einer Weitenzugabe (positive ease) von 6 – 10 cm gestrickt werden. Die Größe wird anhand des Brustumfangs ermittelt, dieser entspricht in den angegebenen Größen ungefähr (75 – 80 cm) 81 – 87 cm (88 – 92 cm) 93 – 98 cm (99 – 105 cm) 106 – 111 cm (112 – 118 cm).

ZOPF

(über 6 M und 6 Reihen)
Nach den Strickschriften arbeiten.
Die 1. – 6. Reihe stets wdh.

ZOPF-RE

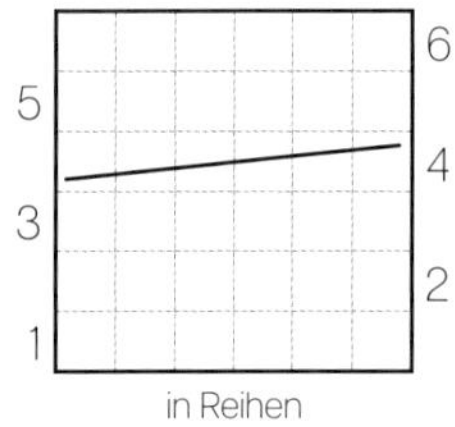

ZOPF-LI

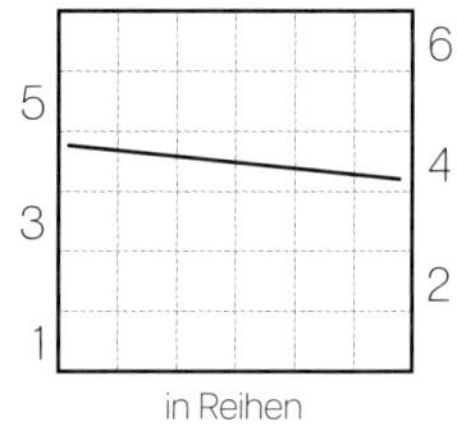

 = 1 M glatt re: in Hinr re, in Rückr li str.

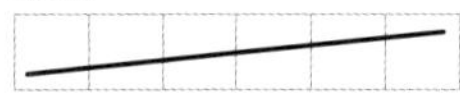 = 3 M auf einer Zopfnadel hinter die Arbeit legen, 3 M re, dann die 3 M der Zopfnadel re.

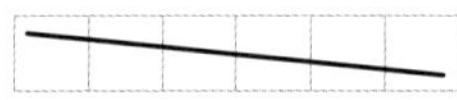 = 3 M auf einer Zopfnadel vor die Arbeit legen, 3 M re, dann die 3 M der Zopfnadel re.

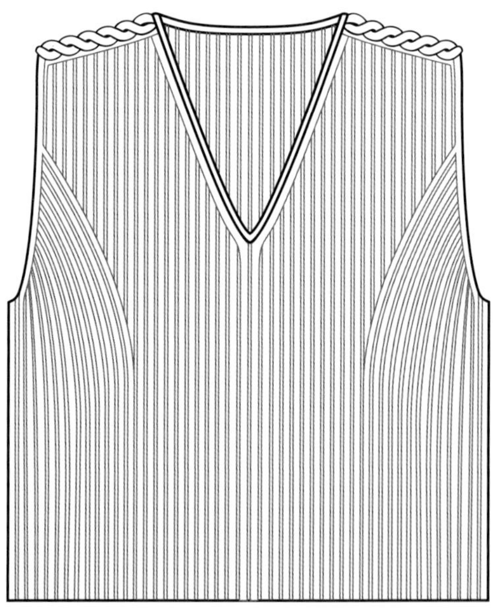

ANLEITUNG

Beide ***Randmaschen*** *werden in den Hinreihen rechts gestrickt und in den Rückreihen mit dem Faden vor der Arbeit abgehoben. Dort, wo abweichend ein Knötchenrand zum späteren Anstricken eines I-Cord-Randes gearbeitet wird, werden die Maschen im Anleitungstext ausgeschrieben.*

Begonnen wird an der Schulterpartie. In der ersten Reihe wird das Zopfmuster eingeteilt.

SCHULTER

(53) 59 (59) 65 (65) 71 (71) M mit der kurzen Rundstricknadel anschlagen.

1. Reihe (Rückr): 1 li, 1 re, 6 li, 1 re, * 2 li, 1 re, ab * bis zu den letzten 8 M wdh, 6 li, 1 re, 1 li.

Von nun an werden in jeder Hin- und Rückreihe Zunahmen zur Ausformung der Schulter gearbeitet. Dazu werden in der ersten Hinreihe 4 Maschenmarkierer platziert.

2. Reihe (Hinr): 1 re, ***Zun-re(li)***, 1 MM platzieren, 1 li, ***Zopf-re***, 1 li, 1 MM platzieren, ***Zun-li(li)***, bis zu den letzten 9 M alle M im Muster str, ***Zun-re(li)***, 1 MM platzieren, 1 li, ***Zopf-li***, 1 li, 1 MM platzieren, ***Zun-li(li)***, 1 re.

3. Reihe (Rückr): 2 re, ***Zun-li(li)***, MMv, 1 li, ***Zopf-re***, 1 li, MMv, ***Zun-re(li)***, bis zum nächsten MM im Muster str, ***Zun-li(li)***, MMv, 1 li, ***Zopf-li***, 1 li, MMv, ***Zun-re(li)***, 2 re.

4. Reihe: 1 re, bis zum nächsten MM im Muster str, ***Zun-re(re)***, MMv, 1 li, ***Zopf-re***, 1 li, MMv, ***Zun-li(re)***, bis zum nächsten MM im Muster str, ***Zun-re(re)***, MMv, 1 li, ***Zopf-li***, 1 li, MMv, ***Zun-li(re)***, bis zur letzten M im Muster str, 1 re.

5. Reihe: 1 re, bis zum nächsten MM im Muster str, ***Zun-li(re)***, MMv, 1 li, ***Zopf-re***, 1 li, MMv, ***Zun-re(re)***, bis zum nächsten MM im Muster str, MMv, ***Zun-li(re)***, 1 li, ***Zopf-li***, 1 li, MMv, ***Zun-re(re)***, bis zur letzten M im Muster str, 1 re.

6. Reihe: 1 re, bis zum nächsten MM im Muster str, ***Zun-re(re)***, MMv, 1 li, ***Zopf-re***, 1 li, MMv, ***Zun-li(re)***, bis zum nächsten MM im Muster str, ***Zun-re(re)***, MMv, 1 li, ***Zopf-li***, 1 li, MMv, ***Zun-li(re)***, bis zur letzten M im Muster str, 1 re.

In der nächsten Rückreihe werden weitere Markierer platziert, an denen von nun an in jeder Hinreihe zusätzliche Zunahmen für die Formgebung des V-Ausschnitts gearbeitet werden.

7. Reihe (Rückr): 2 re, 2 li, 1 MM platzieren, 1 re, 1 li, ***Zun-li(li)***, MMv, 1 li, ***Zopf-re***, 1 li, MMv, ***Zun-re(li)***, bis zum nächsten MM im Muster str, ***Zun-li(li)***, 1 li, ***Zopf-li***, 1 li, ***Zun-re(li)***, 1 li, 1 re, 1 MM platzieren, 2 li, 2 re.

8. Reihe (Hinr): 1 re, 1 li, 2 re, MMv, ***Zun-li(re)***, bis zum nächsten MM im Muster str, ***Zun-re(li)***, MMv, 1 li, ***Zopf-re***, 1 li, MMv, ***Zun-li(li)***, bis zum nächsten MM im Muster str, ***Zun-re(li)***, MMv, 1 li, ***Zopf-li***, 1 li, MMv, ***Zun-li(li)***, bis zum nächsten MM im Muster str, ***Zun-re(re)***, MMv, 2 re, 1 li, 1 re.

9. Reihe: 2 re, 2 li, MMv, bis zum nächsten MM im Muster str, ***Zun-li(li)***, MMv, 1 li, ***Zopf-re***, 1 li, MMv, ***Zun-re(li)***, bis zum nächsten MM im Muster str, ***Zun-li(li)***, 1 li, ***Zopf-li***, 1 li, ***Zun-re(li)***, bis zum nächsten MM im Muster str, MMv, 2 li, 2 re.

10. Reihe: 1 re, 1 li, 2 re, MMv, ***Zun-li(re)***, bis zum nächsten MM im Muster str, ***Zun-re(re)***, MMv, 1 li, ***Zopf-re***, 1 li, MMv, ***Zun-li(re)***, bis zum nächsten MM im Muster str, ***Zun-re(re)***, MMv, 1 li, ***Zopf-li***, 1 li, MMv, ***Zun-li(re)***, bis zum nächsten MM im Muster str, ***Zun-re(re)***, MMv, 2 re, 1 li, 1 re.

11. Reihe: 2 re, 2 li, MMv, bis zum nächsten MM im Muster str, ***Zun-li(re)***, MMv, 1 li, ***Zopf-re***, 1 li, MMv, ***Zun-re(re)***, bis zum nächsten MM im Muster str, ***Zun-li(re)***, 1 li, ***Zopf-li***, 1 li, ***Zun-re(re)***, bis zum nächsten MM im Muster str, MMv, 2 li, 2 re.

12. Reihe: 1 re, 1 li, 2 re, MMv, ***Zun-li(li)***, bis zum nächsten MM im Muster str, ***Zun-re(re)***, MMv, 1 li, ***Zopf-re***, 1 li, MMv, ***Zun-li(re)***, bis zum nächsten MM im Muster str, ***Zun-re(re)***, MMv, 1 li, ***Zopf-li***, 1 li, MMv, ***Zun-li(re)***, bis zum nächsten MM im Muster str, ***Zun-re(li)***, MMv, 2 re, 1 li, 1 re.

13. Reihe: 2 re, 2 li, MMv, bis zum nächsten MM im Muster str, ***Zun-li(li)***, MMv, 1 li, ***Zopf-re***, 1 li, MMv, ***Zun-re(li)***, bis zum nächsten MM im Muster str, ***Zun-li(li)***, 1 li, ***Zopf-li***, 1 li, ***Zun-re(li)***, bis zum nächsten MM im Muster str, MMv, 2 li, 2 re.

Die 8. – 13. Reihe noch (1x) 1x (2x) 2x (3x) 3x (4x) wdh

Es liegen nun (137) 143 (173) 179 (209) 215 (245) Maschen auf der Nadel und es wurden insgesamt (19) 19 (25) 25 (37) 37 (43) Reihen gearbeitet.

Nun werden nur noch in jeder zweiten Hinreihe Zunahmen für die Formgebung des V-Ausschnitts gearbeitet.

In der folgenden Hinr: 1 re, 1 li, 2 re, MMv, bis zum nächsten MM im Muster str, ***Zun-re(li)***, MMv, 1 li, ***Zopf-re***, 1 li, MMv, ***Zun-li(li)***, bis zum nächsten MM im Muster str, ***Zun-re(li)***, MMv, 1 li, ***Zopf-li***, 1 li, MMv, ***Zun-li(li)***, bis zum nächsten MM im Muster str, MMv, 2 re, 1 li, 1 re.

1. Reihe (Rückr): 2 re, 2 li, MMv, bis zum nächsten MM im Muster str, ***Zun-li(li)***, MMv, 1 li, ***Zopf-re***, 1 li, MMv, ***Zun-re(li)***, bis zum nächsten MM im Muster str, ***Zun-li(li)***, 1 li, ***Zopf-li***, 1 li, ***Zun-re(li)***, bis zum nächsten MM im Muster str, MMv, 2 li, 2 re.

2. Reihe (Hinr): 1 re, 1 li, 2 re, MMv, ***Zun-li(re)***, bis zum nächsten MM im Muster str, ***Zun-re(re)***, MMv, 1 li, ***Zopf-re***, 1 li, MMv, ***Zun-li(re)***, bis zum nächsten MM im Muster str, ***Zun-re(re)***, MMv, 1 li, ***Zopf-li***, 1 li, MMv, ***Zun-li(re)***, bis zum nächsten MM im Muster str, ***Zun-re(re)***, MMv, 2 re, 1 li, 1 re.

3. Reihe: 2 re, 2 li, MMv, bis zum nächsten MM im Muster str, ***Zun-li(re)***, MMv, 1 li, ***Zopf-re***, 1 li, MMv, ***Zun-re(re)***, bis zum nächsten MM im Muster str, ***Zun-li(re)***, 1 li, ***Zopf-li***, 1 li, ***Zun-re(re)***, bis zum nächsten MM im Muster str, MMv, 2 li, 2 re.

4. Reihe: 1 re, 1 li, 2 re, MMv, bis zum nächsten MM im Muster str, ***Zun-re(re)***, MMv, 1 li, ***Zopf-re***, 1 li, MMv, ***Zun-li(re)***, bis zum nächsten MM im Muster str, ***Zun-re(re)***, MMv, 1 li, ***Zopf-li***, 1 li, MMv, ***Zun-li(re)***, bis zum nächsten MM im Muster str, MMv, 2 re, 1 li, 1 re.

5. Reihe: 2 re, 2 li, MMv, bis zum nächsten MM im Muster str, ***Zun-li(li)***, MMv, 1 li, ***Zopf-re***, 1 li, MMv, ***Zun-re(li)***, bis zum nächsten MM im Muster str, ***Zun-li(li)***, 1 li, ***Zopf-li***, 1 li, ***Zun-re(li)***, bis zum nächsten MM im Muster str, MMv, 2 li, 2 re.

6. Reihe: 1 re, 1 li, 2 re, MMv, ***Zun-li(re)***, bis zum nächsten MM im Muster str, ***Zun-re(li)***, MMv, 1 li, ***Zopf-re***, 1 li, MMv, ***Zun-li(li)***, bis zum nächsten MM im Muster str, ***Zun-re(li)***, MMv, 1 li, ***Zopf-li***, 1 li, MMv, ***Zun-li(li)***, bis zum nächsten MM im Muster str, ***Zun-re(re)***, MMv, 2 re, 1 li, 1 re.

7. Reihe: 2 re, 2 li, MMv, bis zum nächsten MM im Muster str, ***Zun-li(li)***, MMv, 1 li, ***Zopf-re***, 1 li, MMv, ***Zun-re(li)***, bis zum nächsten MM im Muster str, ***Zun-li(li)***, 1 li, ***Zopf-li***, 1 li, ***Zun-re(li)***, bis zum nächsten MM im Muster str, MMv, 2 li, 2 re.

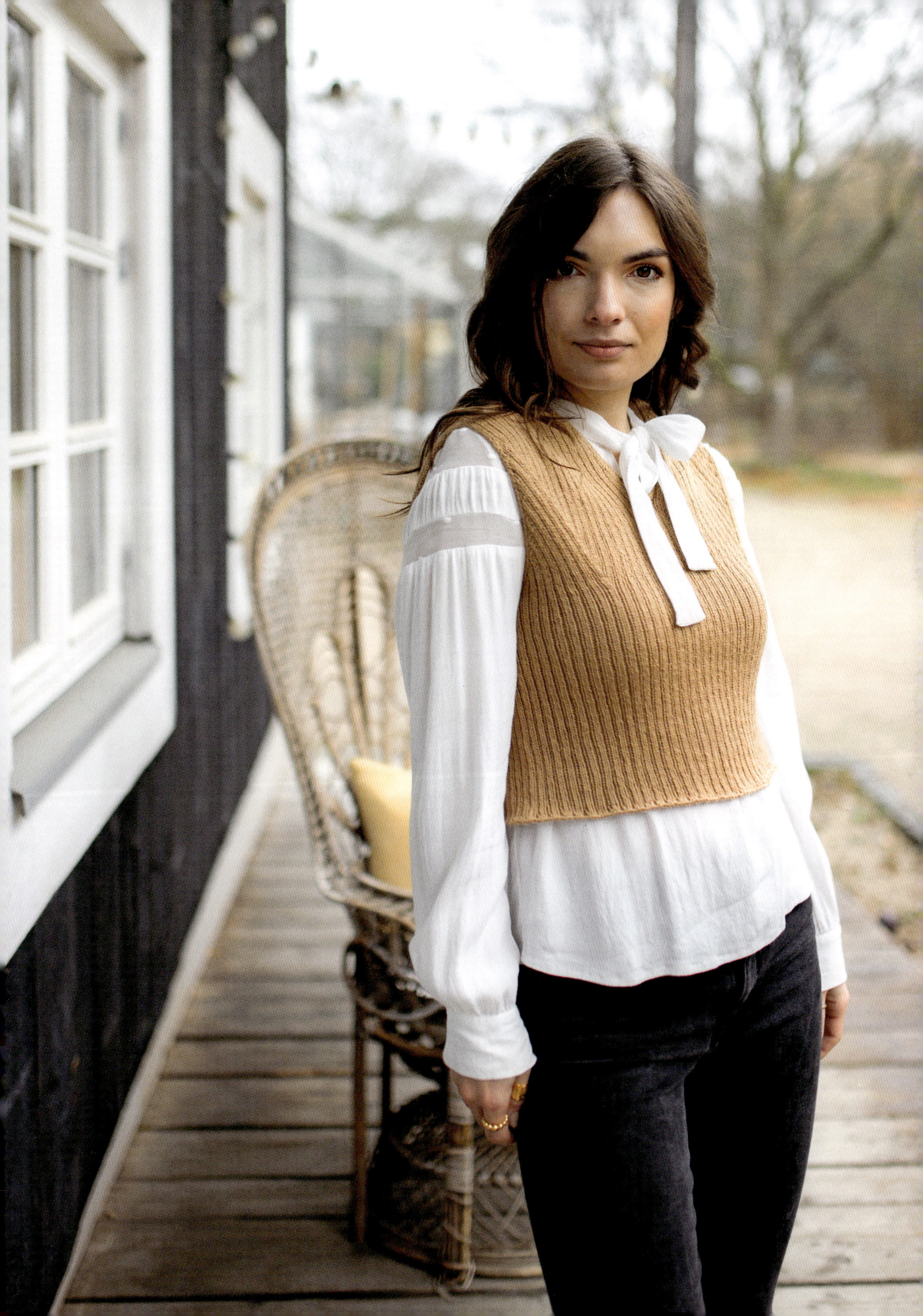

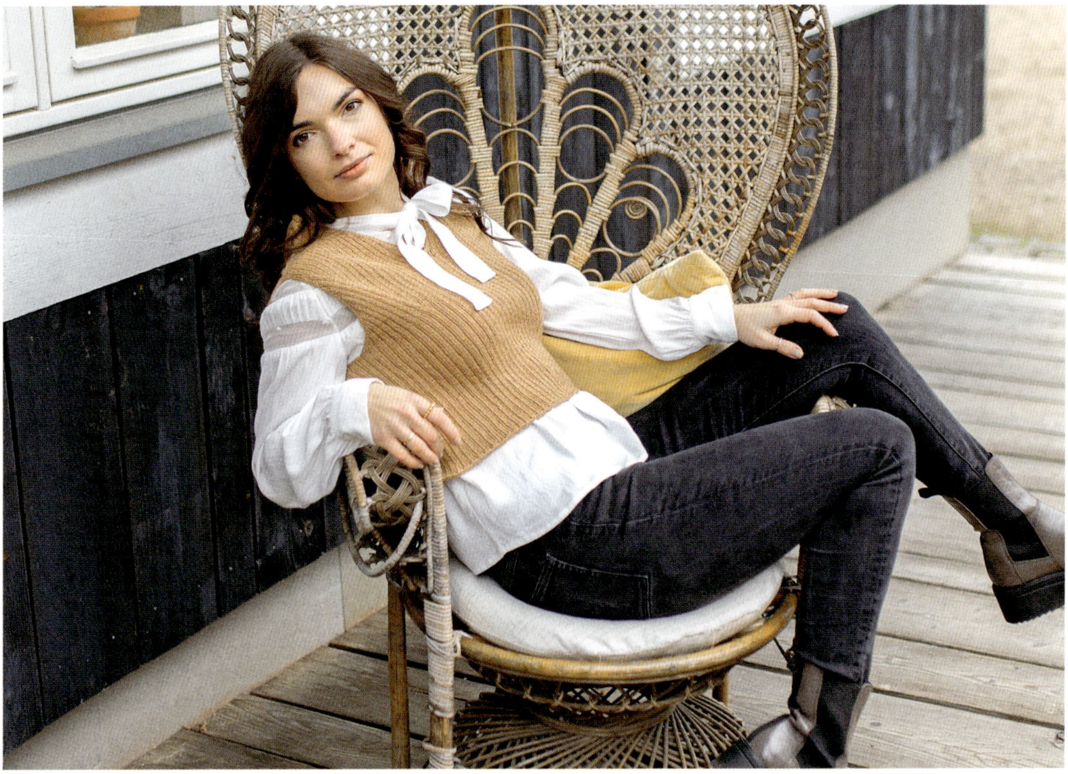

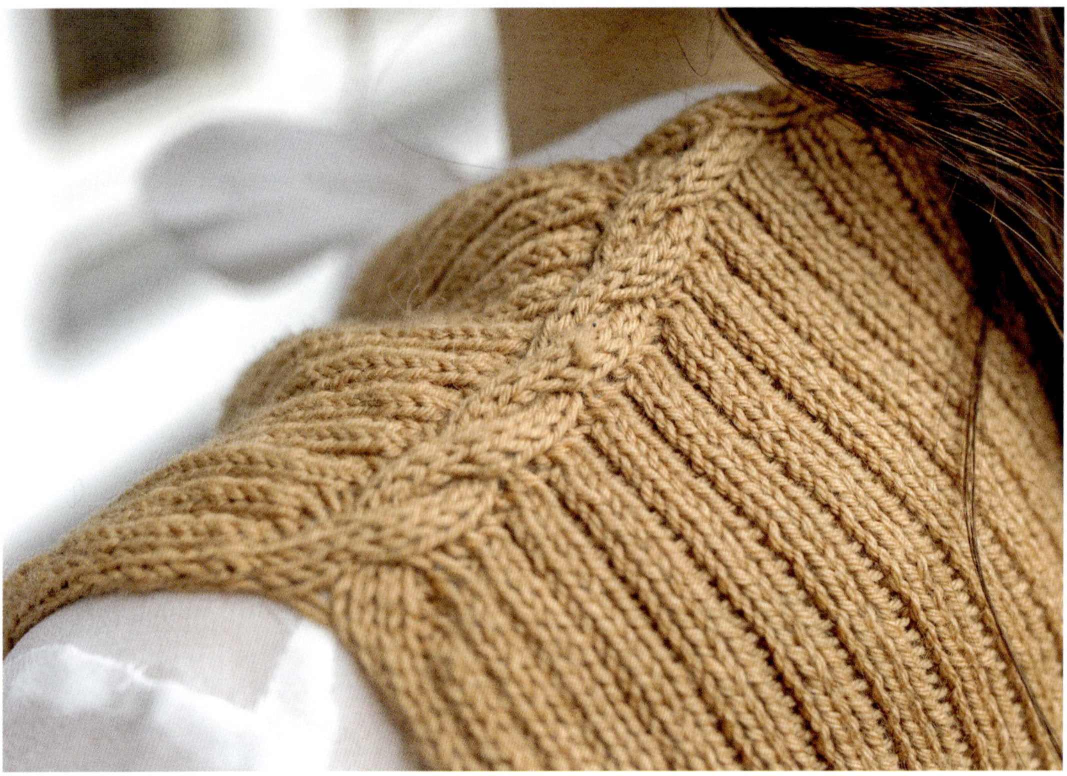

8. Reihe: 1 re, 1 li, 2 re, MMv, bis zum nächsten MM im Muster str, **Zun-re(re)**, MMv, 1 li, **Zopf-re**, 1 li, MMv, **Zun-li(re)**, bis zum nächsten MM im Muster str, **Zun-re(re)**, MMv, 1 li, **Zopf-li**, 1 li, MMv, **Zun-li(re)**, bis zum nächsten MM im Muster str, MMv, 2 re, 1 li, 1 re.

9. Reihe: 2 re, 2 li, MMv, bis zum nächsten MM im Muster str, **Zun-li(re)**, MMv, 1 li, **Zopf-re**, 1 li, MMv, **Zun-re(re)**, bis zum nächsten MM im Muster str, **Zun-li(re)**, 1 li, **Zopf-li**, 1 li, **Zun-re(re)**, bis zum nächsten MM im Muster str, MMv, 2 li, 2 re.

10. Reihe: 1 re, 1 li, 2 re, MMv, **Zun-li(li)**, bis zum nächsten MM im Muster str, **Zun-re(re)**, MMv, 1 li, **Zopf-re**, 1 li, MMv, **Zun-li(re)**, bis zum nächsten MM im Muster str, **Zun-re(re)**, MMv, 1 li, **Zopf-li**, 1 li, MMv, **Zun-li(re)**, bis zum nächsten MM im Muster str, **Zun-re(li)**, MMv, 2 re, 1 li, 1 re.

11. Reihe: 2 re, 2 li, MMv, bis zum nächsten MM im Muster str, **Zun-li(li)**, MMv, 1 li, **Zopf-re**, 1 li, MMv, **Zun-re(li)**, bis zum nächsten MM im Muster str, **Zun-li(li)**, 1 li, **Zopf-li**, 1 li, **Zun-re(li)**, bis zum nächsten MM im Muster str, MMv, 2 li, 2 re.

Es liegen nun (191) 197 (227) 233 (263) 269 (299) Maschen auf der Nadel und es wurden insgesamt (31) 31 (37) 37 (49) 49 (55) Reihen gearbeitet.

VORDERTEILE UND RÜCKENTEIL

In der nächsten Hinreihe werden Rückenteil und Vorderteile getrennt und separat bis zum Armloch gearbeitet. Dafür werden die sechs Zopfmaschen jeweils zur Hälfte beim Vorder- und beim Rückenteil miteingearbeitet. Es wird mit dem linken Vorderteil begonnen.

***Hinweis:** Im Folgenden sind Randmaschen für Knötchenränder wie bisher ausgeschrieben, alle übrigen Randmaschen werden in Hinreihen rechts gestrickt und in den Rückreihen mit dem Faden vor der Arbeit abgehoben!*

LINKES VORDERTEIL

1. Reihe (Hinr): 1 re, 1 li, 2 re, MMv, bis zum nächsten MM im Muster str, den MM entfernen, 1 li, 3 re, wenden = (44) 44 (53) 53 (62) 62 (71) M.

Die restlichen (147) 153 (174) 180 (201) 207 (228) M stilllegen.

2. Reihe und alle folgenden Rückr: RM, 2 li, bis zum nächsten MM im Muster str, MMv, 2 li, 2 re.

3. Reihe (Hinr): 1 re, 1 li, 2 re, MMv, **Zun-li(re)**, bis zu den letzten 4 M im Muster str, li, 2 re, RM.

5. Reihe (Hinr): 1 re, bis zur letzten M im Muster str, RM.

Ab der nächsten Hinreihe werden am Armloch Zu- und Abnahmen gearbeitet, um seitlich eine schöne Form an der Brust zu erreichen.

7. Reihe (Hinr): 1 re, 1 li, 2 re, MMv, **Zun-li(re)**, bis zu den letzten 4 M im Muster str, 1 li, **Zun-re(re)**, 1 MM platzieren, 2 re, RM.

8. Reihe (Rückr): RM, 2 li, MMv, bis zum nächsten MM im Muster str, MMv, 2 li, 2 re.

9. Reihe (Hinr): 1 re, 1 li, 2 re, MMv, bis 2 M vor dem MM im Muster str, **Abn-re**, 1 MM platzieren, **Zun-re(re)**, MMv, 2 re, RM.

10. Reihe (Rückr) und alle folgenden Rückr: RM, 2 li, MMv, [bis zum nächsten MM im Muster str, MMv] 2x arbeiten, 2 li, 2 re.

11. Reihe: 1 re, 1 li, 2 re, MMv, **Zun-li(li)**, bis 2 M vor dem nächsten MM im Muster str, **Abn-re**, MMv, bis zum nächsten MM im Muster str, **Zun-re(li)**, MMv, 2 re, RM.

13. Reihe: 1 re, 1 li, 2 re, MMv, bis 2 M vor dem nächsten MM im Muster str, **Abn-re**, MMv, bis zum nächsten MM im Muster str, **Zun-re(re)**, MMv, 2 re, RM.

15. Reihe: 1 re, 1 li, 2 re, MMv, **Zun-li(re)**, bis 2 M vor dem nächsten MM im Muster str, **Abn-re**, MMv, bis zum nächsten MM im Muster str, **Zun-re(re)**, MMv, 2 re, RM.

17. Reihe: 1 re, 1 li, 2 re, MMv, bis 2 M vor dem nächsten MM im Muster str, **Abn-re**, MMv, bis zum nächsten MM im Muster str, **Zun-re(li)**, MMv, 2 re, RM.

19. Reihe: 1 re, 1 li, 2 re, MMv, ***Zun-li(re)***, bis 2 M vor dem nächsten MM im Muster str, ***Abn-re***, MMv, bis zum nächsten MM im Muster str, ***Zun-re(re)***, MMv, 2 re, RM.

21. Reihe: 1 re, 1 li, 2 re, MMv, bis 2 M vor dem nächsten MM im Muster str, ***Abn-re***, MMv, bis zum nächsten MM im Muster str, ***Zun-re(re)***, MMv, 2 re, RM.

23. Reihe: 1 re, 1 li, 2 re, MMv, ***Zun-li(li)***, bis 2 M vor dem nächsten MM im Muster str, ***Abn-re***, MMv, bis zum nächsten MM im Muster str, ***Zun-re(li)***, MMv, 2 re, RM.

25. Reihe: 1 re, 1 li, 2 re, MMv, bis 2 M vor dem nächsten MM im Muster str, ***Abn-re***, MMv, bis zum nächsten MM im Muster str, ***Zun-re(re)***, MMv, 2 re, RM = (51) 51 (60) 60 (69) 69 (78) M.

Dann die 15. – 26. Reihe noch 1x wdh = (54) 54 (63) 63 (72) 72 (81) M.

WEITER FÜR DIE GRÖSSEN XS/M/XL

39. Reihe (Hinr): 1 re, 1 li, 2 re, MMv, ***Zun-li(re)***, bis 2 M vor dem nächsten MM im Muster str, ***Abn-re***, MMv, bis zum nächsten MM im Muster str, ***Zun-re(re)***, MMv, 2 re, RM.

40. Reihe (Rückr) und alle folgenden Rückr: RM, 2 li, MMv, [bis zum nächsten MM im Muster str, MMv] 2x arbeiten, 2 li, 2 re.

41. Reihe: 1 re, 1 li, 2 re, MMv, ***Zun-li(re)***, bis 2 M vor dem nächsten MM im Muster str, ***Abn-re***, MMv, bis zum nächsten MM im Muster str, ***Zun-re(li)***, MMv, 2 re, RM.

43. Reihe: 1 re, 1 li, 2 re, MMv, ***Zun-li(li)***, bis 2 M vor dem nächsten MM im Muster str, ***Abn-re***, MMv, bis zum nächsten MM im Muster str, ***Zun-re(re)***, MMv, 2 re, RM = 57/66/75 M.

WEITER FÜR ALLE GRÖSSEN

Nach der jeweils letzten Rückreihe liegen nun (54) 57 (63) 66 (72) 75 (81) Maschen auf der Nadel und es wurden insgesamt (38) 44 (38) 44 (38) 44 (38) Reihen gearbeitet.

Den Faden abschneiden und die M stilllegen.

RÜCKENTEIL

Nun wird das Rückenteil bis zum Armloch gestrickt. Dazu wird in einer Hinreihe über die ersten (103) 109 (121) 127 (139) 145 (157) stillgelegten Maschen begonnen, die übrigen Maschen bleiben für das rechte Vorderteil stillgelegt.

1. Reihe (Hinr): RM, 2 re, 1 li, den MM entfernen, bis zum nächsten MM im Muster str, den MM entfernen, 1 li, 2 re, RM.

2. Reihe (Rückr): RM, bis zur letzten M im Muster str, RM.

3. – 4. Reihe: RM, bis zur letzten M im Muster str, RM.

Die 3. – 4. Reihe wdh, bis gemessen am Armloch (18) 18 (19) 19 (20) 20 (21) cm gestrickt wurden. Dann den Faden abschneiden und die M stilllegen.

RECHTES VORDERTEIL

Mit den restlichen (44) 44 (53) 53 (62) 62 (71) stillgelegten Maschen wird nun das rechte Vorderteil gegengleich zum linken Vorderteil gearbeitet.

1. Reihe (Hinr): RM, 2 re, 1 li, den MM entfernen, bis zum nächsten MM im Muster str, MMv, 2 re, 1 li, 1 re.

2. Reihe und alle folgenden Rückr: 2 re, 2 li, MMv, bis zur letzten M im Muster str, RM.

3. Reihe (Hinr): RM, bis zum nächsten MM im Muster str, ***Zun-re(re)***, MMv, 2 re, 1 li, 1 re.

5. Reihe (Hinr): RM, bis zur letzten M im Muster str, 1 re.

Ab der nächsten Hinreihe werden am Armloch Zu- und Abnahmen gearbeitet, um seitlich eine schöne Form an der Brust zu erreichen.

7. Reihe (Hinr): RM, 2 re, 1 MM platzieren, ***Zun-li(re)***, bis zum nächsten MM im Muster str, ***Zun-re(re)***, MMv, 2 re, 1 li, 1 re.

8. Reihe (Rückr): 2 re, 2 li, MMv, bis zum nächsten MM im Muster str, MMv, bis zur letzten M im Muster str, RM.

9. Reihe (Hinr): RM, 2 re, MMv, ***Zun-li(re)***, 1 MM platzieren, ***Abn-li***, bis zum nächsten MM im Muster str, MMv, 2 re, 1 li, 1 re.

10. Reihe und alle folgenden Rückr: 2 re, 2 li, MMv, [bis zum nächsten MM im Muster, MMv] 2x arbeiten, bis zur letzten M im Muster str, RM.

11. Reihe: RM, 2 re, MMv, ***Zun-li(li)***, bis zum nächsten MM im Muster str, MMv, ***Abn-li***, bis zum nächsten MM im Muster str, ***Zun-re(li)***, MMv, 2 re, 1 li, 1 re.

13. Reihe: RM, 2 re, MMv, ***Zun-li(re)***, bis zum nächsten MM im Muster str, MMv, ***Abn-li***, bis zum nächsten MM im Muster str, MMv, 2 re, 1 li, 1 re.

15. Reihe: RM, 2 re, MMv, ***Zun-li(re)***, bis zum nächsten MM im Muster str, MMv, ***Abn-li***, bis zum nächsten MM im Muster str, ***Zun-re(re)***, MMv, 2 re, 1 li, 1 re.

17. Reihe: RM, 2 re, MMv, ***Zun-li(li)***, bis zum nächsten MM im Muster str, MMv, ***Abn-li***, bis zum nächsten MM im Muster str, MMv, 2 re, 1 li, 1 re.

19. Reihe: RM, 2 re, MMv, ***Zun-li(re)***, bis zum nächsten MM im Muster str, MMv, ***Abn-li***, bis zum nächsten MM im Muster str, ***Zun-re(re)***, MMv, 2 re, 1 li, 1 re.

21. Reihe: RM, 2 re, MMv, ***Zun-li(re)***, bis zum nächsten MM im Muster str, MMv, ***Abn-li***, bis zum nächsten MM im Muster str, MMv, 2 re, 1 li, 1 re.

23. Reihe: RM, 2 re, MMv, ***Zun-li(li)***, bis zum nächsten MM im Muster str, MMv, ***Abn-li***, bis zum nächsten MM im Muster str, ***Zun-re(li)***, MMv, 2 re, 1 li, 1 re.

25. Reihe: RM, 2 re, MMv, ***Zun-li(re)***, bis zum nächsten MM im Muster str, MMv, ***Abn-li***, bis zum nächsten MM im Muster str, MMv, 2 re, 1 li, 1 re = (51) 51 (60) 60 (69) 69 (78) M.

Dann die 15. – 26. Reihe noch 1x wdh = (54) 54 (63) 63 (72) 72 (81) M.

WEITER FÜR DIE GRÖSSEN XS/M/XL

39. Reihe (Hinr): RM, 2 re, MMv, ***Zun-li(re)***, bis zum nächsten MM im Muster str, MMv, ***Abn-li***, bis zum nächsten MM im Muster str, ***Zun-re(re)***, MMv, 2 re, 1 li, 1 re.

40. Reihe und alle folgenden Rückr: 2 re, 2 li, MMv, [bis zum nächsten MM im Muster str, MMv] 2x arbeiten, bis zur letzten M im Muster str, RM.

41. Reihe (Hinr): RM, 2 re, MMv, ***Zun-li(li)***, bis zum nächsten MM im Muster str, MMv, ***Abn-li***, bis zum nächsten MM im Muster str, ***Zun-re(re)***, MMv, 2 re, 1 li, 1 re.

43. Reihe (Hinr): RM, 2 re, MMv, ***Zun-li(re)***, bis zum nächsten MM im Muster str, MMv, ***Abn-li***, bis zum nächsten MM im Muster str, ***Zun-re(li)***, MMv, 2 re, 1 li, 1 re.

WEITER FÜR ALLE GRÖSSEN

Nach der jeweils letzten Rückreihe liegen nun (54) 57 (63) 66 (72) 75 (81) Maschen auf der Nadel und es wurden insgesamt (38) 44 (38) 44 (38) 44 (38) Reihen gearbeitet.

Den Faden nicht abschneiden.

VORDERTEIL

In der folgenden Hinreihe werden das rechte und linke Vorderteil miteinander verbunden. Dazu werden zunächst alle Maschen des rechten Vorderteils gestrickt, dann werden die stillgelegten Maschen des linken Vorderteils wieder auf die linke Nadel gehoben und gestrickt.

45. Reihe (Hinr): RM, 2 re, MMv, ***Zun-li(re)***, bis zum nächsten MM im Muster str, MMv, ***Abn-li***, bis zum nächsten MM im Muster str, den MM entfernen, 2 re, 1 li, 1 re, (linkes Vorderteil) 1 re, 1 li, 2 re, den MM entfernen, bis 2 M vor dem MM im Muster str, ***Abn-re***, MMv, bis zum nächsten MM im Muster str, ***Zun-re(re)***, MMv, 2 re, RM = (108) 114 (126) 132 (144) 150 (162) M.

46. Reihe (Rückr) und alle folgenden Rückr: RM, MMv, [bis zum nächsten MM im Muster str, MMv] 3x arbeiten, bis zur letzten M im Muster str, RM.

47. Reihe (Hinr): RM, 2 re, MMv, ***Zun-li(li)***, bis zum nächsten MM im Muster str, MMv, ***Abn-li***, bis 2 M vor dem nächsten MM im Muster str, **Abn-re**, MMv, bis zum nächsten MM im Muster str, **Zun-re(li)**, MMv, 2 re, RM.

49. Reihe (Hinr): RM, 2 re, MMv, ***Zun-li(re)***, bis zum nächsten MM im Muster str, MMv, ***Abn-li***, bis 2 M vor dem nächsten MM im Muster str, **Abn-re**, MMv, bis zum nächsten MM im Muster str, **Zun-re(re)**, MMv, 2 re, RM.

51. Reihe (Hinr): RM, 2 re, MMv, ***Zun-li(re)***, bis zum nächsten MM im Muster str, MMv, ***Abn-li***, bis 2 M vor dem nächsten MM im Muster str, **Abn-re**, MMv, bis zum nächsten MM im Muster str, **Zun-re(re)**, MMv, 2 re, RM.

Dann die 46. – 51. Reihe wdh, bis gemessen am Armloch (18) 18 (19) 19 (20) 20 (21) cm gestrickt wurden. Mit einer 48. Reihe (Rückr) enden, den Faden nicht abschneiden.

RUMPF

Als nächstes werden alle Maschen des Vorderteils gearbeitet, bevor neue Maschen für das Armloch angeschlagen, die Maschen des Rückenteils gearbeitet und nochmal Maschen für das Armloch angeschlagen werden. Im Anschluss wird in Runden weitergearbeitet:

1. Runde: (Vorderteil) * 1 li, 2 re, den MM entfernen, bis zum nächsten MM im Muster str, den MM entfernen, ***Abn-li***, bis 2 M vor dem nächsten MM im Muster str, **Abn-re**, den MM entfernen, bis zum nächsten MM im Muster str, den MM entfernen, 2 re, 1 li, (5) 8 (5) 8 (5) 8 (5) neue M anschlagen (Schlingenanschlag, siehe Seite 150), (Rückenteil) 1 li, bis zur letzten M im Muster str, 1 li, (5) 8 (5) 8 (5) 8 (5) neue M anschlagen, 1 MM platzieren (Rundenbeginn) = (219) 237 (255) 273 (291) 309 (327) M.

2. Runde: * 1 li, 2 re, ab * bis zum Rundenbeginn stets wdh.

Die 2. Runde so oft wdh, bis der Rumpf ab dem Armloch (21) 21 (22) 22 (23) 23 (23) cm misst.

Dann alle M elastisch abketten (siehe Seite 152).

AUSSCHNITT

Für eine schön saubere Ausschnittkante wird von der rechten Schulter aus ein I-Cord-Rand mit drei Maschen angestrickt. Beim Rückenteil und über die Zopf-Maschen werden dazu zunächst jeweils eine Masche aus jeder Masche der Anschlagkante aufgenommen, an den Schrägen des V-Ausschnitts jeweils ungefähr zwei Maschen aus drei Reihen. Darauf achten, dass an beiden Seiten des Ausschnitts gleich viele Maschen aufgenommen werden!

Vorbereitung: Ausgehend von der rechten Schulter (51) 57 (57) 63 (63) 69 (69) M aus der Anschlagkante und aus dem Vorderteil an beiden Seiten gleichmäßig verteilt je (46) 50 (50) 54 (58) 62 (62) M aufnehmen = (143) 157 (157) 171 (179) 193 (193) M.

Dann noch 3 neue M für den I-Cord anschlagen (Schlingenanschlag, siehe Seite 150).

I-Cord-Rand: * 2 re, ***Abn-li***, die 3 gestrickten M zurück auf die linke Nadel platzieren, ab * stets wdh, bis alle M abgekettet sind.

Anfang und Ende des I-Cord-Randes anschließend mit dem Matratzenstich sauber zusammennähen.

FERTIGSTELLEN

Zum Schluss die Fäden vernähen, dann den Slipover waschen und spannen.

Und schon ist es geschafft!

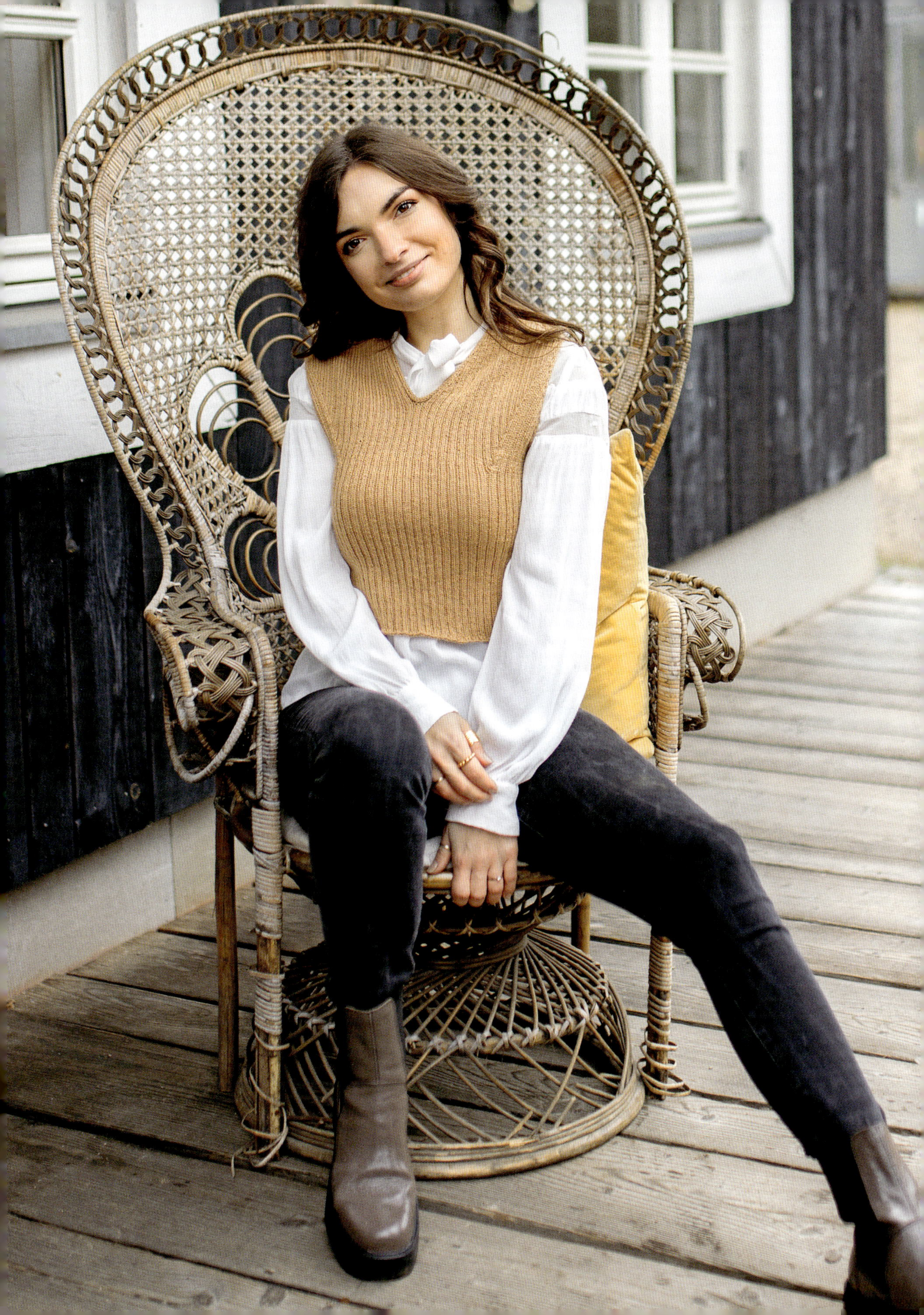

WAITFORITSWEATER

Der **Waitforitsweater** wird nahtlos von oben nach unten gestrickt und stark oversized getragen. Die geometrischen Muster im Vorderteil stehen im Kontrast zu dem verspielten Zopfmuster in Vorder- und Rückenteil und machen ihn in der Kombination zu etwas ganz Besonderem.

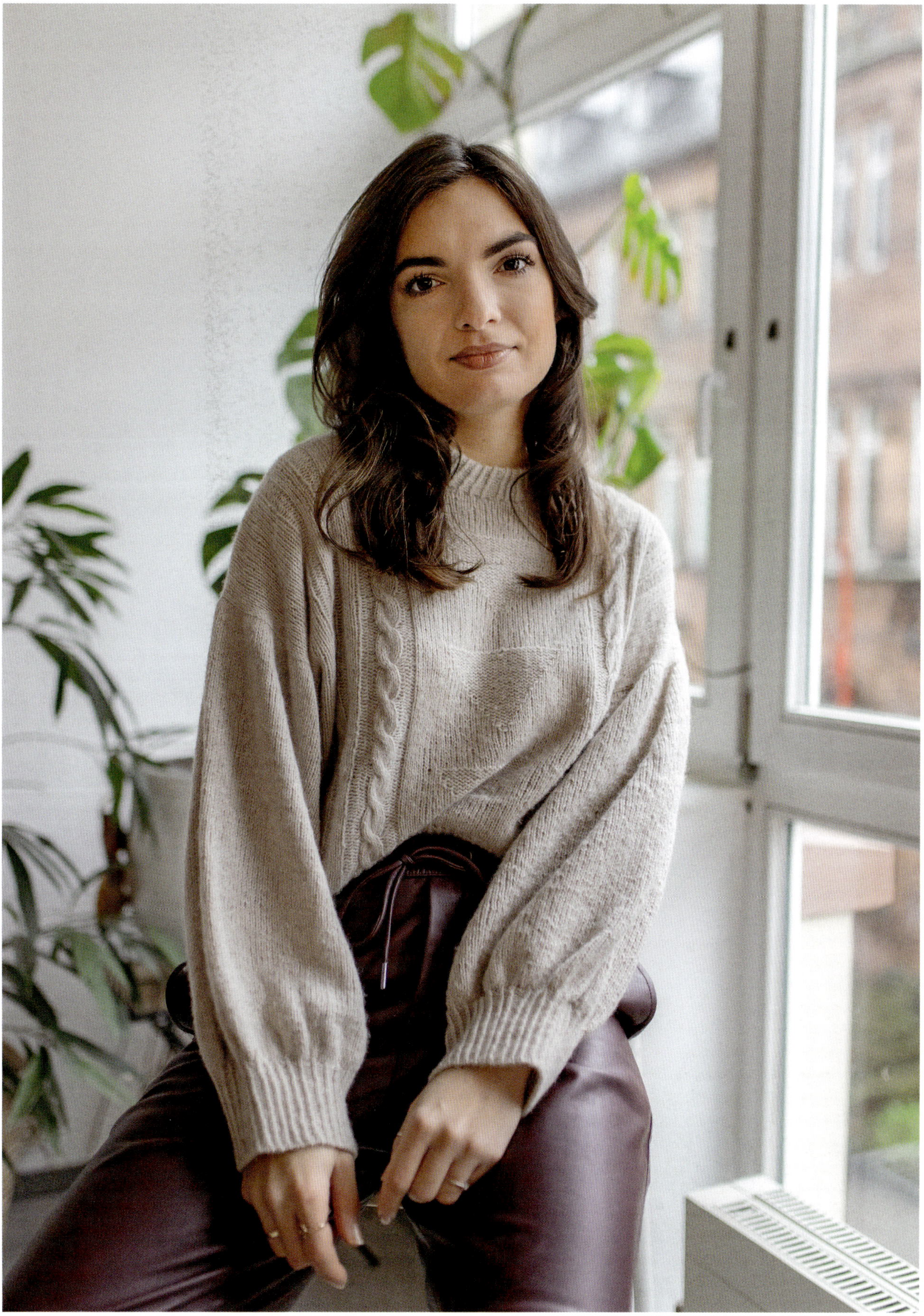

GRÖSSEN

2XS/XS (S/M) L/XL
Wenn nur eine Angabe gemacht wird, gilt diese für alle Größen.

MASSE

Brust: 116 (132) 148 cm

Länge: 50 (54) 58 cm

EMPFOHLENE NADELN UND ZUBEHÖR

Rundstricknadel 4 mm (100 cm)
Rundstricknadel 4 mm (40 cm)
Rundstricknadel 3,5 mm (40 cm)

MASCHENPROBE

Glatt rechts mit 4 mm Nadeln
22 Maschen und 38 Reihen = 10 cm x 10 cm
(gewaschen und gespannt)

Bitte zuvor die individuelle Nadelstärke ermitteln, mit der diese Maschenprobe möglichst genau erreicht wird!

GARN

Como von Lamana
100 % Schurwolle (Merino Superfine)
Lauflänge = 120 m/25 g
325 (400) 475 g

GRÖSSENGUIDE

Der Sweater sollte mit einer Weitenzugabe (positive ease) von ca. 30 cm gestrickt werden, um den gewünschten Look zu erzielen. Die Größe wird anhand des Brustumfangs ermittelt, dieser entspricht bei den angegebenen Größen ungefähr 75 – 90 cm (91 – 105 cm) 106 – 120 cm.

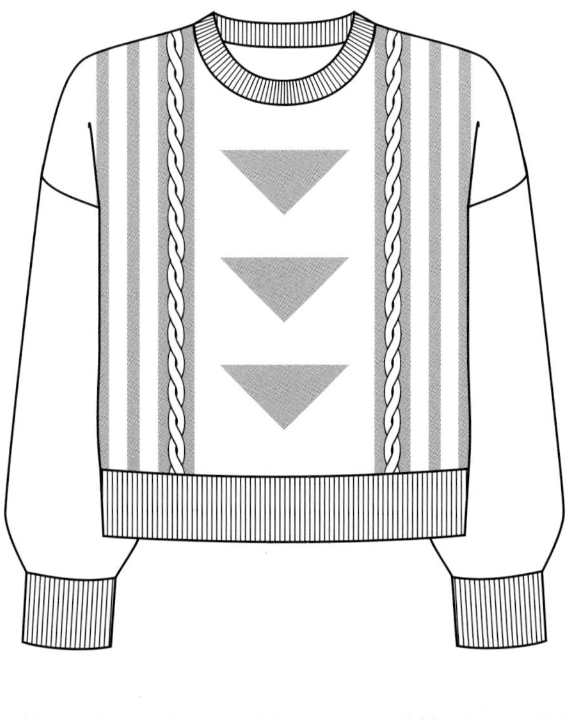

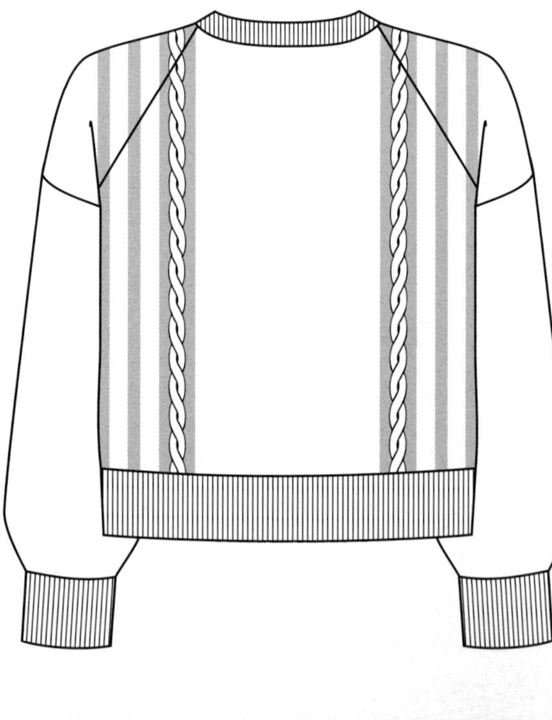

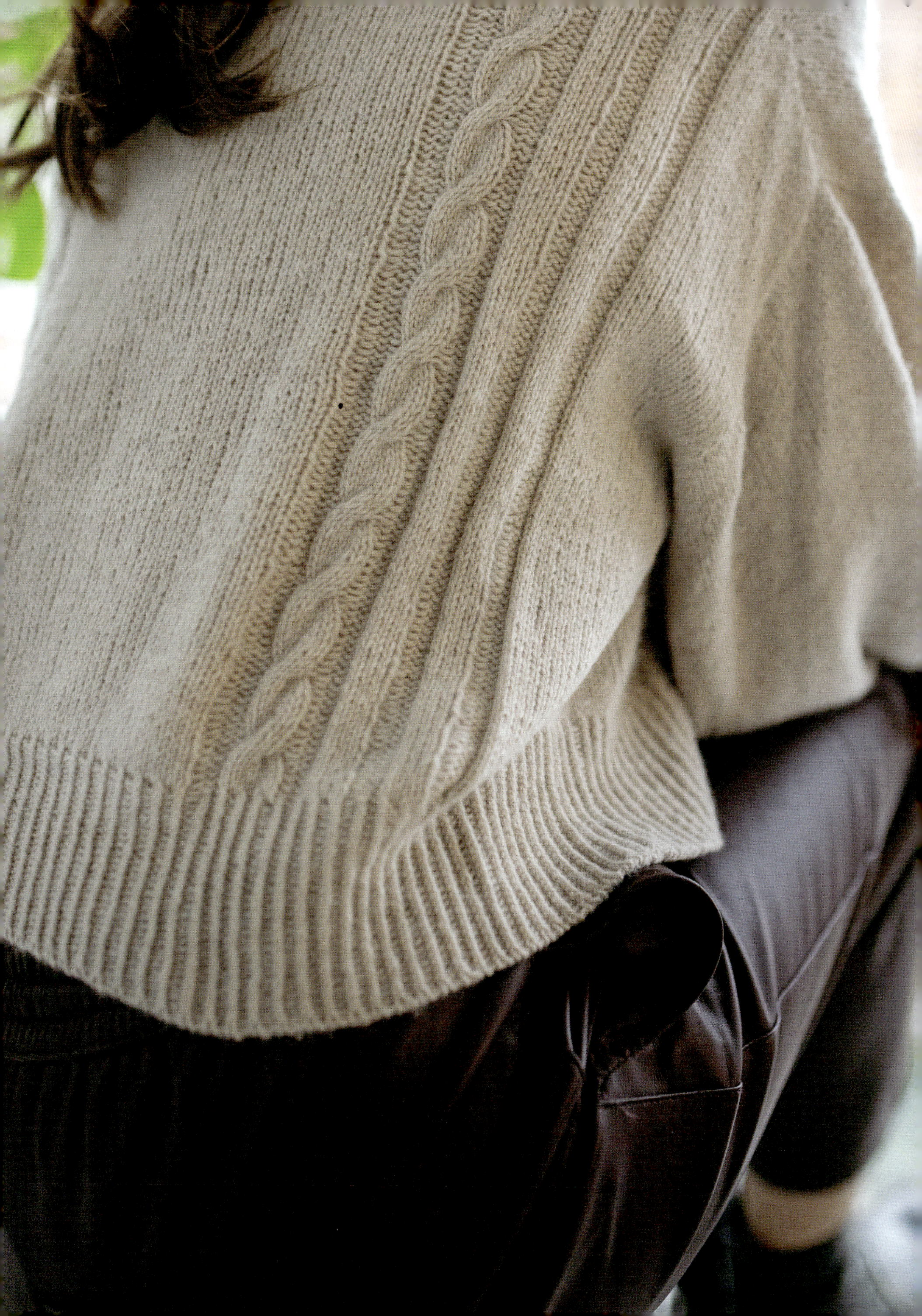

ZOPF

(über 6 M und 10 Reihen oder Runden)
Nach den Strickschriften arbeiten. Die 1. – 10. Reihe/
Runde stets wdh.

ZOPF-RE

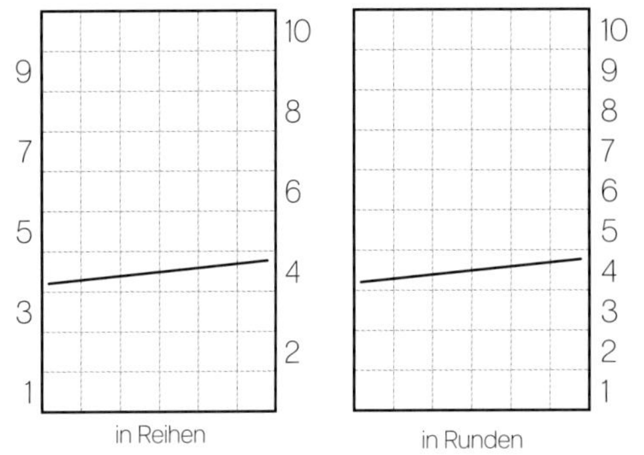

ZOPF-LI

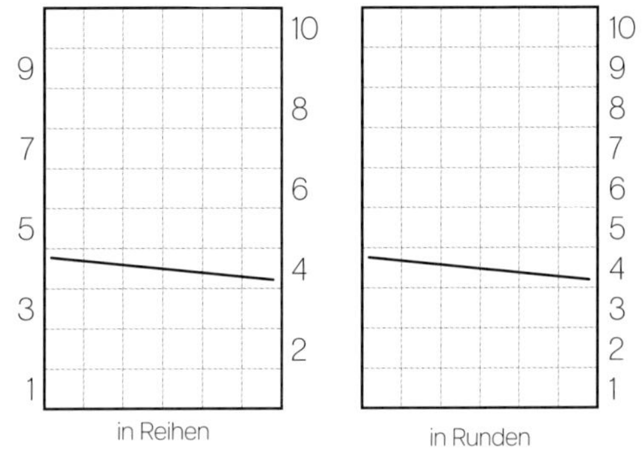

VORDERTEILMUSTER IN REIHEN

(über 63 M und 40 Reihen) Nach der Strickschrift und den Angaben in der Anleitung arbeiten.

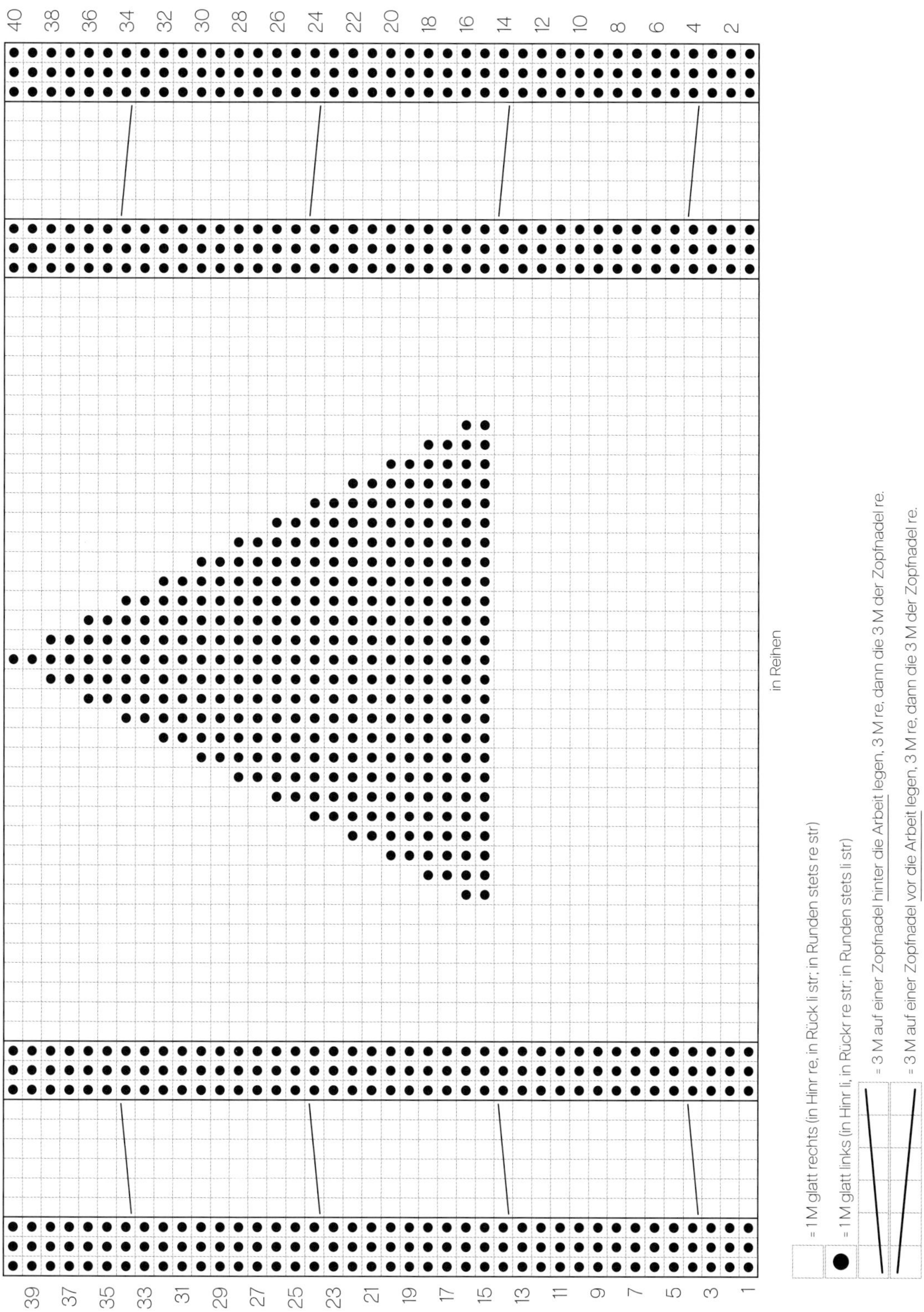

VORDERTEILMUSTER IN RUNDEN

(über 63 M und 40 Runden) Nach der Strickschrift und den Angaben in der Anleitung arbeiten.

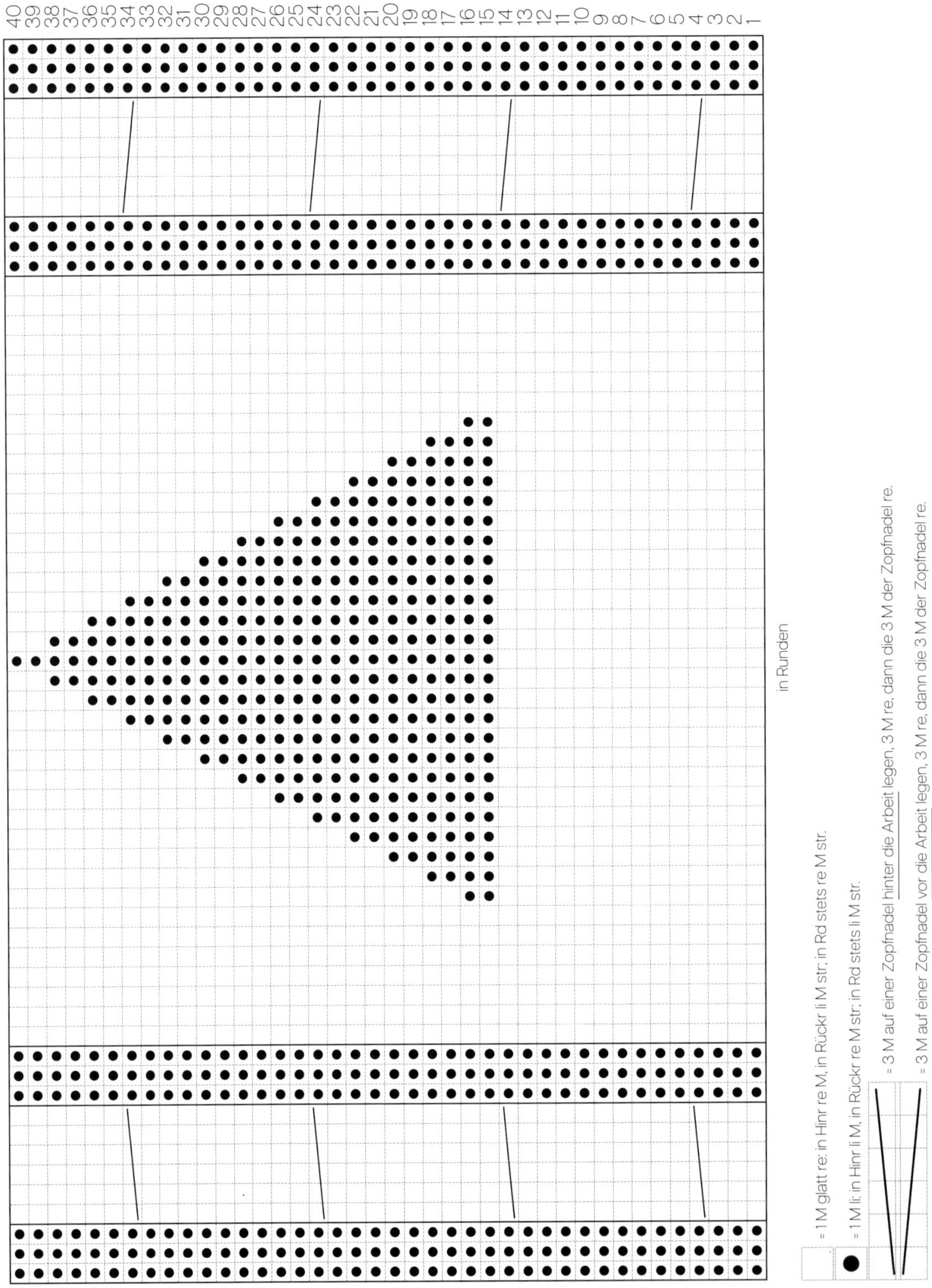

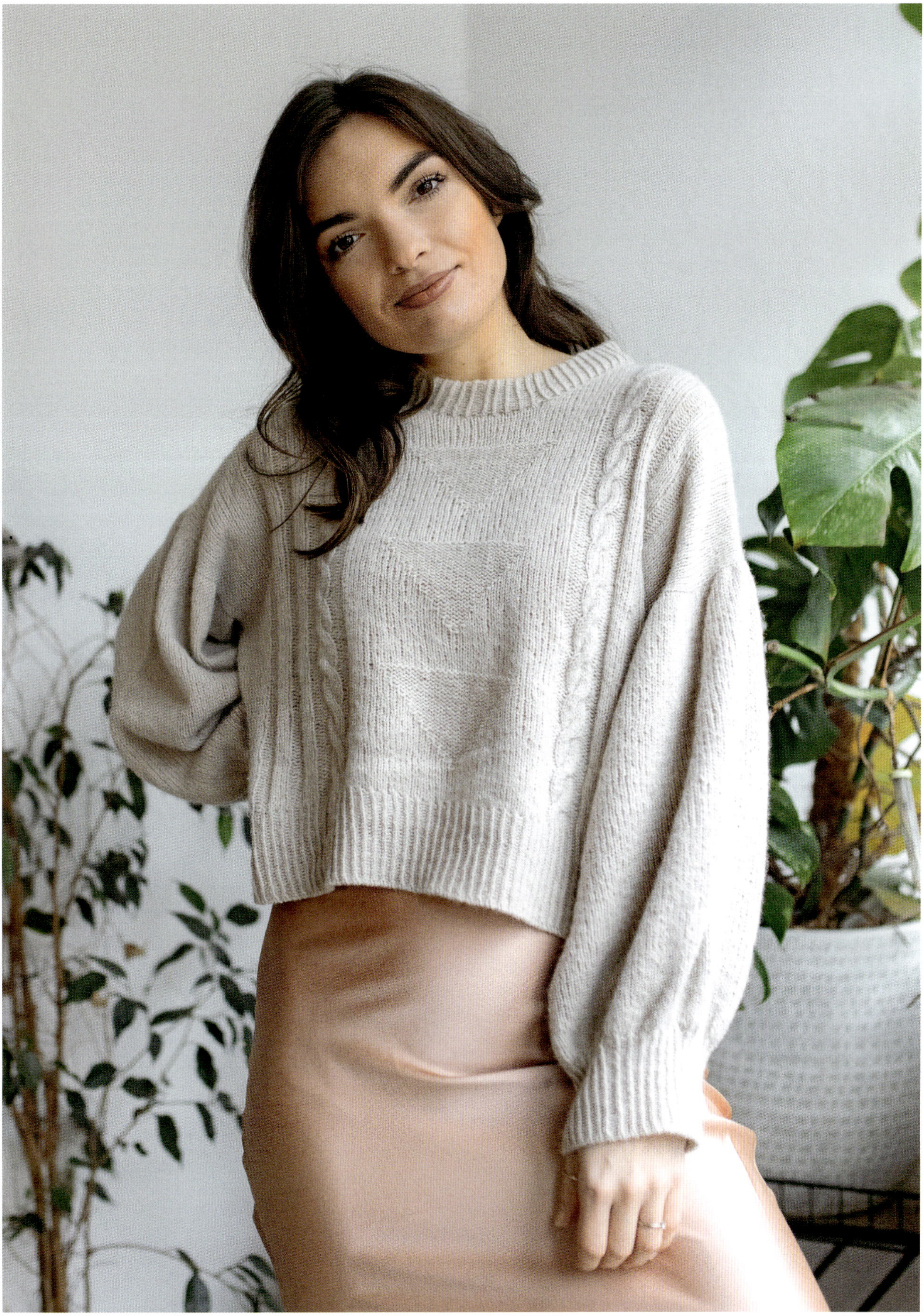

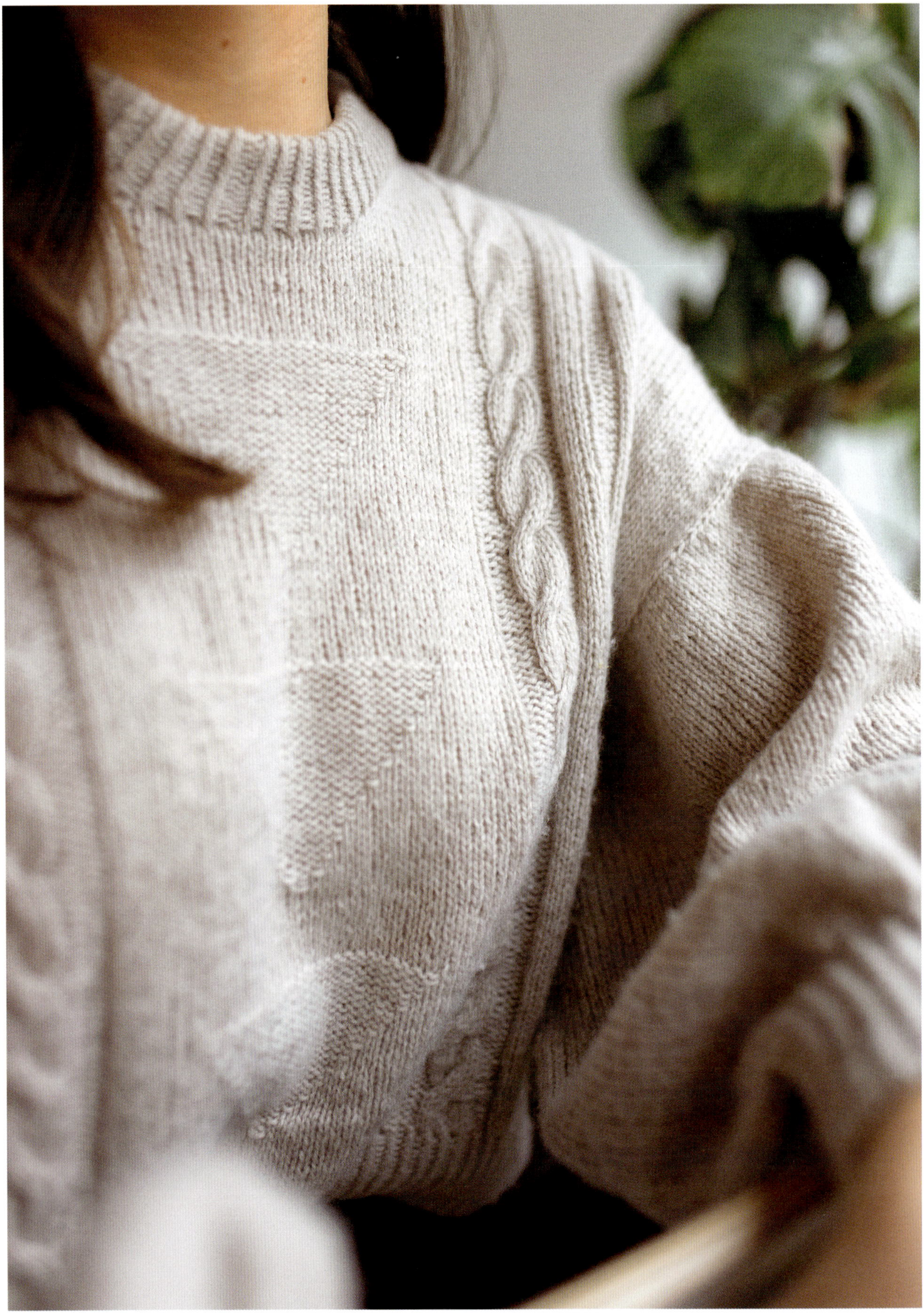

ANLEITUNG

*Beide **Randmaschen** werden in den Hinreihen rechts und in den Rückreihen links gestrickt.*

RÜCKENTEIL

41 M mit der kurzen 4 mm Rundstricknadel anschlagen.

1. Reihe (Rückr): alle M li str.

Von nun an werden in jeder Hin- und Rückreihe Zunahmen zur Ausformung der Schulter gearbeitet. Die Zunahmen der folgenden drei Reihen erscheinen auf der Vorderseite als drei linke Maschen.

2. Reihe (Hinr): RM, ***Zun-li(li)***, 39 re, ***Zun-re(li)***, RM.

3. Reihe (Rückr): RM, ***Zun-re(re)***, 1 re, 39 li, 1 re, ***Zun-li(re)***, RM.

4. Reihe (Hinr): RM, ***Zun-li(li)***, 2 li, 39 re, 2 li, ***Zun-re(li)***, RM.

Die Zunahmen der folgenden sechs Reihen erscheinen auf der Vorderseite als sechs rechte Maschen und werden später als Zopf gestrickt. Das erste Mal wird in der 14. Reihe verzopft, danach gemäß der Strickschrift in jeder 10. Reihe.

5. Reihe (Rückr): RM, ***Zun-re(li)***, 3 re, 39 li, 3 re, ***Zun-li(li)***, RM.

6. Reihe (Hinr): RM, ***Zun-li(re)***, 1 re, 3 li, 39 re, 3 li, 1 re, ***Zun-re(re)***, RM.

7. Reihe (Rückr): RM, ***Zun-re(li)***, 2 li, 3 re, 39 li, 3 re, 2 li, ***Zun-li(li)***, RM.

8. Reihe (Hinr): RM, ***Zun-li(re)***, 3 re, 3 li, 39 re, 3 li, 3 re, ***Zun-re(re)***, RM.

9. Reihe (Rückr): RM, ***Zun-re(li)***, 4 li, 3 re, 39 li, 3 re, 4 li, ***Zun-li(li)***, RM.

10. Reihe (Hinr): RM, ***Zun-li(re)***, 5 re, 3 li, 39 re, 3 li, 5 re, ***Zun-re(re)***, RM.

Die Zunahmen der folgenden drei Reihen erscheinen auf der Vorderseite als drei linke Maschen.

11. Reihe (Rückr): RM, ***Zun-re(re)***, ***Zopf-re***, 3 re, 39 li, 3 re, ***Zopf-li***, ***Zun-li(re)***, RM.

12. Reihe (Hinr): RM, ***Zun-li(li)***, 1 li, ***Zopf-li***, 3 li, 39 re, 3 li, ***Zopf-re***, 1 li, ***Zun-re(li)***, RM.

13. Reihe (Rückr): RM, ***Zun-re(re)***, 2 re, ***Zopf-re***, 3 re, 39 li, 3 re, ***Zopf-li***, 2 re, ***Zun-li(re)***, RM.

Die Zunahmen der folgenden vier Reihen erscheinen auf der Vorderseite als vier rechte Maschen. In der 14. Reihe wird verzopft.

14. Reihe (Hinr): RM, ***Zun-li(re)***, 3 li, ***Zopf-li***, 3 li, 39 re, 3 li, ***Zopf-re***, 3 li, ***Zun-re(re)***, RM.

15. Reihe (Rückr): RM, ***Zun-re(li)***, 1 li, 3 re, ***Zopf-re***, 3 re, 39 li, 3 re, ***Zopf-li***, 3 re, 1 li, ***Zun-li(li)***, RM.

16. Reihe (Hinr): RM, ***Zun-li(re)***, 2 re, 3 li, ***Zopf-li***, 3 li, 39 re, 3 li, ***Zopf-re***, 3 li, 2 re, ***Zun-re(re)***, RM.

17. Reihe (Rückr): RM, ***Zun-re(li)***, 3 li, 3 re, ***Zopf-re***, 3 re, 39 li, 3 re, ***Zopf-li***, 3 re, 3 li, ***Zun-li(li)***, RM.

Die Zunahmen der folgenden drei Reihen erscheinen auf der Vorderseite als drei linke Maschen.

18. Reihe (Hinr): RM, ***Zun-li(li)***, 4 re, 3 li, ***Zopf-li***, 3 li, 39 re, 3 li, ***Zopf-re***, 4 li, 3 re, ***Zun-re(li)***, RM.

19. Reihe (Rückr): RM, ***Zun-re(re)***, 1 re, 4 li, 3 re, ***Zopf-re***, 3 re, 39 li, 3 re, ***Zopf-li***, 3 re, 4 li, 1 re ***Zun-li(re)***, RM.

20. Reihe (Hinr): RM, ***Zun-li(li)***, 2 li, 4 re, 3 li, ***Zopf-li***, 3 li, 39 re, 3 li, ***Zopf-re***, 3 li, 4 re, 2 li, ***Zun-re(li)***, RM.

Die Zunahmen der folgenden vier Reihen erscheinen auf der Vorderseite als vier rechte Maschen.

21. Reihe (Rückr): RM, ***Zun-re(li)***, 3 re, 4 li, 3 re, ***Zopf-re***, 3 re, 39 li, 3 re, ***Zopf-li***, 3 re, 4 li, 3 re, ***Zun-li(li)***, RM.

22. Reihe (Hinr): RM, ***Zun-li(re)***, 1 re, 3 li, 4 re, 3 li, ***Zopf-li***, 3 li, 39 re, 3 li, ***Zopf-re***, 3 li, 4 re, 3 li, 1 re, ***Zun-re(re)***, RM.

23. Reihe (Rückr): RM, ***Zun-re(li)***, 2 li, 3 re, 4 li, 3 re, ***Zopf-re***, 3 re, 39 li, 3 re, ***Zopf-li***, 3 re, 4 li, 3 re, 2 li, ***Zun-li(li)***, RM.

24. Reihe (Hinr): RM, ***Zun-li(re)***, 3 re, 3 li, 4 re, 3 li, ***Zopf-li***, 3 li, 39 re, 3 li, ***Zopf-re***, 3 li, 4 re, 3 li, 3 re, ***Zun-re(re)***, RM. **Hinweis:** In dieser Reihe wird verzopft.

Die Zunahmen der folgenden drei Reihen erscheinen auf der Vorderseite als drei linke Maschen.

25. Reihe (Rückr): RM, ***Zun-re(re)***, 4 li, 3 re, 4 li, 3 re, ***Zopf-re***, 3 re, 39 li, 3 re, ***Zopf-li***, 3 re, 4 li, 3 re, 4 li, ***Zun-li(re)***, RM.

26. Reihe (Hinr): RM, ***Zun-li(li)***, 1 li, 4 re, 3 li, 4 re, 3 li, ***Zopf-li***, 3 li, 39 re, 3 li, ***Zopf-re***, 3 li, 4 re, 3 li, 4 re, 1 li, ***Zun-re(li)***, RM.

27. Reihe (Rückr): RM, 1 MM platzieren, ***Zun-re(re)***, 2 re, 4 li, 3 re, 4 li, 3 re, ***Zopf-re***, 3 re, 39 li, 3 re, ***Zopf-li***, 3 re, 4 li, 3 re, 4 li, 2 re, ***Zun-li(re)***, 1 MM platzieren, RM.

Die Zunahmen aller der nun folgenden Reihen erscheinen auf der Vorderseite als rechte Maschen.

28. Reihe (Hinr): RM, ***Zun-li(re)***, bis zum nächsten MM alle M re, MMv, bis zum nächsten MM im Muster str, MMv, bis zur letzten M alle M re, ***Zun-re(re)***, RM.

29. Reihe (Rückr): RM, ***Zun-re(li)***, bis zum nächsten MM alle M li, MMv, bis zum nächsten MM im Muster str, MMv, bis zur letzten M alle M li, ***Zun-li(li)***, RM.

Die 28. – 29. Reihe weitere 8x (13x) 18x wdh, dabei weiterhin in jeder 10. Reihe verzopfen.

Nun liegen 129 (149) 169 Maschen auf der Nadel und es wurden insgesamt 45 (55) 65 Reihen gestrickt.

Das Rückenteil wird in Hin- und Rückreihen bis zum Armloch im Muster ohne weitere Zunahmen gearbeitet. Die Markierer können entfernt werden. Es wird weiterhin in jeder 10. Reihe verzopft.

In den folgenden Hinr: RM, 18 (28) 38 re, 3 li, 4 re, 3 li, 4 re, 3 li, ***Zopf-li***, 3 li, 39 re, 3 li, ***Zopf-re***, 3 li, 4 re, 3 li, 4 re, 3 li, 18 (28) 38 re, RM.

In den folgenden Rückr: RM, bis zur letzten M im Muster str, RM.

Diese beiden Reihen wdh, bis das Rückenteil am Armausschnitt 11 (12) 13 cm misst. Die letzte Reihe ist eine Rückr. Den Faden abschneiden und die M stilllegen. **Tipp:** am besten notieren, in welcher Reihe des Zopfes geendet wurde, da das Vorderteil in derselben Reihe enden soll.

LINKES VORDERTEIL

Aus der linken Schulter werden Maschen aufgenommen, die anschließend passend zum Muster des Rückenteils gearbeitet werden. Dabei werden die Maschen jeweils aus den Zunahmen des Rückenteils aufgenommen und zusätzlich eine Randmasche am Anfang und Ende der Schulter. Es wird in der 4., 14. und 24. Reihe verzopft.

Vorbereitung (Hinr): mit der 4 mm Nadel 46 (56) 66 M aufnehmen.

1. Reihe (Rückr): RM, 18 (28) 38 li, 3 re, 4 li, 3 re, 4 li, 3 re, ***Zopf-re***, 3 re, RM.

2. Reihe (Hinr): RM, bis zur letzten M im Muster str, RM.

3. – 7. Reihe: die 1. – 2. Reihe noch 2x wdh, dann die 1. Reihe noch 1x arbeiten. Dabei wird in der 4. Reihe und dann in jeder 10. Reihe verzopft.

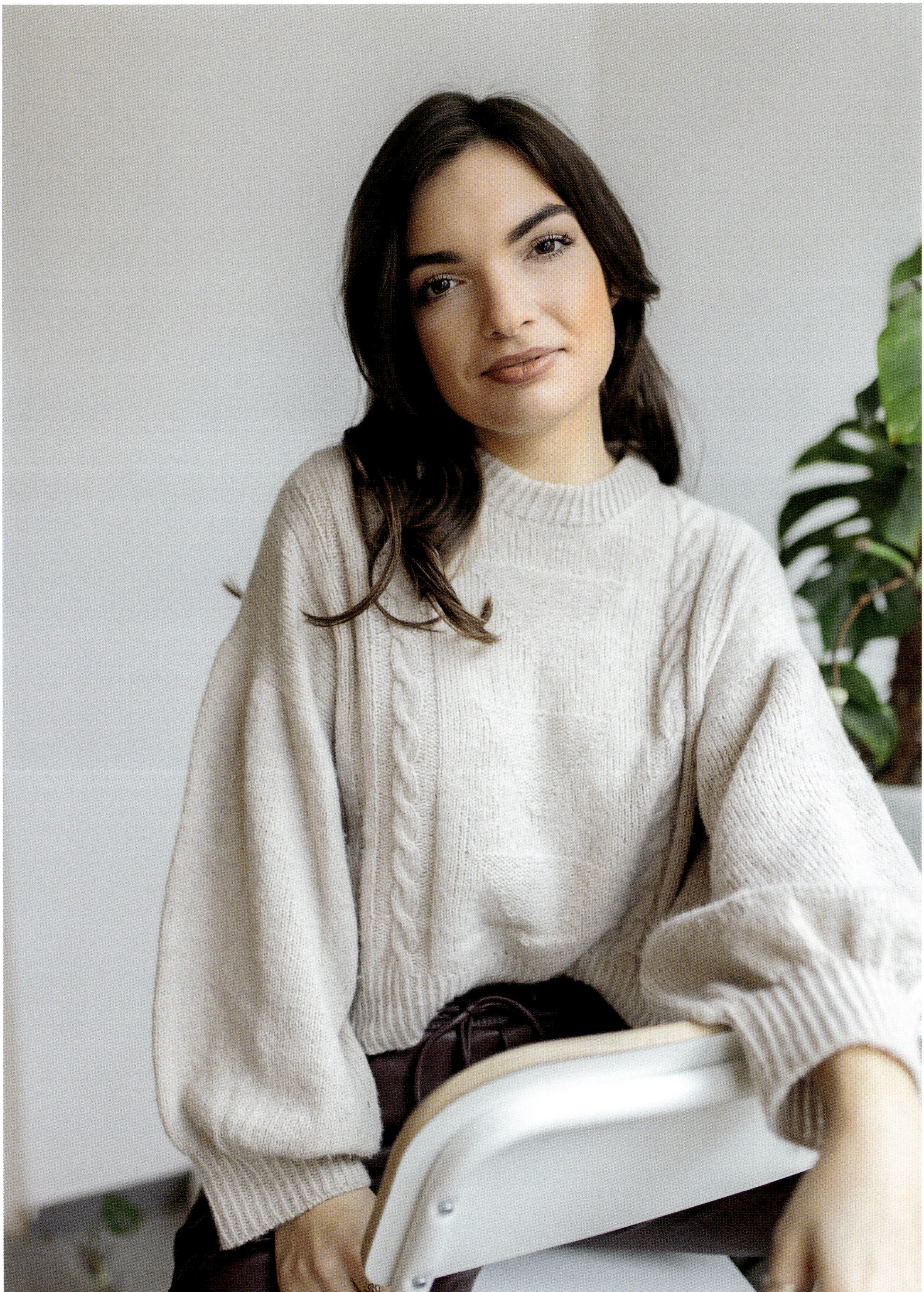

Nun werden in jeder Hinreihe Zunahmen zur Ausformung des Halsausschnitts gearbeitet.

8. Reihe (Hinr): RM, **Zun-li(re)**, bis zur letzten M im Muster str, RM.

9. Reihe (Rückr): RM, bis zur letzten M im Muster str, RM.

10. – 29. Reihe: Die 8. – 9. Reihe noch 10x wdh = 57 (67) 77 M.

Den Faden abschneiden und die M stilllegen.

RECHTES VORDERTEIL

Aus der rechten Schulter werden Maschen aufgenommen, die anschließend passend zum Muster im Rückenteil gearbeitet werden. Wie beim linken Vorderteil werden auch hier die Maschen aus den Zunahmen des Rückenteils aufgenommen und zusätzlich eine Randmasche am Anfang und Ende der Schulter. Es wird in der 4., 14. und 24. Reihe verzopft.

Vorbereitung (Hinr): mit der 4 mm Nadel 46 (56) 66 M aufnehmen.

1. Reihe (Rückr): RM, 3 re, **Zopf-li**, 3 re, 4 li, 3 re, 4 li, 3 re, 18 (28) 38 li, RM.

2. Reihe (Hinr): RM, bis zur letzten M im Muster str, RM.

3. – 7. Reihe: die 1. – 2. Reihe noch 2x wdh, dann die 1. Reihe noch 1x arbeiten. Dabei wird in der 4. Reihe und dann in jeder 10. Reihe verzopft.

Nun werden in jeder Hinreihe Zunahmen zur Ausformung des Halsausschnitts gearbeitet.

8. Reihe (Hinr): RM, bis zur letzten M im Muster str, **Zun-re(re)**, RM.

9. Reihe (Rückr): RM, bis zur letzten M im Muster str, RM.

10. – 29. Reihe: Die 8. – 9. Reihe noch 10x wdh = 57 (67) 77 M.

Den Faden nicht abschneiden.

VORDERTEIL

In der nächsten Hinreihe werden beide Vorderteilhälften verbunden. Dazu werden zunächst die Maschen des rechten Vorderteils gearbeitet, anschließend werden neue Maschen aufgenommen, bevor die Maschen des linken Vorderteils gestrickt werden. Ab der ersten Rückreihe werden die mittleren Maschen nach der Strickschrift gearbeitet.

Vorbereitung (Hinr): RM, bis zur letzten M im Muster str, 1 re, 15 M neu anschlagen (Schlingenanschlag), 1 re, bis zur letzten M im Muster str, RM.

1. Reihe (Rückr): RM, 18 (28) 38 li, 3 re, 4 li, 3 re, 4 li, 63 M nach der Strickschrift für das Vorderteil in Reihen arbeiten, 4 li, 3 re, 4 li, 3 re, 18 (28) 38 li, RM = 129 (149) 169 M.

2. Reihe (Hinr): RM, bis zur letzten M im Muster str, RM.

3. Reihe (Rückr): RM, bis zur letzten M im Muster str, RM.

Die 2. – 3. Reihe bis zu einer Länge von ca. 22 (24) 26 cm (gemessen am Armloch) wdh.
Hinweis: Wichtig für das Zopfmuster ist, dass in der gleichen Reihe wie beim Rückenteil geendet wird. War die letzte Reihe des Rückenteils z. B. eine 3. Reihe (Rückreihe), dann ist die letzte Reihe des Vorderteils eine 3., 13., 23. oder 33. Reihe (Rückreihe). Die Länge des Vorderteils am Armloch kann durch diese Vorgabe etwas von den angegebenen Längen abweichen.

RUMPF

Nun werden die Maschen von Vorder- und Rückenteil zur Runde geschlossen, dabei werden das Muster im Vorderteil und das Zopfmuster im Rückenteil fortgesetzt.

Vorbereitung (Hinr): (Vorderteil) 19 (29) 39 re, 3 li, 4 re, 3 li, 4 re, 63 M nach der Strickschrift für das Vorderteil in Runden arbeiten, 4 re, 3 li, 4 re, 3 li, 19 (29) 39 re, 10 M neu anschlagen (Schlingenanschlag), (Rückenteil) 19 (29) 39 re, 3 li, 4 re, 3 li, 4 re, 3 li, **Zopf-li**, 3 li, 39 re, 3 li, **Zopf-re**, 3 li, 4 re, 3 li, 4 re, 3 li, 19 (29) 39 re, 10 M neu anschlagen (Schlingenanschlag), 1 MM platzieren (Rundenbeginn) = 278 (318) 358 M.

In allen folgenden Runden: 33 (43) 53 M str, wie sie erscheinen, 63 (73) 83 M nach der Strickschrift für das Vorderteil in Runden arbeiten, 76 (96) 116 M str, wie sie erscheinen, **Zopf-li**, 3 li, 39 re, 3 li, **Zopf-re**, 46 (56) 66 M str, wie sie erscheinen.

Diese Runde wdh, bis 134 Reihen/Runden gearbeitet wurden (= 3x die 40 Reihen/Runden der Strickschrift für das Vorderteil und noch 14 weitere Runden).

SAUM

Zu der 3,5 mm Rundstricknadel wechseln.

1. Runde: * 1 re verschr, 1 li, ab * bis zum Rundenbeginn stets wdh.

Diese Runde wdh, bis der Saumabschluss 6,5 cm misst. Dann alle M italienisch abketten (siehe Seite 153).

HALSLOCHBLENDE

Für die Blende werden nun Maschen entlang des Halsausschnitts aufgenommen.

Vorbereitung: Beginnend am Übergang von der linken Schulter zum Rückenteil mit der kurzen 3,5 mm Rundstricknadel 114 M aus dem Halsausschnitt aufnehmen, 1 MM platzieren = Rundenbeginn.

1. Runde: * 1 re verschr, 1 li, ab * bis zum Rundenbeginn wdh.

Die 1. Runde wdh, bis 6 cm gestrickt wurden.

Die Blende wird nach innen umgeschlagen und in der nächsten Runde zusammengestrickt.

* [Die 1. M der 1. Runde auf der linken Nadel platzieren, **Abn-re**] 2x arbeiten, dann die 1. M elastisch abketten, ab * wdh, bis alle M abgekettet wurden. Darauf achten, nicht zu fest abzuketten!

ÄRMEL

Für jeden Ärmel werden gleichmäßig Maschen entlang des Armlochs aufgenommen. Begonnen wird bei den Maschen, die für das Armloch neu aufgenommen wurden.

Vorbereitung: 10 M aus den neu aufgenommenen M des Körpers aufnehmen, entlang des Armlochs gleichmäßig verteilt 106 (114) 122 M aufnehmen (ca. 1 M pro Reihe), 1 MM platzieren = 116 (124) 132 M.

1. Runde: alle M re str.

Diese Runde arbeiten, bis der Ärmel 34 (32) 30 cm misst.

Nun werden die Ärmelmaschen halbiert, in dem immer zwei Maschen rechts zusammengestrickt werden.

In der folgenden Runde: * **Abn-re,** ab * stets wdh = 58 (62) 66 M.

Für den Ärmelsaum zu der 3,5 mm Rundstricknadel wechseln.

1. Runde: * 1 re verschr, 1 li, ab * bis zum Rundenbeginn wdh.

Diese Runde wdh, bis der Saumabschluss 6,5 cm misst. Dann alle M italienisch abketten (siehe Seite 153). Den **zweiten Ärmel** ebenso arbeiten.

FERTIGSTELLEN

Zum Schluss die Fäden vernähen, dann den Pullover waschen und spannen.

Und schon ist es geschafft!

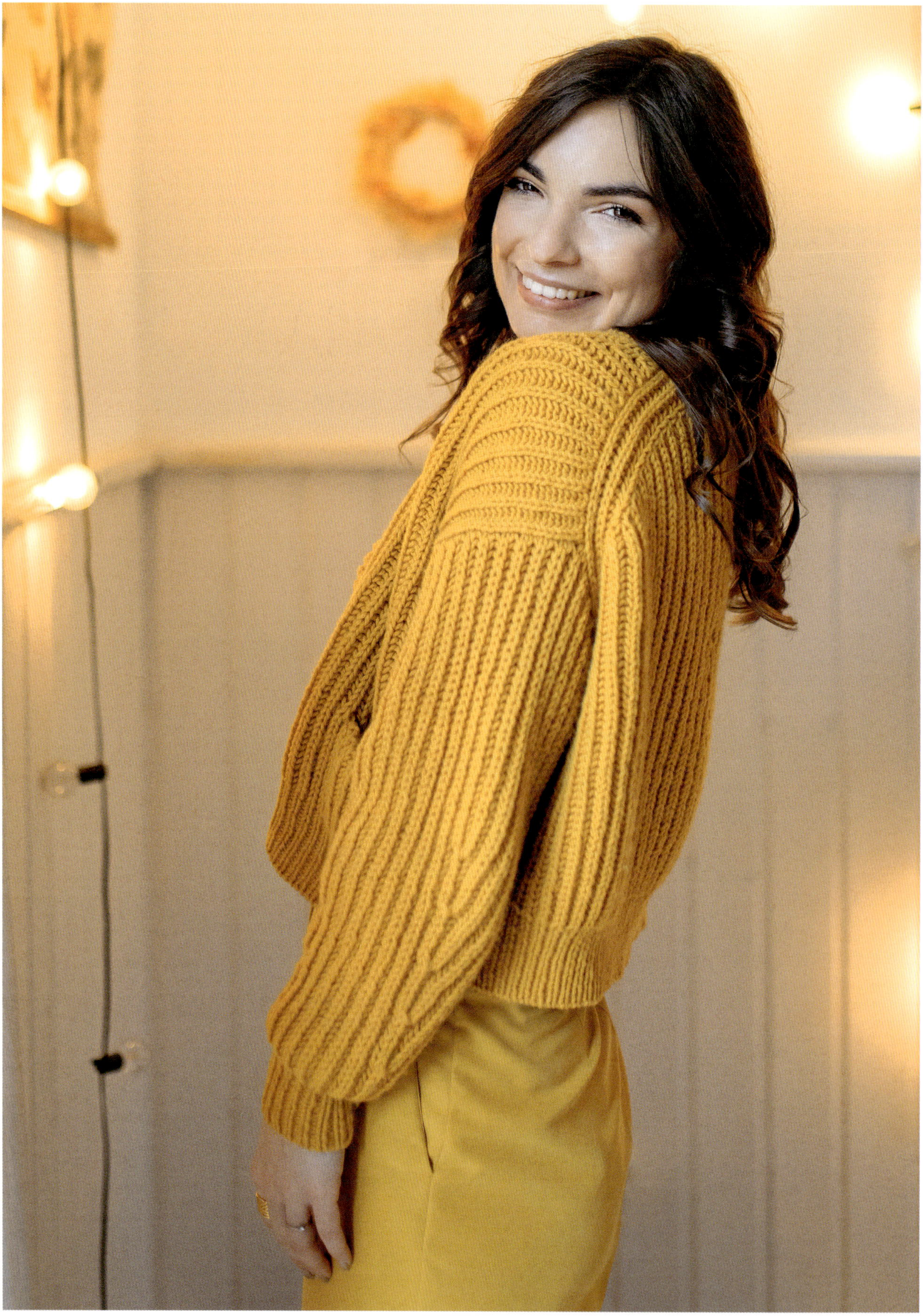

FLUFFYCLOUDCARDI

Der **Fluffycloudcardi** ist eine oversized geschnittene Jacke, die nahtlos von oben nach unten im Patentmuster gestrickt wird. Sie hat praktische Eingriffstaschen, die unauffällig im Patentmuster eingearbeitet sind. Die doppelt gearbeitete Blende an der vorderen Kante, die am Hals eigentlich mehr die Funktion eines Schalkragens hat, sorgt für den maximalen Wohlfühlfaktor. Auch die Ärmel sind zunächst sehr großzügig geschnitten, werden zum Saum hin allerdings mit Hilfe von symmetrisch gearbeiteten Abnahmen schmaler.

GRÖSSEN

(XS) S (M) L (XL)

MASSE

Brust: (116) 126 (136) 146 (156) cm

Länge: (46) 46 (50) 50 (54) cm

EMPFOHLENE NADELN UND ZUBEHÖR

Rundstricknadel 5,5 mm (80 cm)
Rundstricknadel 5,5 mm (40 cm)
Rundstricknadel 4,0 mm (40 cm)

MASCHENPROBE

Im Patentmuster mit 5,5 mm Nadeln
14 Maschen und 44 Reihen = 10 cm x 10 cm
(gewaschen und gespannt)

Hinweis: 44 Reihen entsprechen 22 sichtbaren Patentmaschen!

Bitte zuvor die eigene Nadelstärke ermitteln, mit der diese Maschenprobe möglichst genau erreicht wird!

GARN

Como Grande von Lamana
100 % Schurwolle (Merino Superfine)
Lauflänge = 120 m/50 g
(550) 650 (750) 850 (950) g

GRÖSSENGUIDE

Die Jacke sollte mit einer Weitenzugabe (positive ease) von ca. 35 cm gestrickt werden. Die benötigte Größe wird anhand des Brustumfangs ermittelt, dieser entspricht bei den angegebenen Größen ungefähr (78 – 86 cm) 87 – 96 cm (97 – 106 cm) 107 – 116 cm (117 – 126 cm).

PATENTMUSTER IN REIHEN

1. Reihe (Hinr): RM, * 1 M mit 1 Umschlag re zusammenstr, mit dem Faden vorne 1 M abh, dabei 1 Umschlag über die re Nadel legen, ab *stets wdh, 1 M mit 1 Umschlag re zusammenstr, RM.

2. Reihe (Rückr): RM, * mit dem Faden vorne 1 M abh, dabei 1 Umschlag über die re Nadel legen, 1 M mit 1 Umschlag re zusammenstr, ab * stets wdh, mit dem Faden vorne 1 M abh, dabei 1 Umschlag über die re Nadel legen, RM.

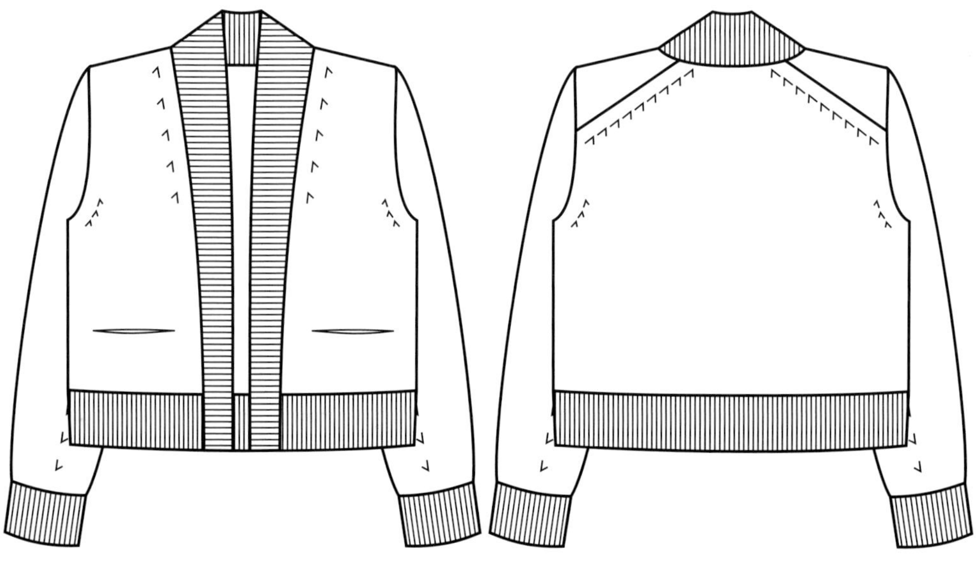

PATENTMUSTER IN RUNDEN

1. Runde: * 1 M mit 1 Umschlag re zusammenstr, mit dem Faden vorne 1 M abh, dabei 1 Umschlag über die re Nadel legen, ab * bis zum Rundenbeginn stets wdh.

2. Runde: * mit dem Faden vorne 1 M abh, dabei 1 Umschlag über die re Nadel legen, 1 M mit 1 Umschlag li zusammenstr, ab * bis zum Rundenbeginn stets wdh.

Tipp: Die Maschen, die in der Runde mit Umschlag erscheinen, müssen gestrickt werden, wie sie erscheinen. Die Maschen ohne Umschlag werden mit Umschlag abgehoben. Erscheinen also die rechten Maschen mit Umschlag, wird die 1. Runde gestrickt. Erscheinen die linken Maschen mit Umschlag wird die 2. Runde gestrickt.

ZUNAHMEN IM PATENTMUSTER

Um das Patentmuster nicht zu unterbrechen, werden immer doppelte Zunahmen gearbeitet. Dies geschieht stets in einer Hinreihe. Die Zunahmen werden in eine rechte Patentmasche gearbeitet.

PZun: Die M mit dem Umschlag re zusammenstr, ohne die M von der linken Nadel gleiten zu lassen, 1 Umschlag, dann die gleiche M mit ihrem Umschlag noch einmal re zusammenstr und wie gewöhnlich von der linken Nadel heben. Der Umschlag wird in der folgenden Reihe wie eine normale M gestrickt, sodass das Patentmuster nicht unterbrochen wird.

ABNAHMEN IM PATENTMUSTER

Um das Patentmuster nicht zu unterbrechen, werden immer doppelte Abnahmen gearbeitet. Dies geschieht stets in einer Hinreihe. Es wird zwischen rechts und links geneigten Abnahmen unterschieden.

PAbn-re: Mit dem Faden vorne 1 M mit ihrem Umschlag mit der folgenden linken M rechts zusammenstr, dabei legt sich 1 Umschlag über die rechte Nadel. Die M und den Umschlag zurück auf die linke Nadel heben, die folgende M und ihren Umschlag überziehen und die M mit ihrem Umschlag wieder auf die rechte Nadel heben.

PAbn-li: 1 M mit ihrem Umschlag wie zum Rechtsstricken abh, die folgende li M und die darauffolgende M mit ihrem Umschlag re zusammenstr, dann die abgehobene M und den Umschlag überziehen.

ANLEITUNG

*Die **Randmaschen** werden in Hin- und Rückreihen rechts gestrickt.*

RÜCKENTEIL

(29) 31 (33) 35 (37) M mit der 5,5 mm Rundstricknadel anschlagen.

In der ersten Rückreihe wird das Muster aufgebaut.

Musteraufbau (Rückr): RM, * mit dem Faden vorne 1 M abh, dabei 1 Umschlag über die re Nadel legen, 1 re, ab * bis zu den letzten 2 M wdh, mit dem Faden vorne 1 M abh, dabei 1 Umschlag über die re Nadel legen, RM.

Je 1 verschließbaren MM oder 1 Sicherheitsnadel in beide RM platzieren, um die 1. und letzte M der Schulter zu markieren. Die MM bleiben in den RM der 1. Rückr und wandern nicht in den Reihen mit nach oben.

Nun wird im Patentmuster mit Zunahmen gearbeitet.

1. Reihe (Hinr): RM, 4 M im Muster str, **PZun**, bis zu den letzten 6 M im Muster str, **PZun**, 4 M im Muster str, RM = es wurden 4 M zugenommen.

2. – 4. Reihe: RM, bis zur letzten M im Muster str, RM.

Die 1. – 4. Reihe noch (14x) 15x (16x) 17x (18x) wdh = (89) 95 (101) 107 (113) M.

In der letzten Rückr je 1 verschließbaren MM oder 1 Sicherheitsnadel in beide RM platzieren, um das Ende der Schulter zu markieren.

Nun wird ohne weitere Zunahmen in Hin- und Rückreihen im Patentmuster gestrickt.

Im Patentmuster weiterarbeiten, bis das Strickstück an der hinteren Mitte (16) 17 (18) 19 (20) cm misst.

Dann die 1. – 4. Reihe noch 3x wdh = (101) 107 (113) 119 (125) M.

Den Faden abschneiden und die M stilllegen.

RECHTES VORDERTEIL

Als nächstes wird das rechte Vorderteil gestrickt. In den ersten Reihen nach der Maschenaufnahme werden zunächst Abnahmen gearbeitet, um eine schöne organische Kante zu formen, die sich dem Körper, in diesem Fall dem Hals der Trägerin anpasst.

Von MM bis MM gleichmäßig verteilt (29) 31 (33) 35 (37) M aufnehmen. Die MM in den RM können anschließend entfernt werden.

Musteraufbau (Rückr): RM, * mit dem Faden vorne 1 M abh, dabei 1 Umschlag über die re Nadel legen, 1 re, ab * bis zu den letzten 2 M wdh, mit dem Faden vorne 1 M abh, dabei 1 Umschlag über die re Nadel legen, RM.

1. – 2. Reihe: RM, bis zur letzten M im Muster str, RM.

3. Reihe (Hinr): RM, bis zur letzten M im Muster str, 4 M im Muster str, **PAbn-re**, RM = es wurden 2 M abgenommen.

4. Reihe (Rückr): RM, bis zur letzten M im Muster str, RM.

Die 1. – 4. Reihe noch 2x wdh = (23) 25 (27) 29 (31) M.

Dann (10) 12 (10) 12 (10) Reihen im Patentmuster ohne weitere Abnahmen arbeiten.

Nun werden wieder Zunahmen gearbeitet, um dem Vorderteil die nötige Weite zu geben.

1. Reihe (Hinr): RM, bis zu den letzten 6 M im Muster str, **PZun**, 4 M im Muster str, RM = es wurden 2 M zugenommen.

2. – 10. Reihe: RM, bis zur letzten M im Muster str, RM.

Die 1. – 10. Reihe noch (4x) 4x (5x) 5x (6x) wdh = (33) 35 (39) 41 (45) M.

Alle Zunahmen an der vorderen Kante sind gearbeitet worden. In der nächsten Hinreihe wird mit den Zunahmen zur Ausformung des Armlochs begonnen.

1. Reihe (Hinr): RM, 4 M im Muster str, **PZun**, bis zur letzten M im Muster str, RM.

2. – 4. Reihe: RM, bis zur letzten M im Muster str, RM.

Die 1. – 4. Reihe noch 2x wdh = (39) 41 (45) 47 (51) M.

Dann den Faden abschneiden und die M stilllegen.

LINKES VORDERTEIL

Wie beim rechten Vorderteil werden auch hier zunächst Abnahmen gearbeitet.

Von MM bis MM gleichmäßig verteilt (29) 31 (33) 35 (37) M aufnehmen. Die MM in den RM können anschließend entfernt werden.

Musteraufbau (Rückr): RM, * mit dem Faden vorne 1 M abh, dabei 1 Umschlag über die re Nadel legen, 1 re, ab * bis zu den letzten 2 M wdh, mit dem Faden vorne 1 M abh, dabei 1 Umschlag über die re Nadel legen, RM.

1. – 2. Reihe: RM, bis zur letzten M im Muster str, RM.

3. Reihe (Hinr): RM, 4 M im Muster str, **PAbn-li**, bis zur letzten M im Muster str, RM = es wurden 2 M abgenommen.

4. Reihe (Rückr): RM, bis zur letzten M im Muster str, RM.

Die 1. – 4. Reihe noch 2x wdh = (23) 25 (27) 29 (31) M.

Dann (10) 12 (10) 12 (10) Reihen im Patentmuster ohne weitere Abnahmen arbeiten.

Nun werden wieder Zunahmen gearbeitet, um dem Vorderteil die nötige Weite zu geben.

1. Reihe (Hinr): RM, 4 M im Muster str, **PZun**, bis zur letzten M im Muster str, RM = es wurden 2 M zugenommen.

2. – 10. Reihe: RM, bis zur letzten M im Muster str, RM.

Die 1. – 10. Reihe noch (4x) 4x (5x) 5x (6x) wdh = (33) 35 (39) 41 (45) M.

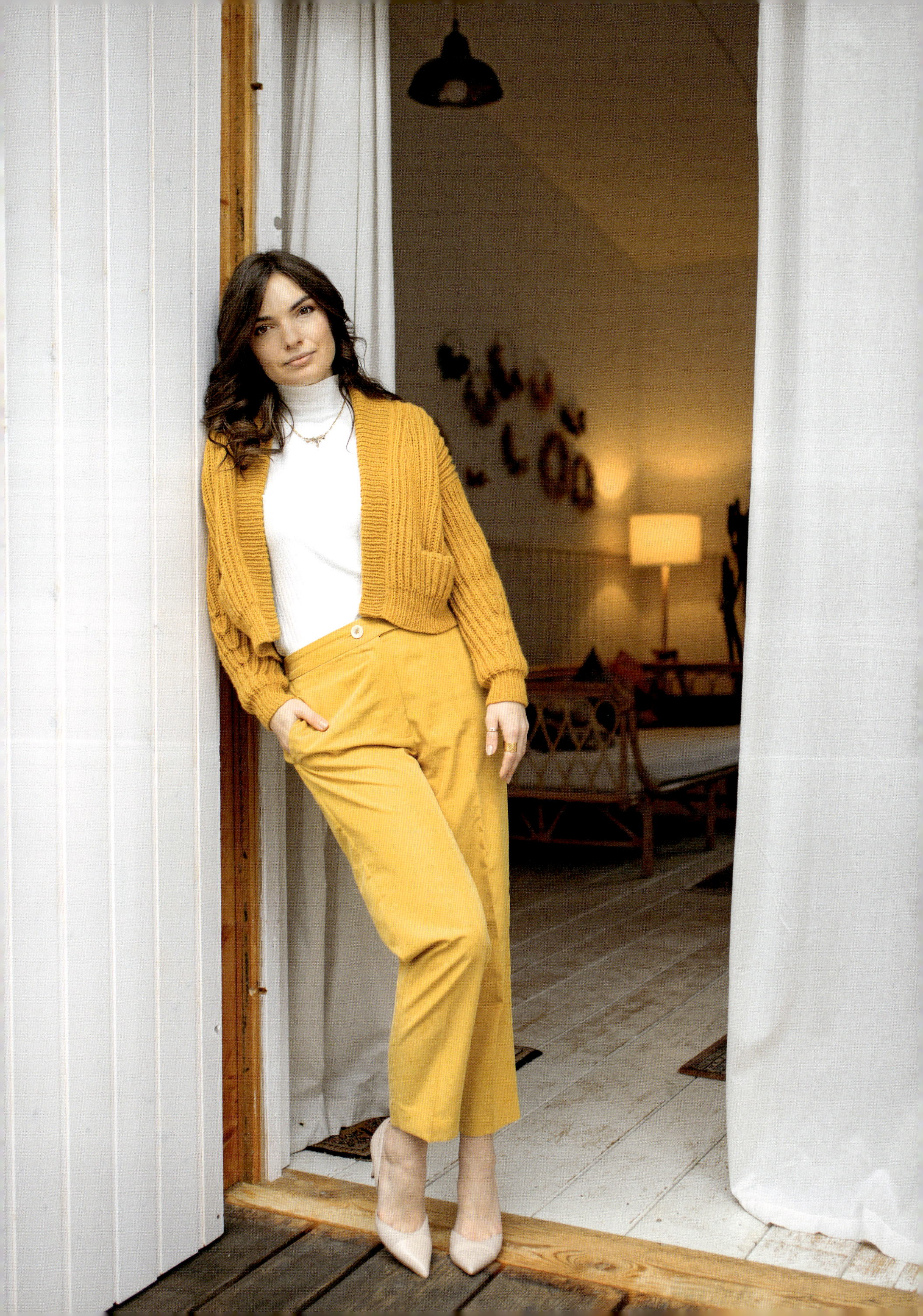

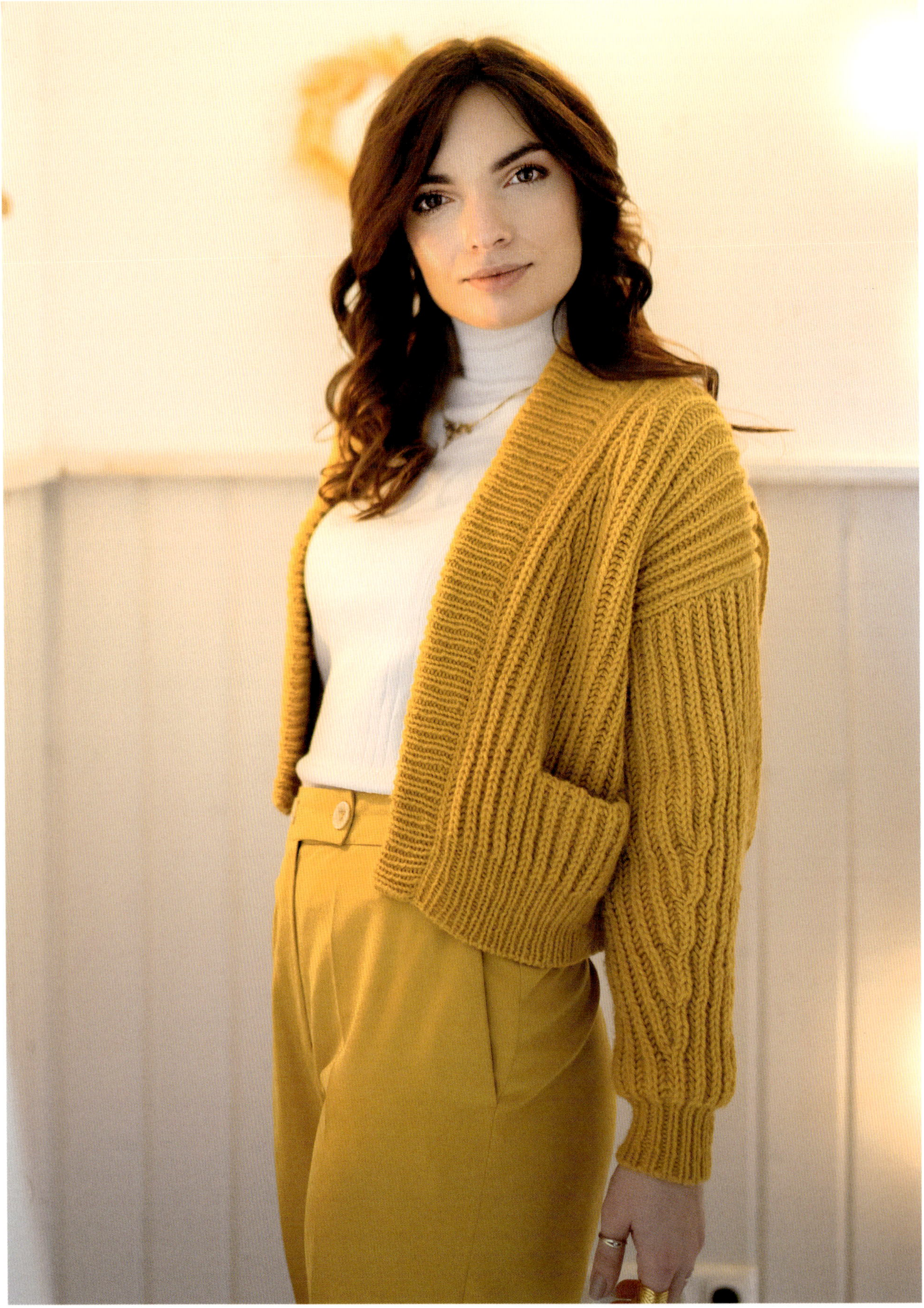

Alle Zunahmen an der vorderen Kante sind gearbeitet worden. In der nächsten Hinreihe wird mit den Zunahmen zur Ausformung des Armlochs begonnen.

1. Reihe (Hinr): RM, bis zu den letzten 6 M im Muster str, **PZun**, 4 M im Muster str, RM.

2. – 4. Reihe: RM, bis zur letzten M im Muster str, RM.

Die 1. – 4. Reihe noch 2x wdh = (39) 41 (45) 47 (51) M.

Dann den Faden nicht abschneiden.

RUMPF

Als nächstes werden das linke Vorderteil, das Rückenteil und das rechte Vorderteil miteinander verbunden. Zwischen den einzelnen Teilen werden für die Armlöcher neue Maschen angeschlagen, im Anschluss wird der Rumpf in Reihen weitergestrickt.

Vorbereitung (Hinr): (linkes Vorderteil) RM, bis zur letzten M im Muster str, mit dem Faden vorne 1 M abh, dabei 1 Umschlag über die re Nadel legen, (3) 5 (5) 7 (7) neue M anschlagen (Schlingenanschlag, siehe Seite 150), (Rückenteil) 1 M mit dem Faden vorne abh, dabei 1 Umschlag über die re Nadel legen, bis zur letzten M im Muster str, mit dem Faden vorne 1 M abh, dabei 1 Umschlag über die re Nadel legen, (3) 5 (5) 7 (7) neue M anschlagen, (rechtes Vorderteil) mit dem Faden vorne 1 M abh, dabei 1 Umschlag über die re Nadel legen, bis zur letzten M im Muster str, RM = (185) 199 (213) 227 (241) M.

Musteraufbau (Rückr): RM, * mit dem Faden vorne 1 M abh, dabei 1 Umschlag über die re Nadel legen, 1 li, ab * stets wdh bis zu den letzten 2 M, mit dem Faden vorne 1 M abh, dabei 1 Umschlag über die re Nadel legen, RM.

Anschließend über alle M im Patentmuster str, bis 12 cm gearbeitet wurden. Die letzte Reihe ist eine Rückr.

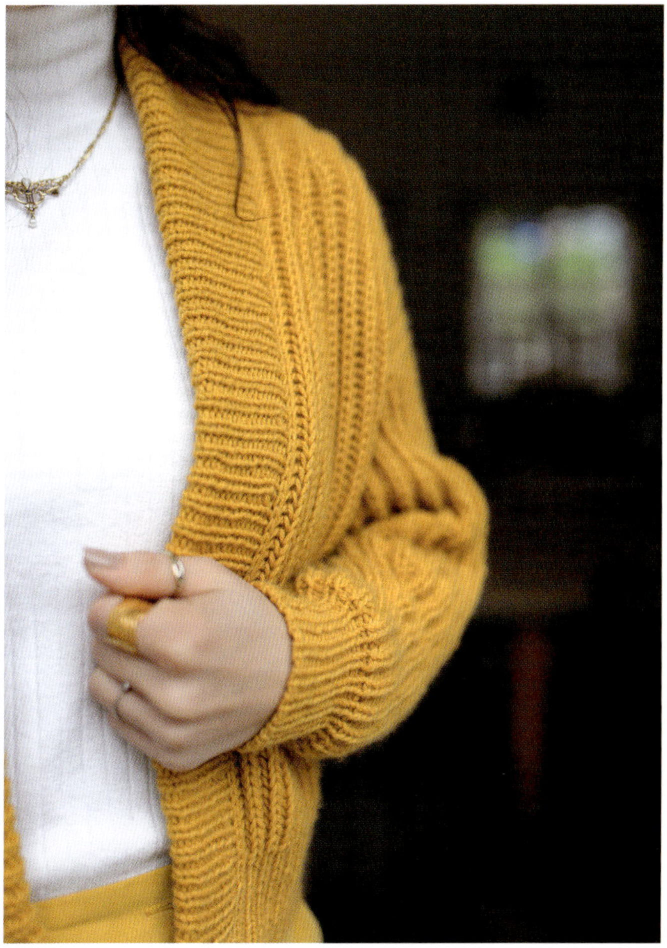

In der nächsten Hinreihe wird mit dem Arbeiten der Taschen begonnen. Zunächst wird die Tasche im linken Vorderteil gestrickt.

1. Reihe (Hinr) A: RM, (11) 13 (15) 15 (15) M im Muster str, 1 li, (13) 13 (15) 15 (17) M im Muster str, 1 li, wenden. Die restlichen (158) 170 (180) 194 (206) M stilllegen.

TASCHE LINKS

Für den Taschenbeutel werden weitere neun Reihen im Patentmuster gestrickt, damit die Tasche möglichst unauffällig ist.

2. Reihe (Rückr): RM, (13) 13 (15) 15 (17) M im Muster str, RM, die restlichen (12) 14 (16) 16 (16) M stilllegen.

3. Reihe (Hinr): RM, (13) 13 (15) 15 (17) M im Muster str, RM.

4. Reihe (Rückr): RM, (13) 13 (15) 15 (17) M im Muster str, RM.

Die 3. – 4. Reihe noch 3x wdh.

Nun werden alle Maschen glatt rechts gestrickt, damit die Taschen nicht auftragen. Um die Breite auszugleichen, werden in der ersten Hinreihe Maschen zugenommen, die nach der Fertigstellung des Taschenbeutels wieder abgenommen werden.

11. Reihe (Hinr): RM, * 2 re, **Zun-li**, ab * (6x) 6x (7x) 7x (8x) arbeiten, 1 re, RM = (21) 21 (24) 24 (27) M.

12. Reihe (Rückr): RM, bis zur letzten M li str, RM.

13. Reihe (Hinr): RM, bis zur letzten M re str, RM.

Die 12. – 13. Reihe wdh, bis 20 cm glatt rechts gestrickt wurden. Die letzte Reihe ist eine Hinr.

In der folgenden Rückr: RM, * 1 li, **Abn** (= 2 M li zusammen str), ab * (6x) 6x (7x) 7x (8x) arbeiten, 1 re, RM = (15) 15 (17) 17 (19) M.

Den Taschenbeutel nach oben umschlagen, sodass die glatt rechte Seite innen liegt, und die 1. Reihe (Hinr), in der der Taschenbeutel abgetrennt wurde, wie folgt weiterführen:

1. Reihe (Hinr) B: (131) 141 (147) 161 (171) M im Muster str, 1 li, (13) 13 (15) 15 (17) M im Muster str, 1 li, wenden. Die restlichen (12) 14 (16) 16 (16) M stilllegen.

TASCHE RECHTS

Der Taschenbeutel wird analog zu dem der linken Tasche gearbeitet.

2. Reihe (Rückr): RM, (13) 13 (15) 15 (17) M im Muster str, RM, die restlichen (131) 141 (147) 161 (171) M stilllegen.

Dann die 3. – letzte Reihe wie bei der linken Tasche arbeiten.

Den Taschenbeutel nach oben umschlagen, sodass die glatt rechte Seite innen liegt, und die 1. Reihe (Hinr), in der der Taschenbeutel abgetrennt wurde, fertigstellen.

1. Reihe (Hinr) C: (11) 13 (15) 15 (15) M im Muster str, RM.

RUMPF

Nun wird der Rumpf bis zum Saum wie gewohnt im Patentmuster gestrickt.

Musteraufbau (Rückr): RM, (11) 13 (15) 15 (15) M im Muster str, * 1 re, mit dem Faden vorne 1 M abh, dabei 1 Umschlag über die re Nadel legen, ab * (7x) 7x (8x) 8x 9x arbeiten, 1 li, (131) 141 (147) 161 (171) M im Muster str, * 1 re, mit dem Faden vorne 1 M abh, dabei 1 Umschlag über die re Nadel legen, ab * (7x) 7x (8x) 8x 9x arbeiten, 1 re, bis zur letzten M im Muster str, RM.

Dann im Patentmuster in Reihen stricken, bis die Arbeit an der hinteren Mitte (40) 40 (44) 44 (48) cm misst. Mit einer Rückreihe enden.

Anschließend zu der 4 mm Rundstricknadel wechseln.

1. Reihe (Hinr): RM, * 1 re, 1 li, ab * bis zu den letzten 2 M wdh, 1 re, RM.

2. Reihe (Rückr): RM, * 1 li, 1 re, ab * bis zu den letzten 2 M wdh, 1 li, RM.

Die 1. – 2. Reihe wdh, bis der Saum 6 cm misst. Mit einer Rückreihe enden. In der folgenden Hinr alle M italienisch abketten (siehe Seite 153).

ÄRMEL

Für den Ärmel werden ringsum aus dem Armloch neue Maschen aufgenommen und anschließend in Runden gestrickt.

Vorbereitung: (3) 5 (5) 7 (7) aus den neu angeschlagenen M des Körpers aufnehmen, dann gleichmäßig verteilt (49) 53 (57) 61 (65) M aus dem Strickrand aufnehmen (ca. 2 M aus 6 Reihen), 1 MM platzieren und die M zur Runde schließen = (52) 58 (62) 68 (72) M.

Musteraufbau: * 1 li, mit dem Faden vorne 1 M abh, dabei 1 Umschlag über die re Nadel legen, ab * stets wdh bis zum Rundenbeginn.

1. Runde: * mit dem Faden vorne 1 M abh, dabei 1 Umschlag über die re Nadel legen, 1 re (= Umschlag und 1 M re zusammen str), ab * stets wdh.

2. Runde: * 1 li (= Umschlag und 1 M li zusammenstr), mit dem Faden vorne 1 M abh, dabei 1 Umschlag über die re Nadel legen, ab * stets wdh.

Die 1. – 2. Runde wdh, bis (18) 17 (12) 11 (7) cm gearbeitet wurden. Mit einer 1. Runde enden.

Die nächste Runde wie die 2. Runde arbeiten und dabei wie folgt 2 MM für die Positionen der Abnahmen platzieren:

Letzte 2. Runde vor den Abnahmen: (21) 25 (27) 31 (33) M im Muster str, 1 MM platzieren, 13 M im Muster str, 1 MM platzieren, bis zum Rundenbeginn im Muster str.

Ab der nächsten Runde werden symmetrisch Abnahmen gearbeitet.

1. Runde: bis zu den letzten 3 M vor dem nächsten MM im Muster str, ***PAbn-re***, MMv, 13 M im Muster str, MMv, ***PAbn-li,*** im Muster str bis Rundenbeginn.

2. – 12. Runde: alle M im Muster str.

Die 1. – 12. Runde noch (4x) 4x (5x) 5x (6x) wdh = (32) 38 (38) 44 (44) M.

Dann zu der 4 mm Nadel wechseln und den Ärmelsaum arbeiten.

1. Runde: * 1 li, 1 re, ab * stets wdh.

Diese Runde wdh, bis der Saum 6 cm misst. Dann alle M italienisch abketten (siehe Seite 153).

Den **zweiten Ärmel** ebenso arbeiten.

BLENDE

Für die Blende werden zunächst an der vorderen Kante beginnend am Saum vom rechten Vorderteil bis hin zum Saum vom linken Vorderteil Maschen aufgenommen. Die Blende wird im Anschluss quer im Rippstrick gearbeitet. Die konisch zulaufende Form erhält sie durch verkürzte Reihen, die ab der ersten Rückreihe gearbeitet werden.

Vorbereitung: gleichmäßig verteilt (96) 96 (104) 104 (112) M aus den RM des Vorderteils aufnehmen (etwa 1 M pro Knötchen), 1 MM platzieren, (27) 29 (31) 33 (35) M aus dem Rückenteil aufnehmen, 1 MM platzieren, gleichmäßig verteilt (96) 96 (104) 104 (112) M aus den RM des Vorderteils aufnehmen (etwa 1 M pro Knötchen) = (219) 221 (239) 241 (259) M.

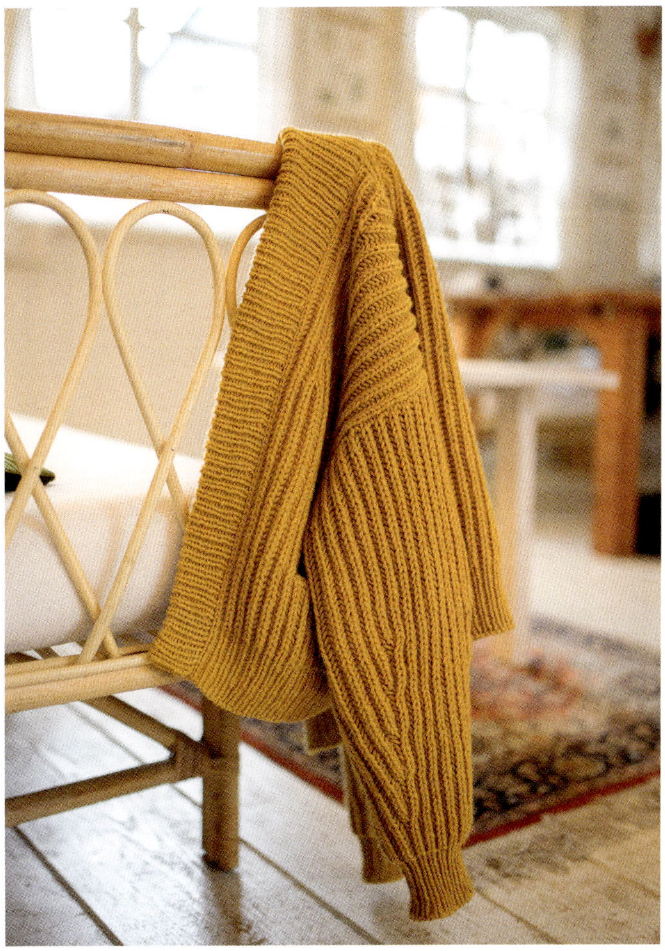

Musteraufbau (Rückr): RM, * 1 li, 1 re, ab * bis 1 M vor dem nächsten MM wdh, 1 li, MMv, * 1 re, 1 li, ab * bis 1 M vor dem nächsten MM wdh, 1 re, MMv, 1 li, 1 re, wenden.

1. Reihe (Hinr): DM, 1 re, MMv, bis zum nächsten MM alle M str, wie sie erscheinen, MMv, 1 re, 1 li, wenden.

2. Reihe (Rückr): DM, 1 li, den MM entfernen, bis zum nächsten MM alle M str, wie sie erscheinen, den MM entfernen, 1 li, DMre, 1 li, 1 re, wenden.

3. Reihe (Hinr): DM, bis zur nächsten DM alle M str, wie sie erscheinen, DMli, 1 re, 1 li, wenden.

4. Reihe (Rückr): DM, bis zur nächsten DM alle M str, wie sie erscheinen, DMre, 1 li, 1 re, wenden.

Die 3. – 4. Reihe wdh, bis noch 10 cm von der letzten DM zum Saum übrig sind. Mit einer Rückr enden.

Die nächste Hinreihe wird bis zum Saum gearbeitet.

1. Reihe (Hinr): DM, bis zur nächsten DM alle M str, wie sie erscheinen, DMli, * 1 re, 1 li, ab * bis zu den letzten 2 M wdh, 1 re, RM.

2. Reihe (Rückr), RM, bis zur nächsten DM alle M str, wie sie erscheinen, DMre, * 1 li, 1 re, ab * bis zu den letzten 2 M wdh, 1 li, RM.

3. Reihe (Hinr): RM, * 1 re, 1 li, ab * bis zu den letzten 2 M wdh, 1 re, RM.

4. Reihe (Rückr): RM, * 1 li, 1 re, ab * bis zu den letzten 2 M wdh, 1 li, RM.

Die 3. – 4. Reihe wdh, bis in der hinteren Mitte 18 cm gearbeitet wurden. Mit einer Rückreihe enden.

Die Blende nach innen umschlagen und in der nächsten Runde zusammenstricken.

* [Die 1. M der 1. Runde auf der linken Nadel platzieren, **Abn-re**] 2x arbeiten, dann die 1. M elastisch abketten, ab * wdh, bis alle M abgekettet wurden. **Hinweis:** Darauf achten, nicht zu fest abzuketten!

FERTIGSTELLUNG

Die Taschenbeutel jeweils an beiden Seiten schließen und die untere Kante rechts und links am Rumpf der Jacke fixieren. **Tipp:** Nicht festnähen, da sonst Züge entstehen können! Lieber einen Riegel mit etwa 1,5 – 2 cm Bewegungsspielraum arbeiten. Die Blende links und rechts am Saum mit dem Matratzenstich unsichtbar zunähen. Zum Schluss die Fäden vernähen und den Cardigan waschen und liegend trocknen lassen.

Und schon ist es geschafft!

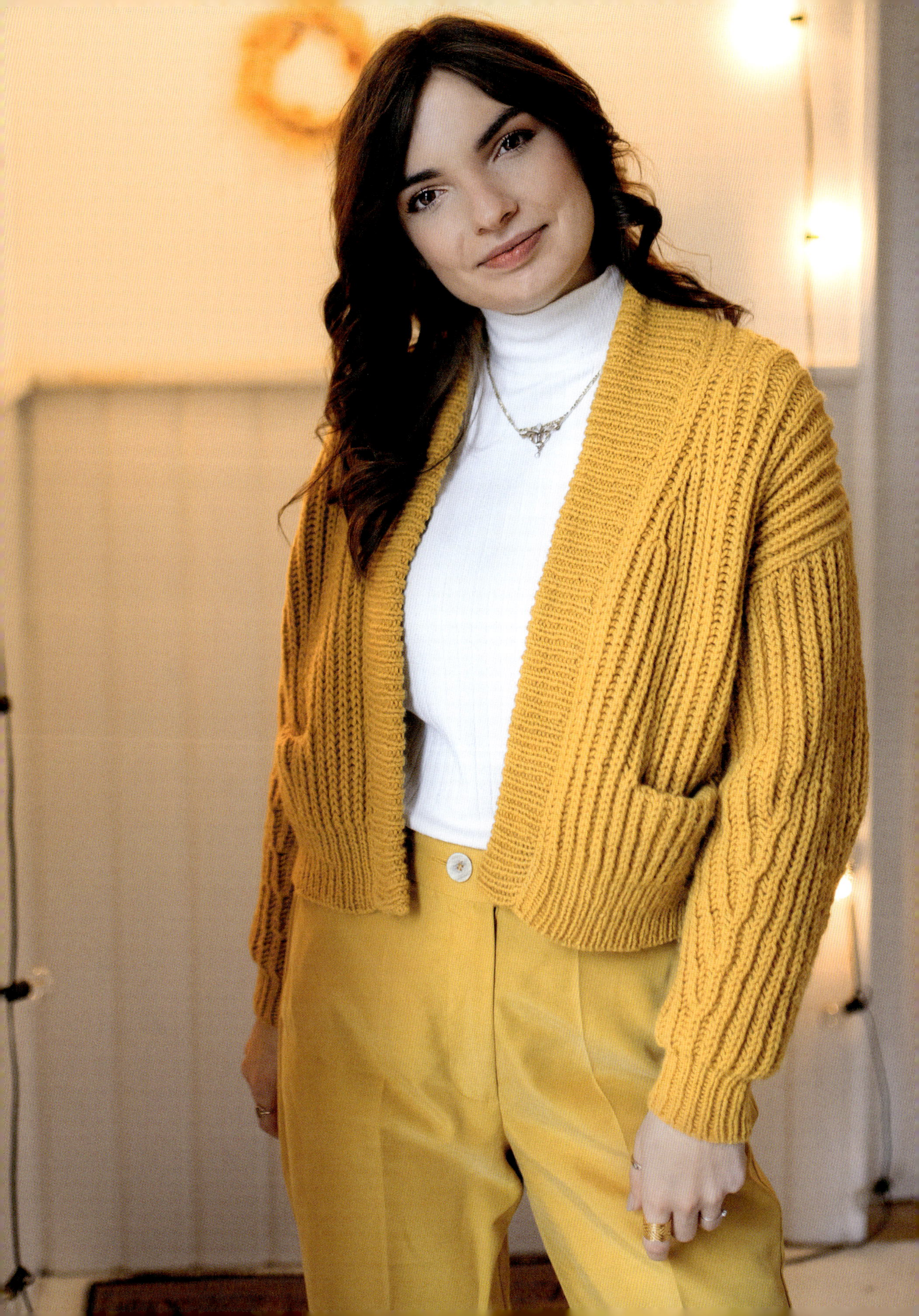

TWISTED CABLESWEATER

Der **Twistedcablesweater** wird nahtlos von oben nach unten gestrickt. Er wird oversized mit schmalem Ärmel getragen. Besonders daran ist der Wechsel von linken Maschen und rechts verschränkten Maschen innerhalb des Zopfmusters. Der Sweater wird komplett in Runden gestrickt und schließt im Muster ab.

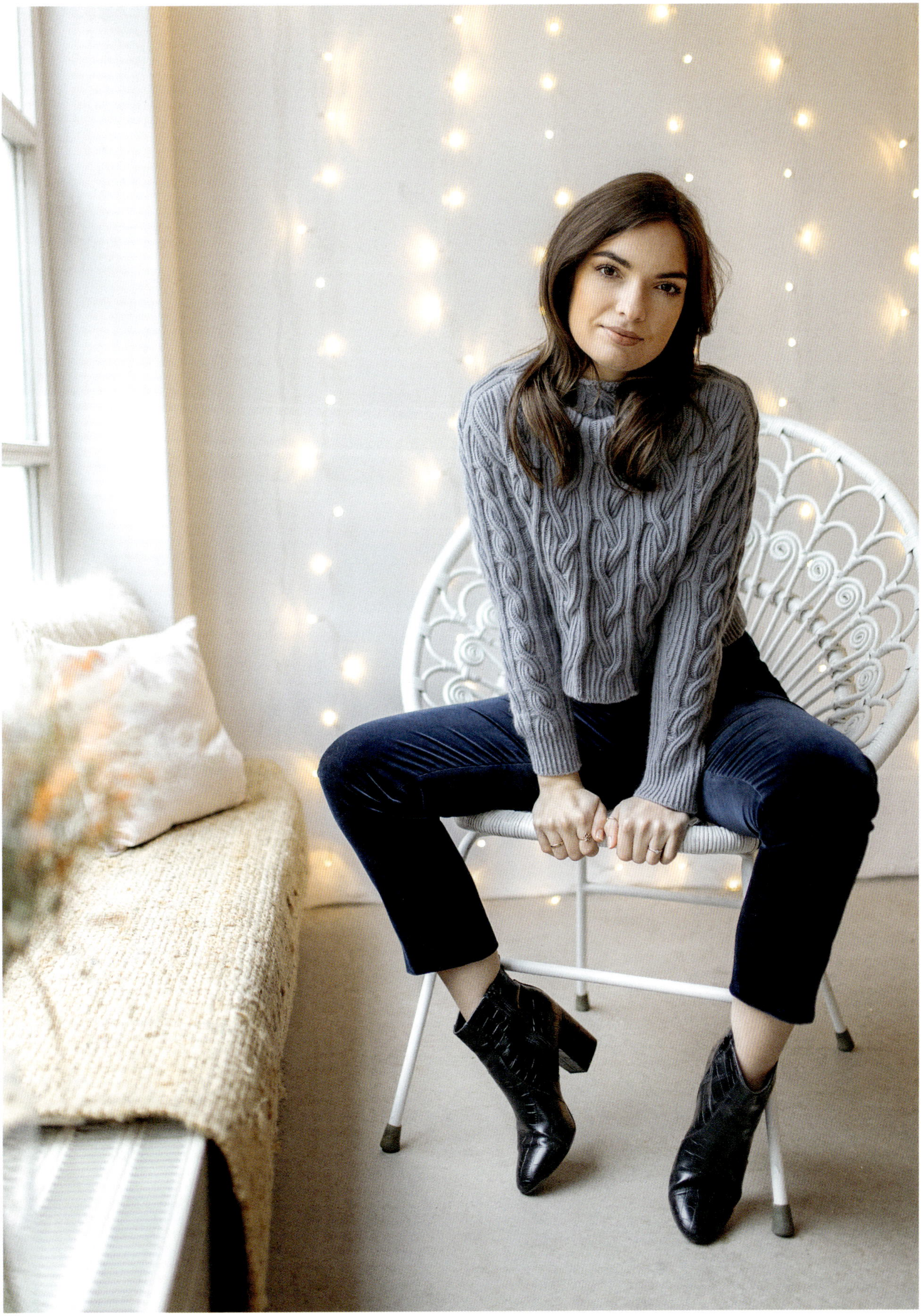

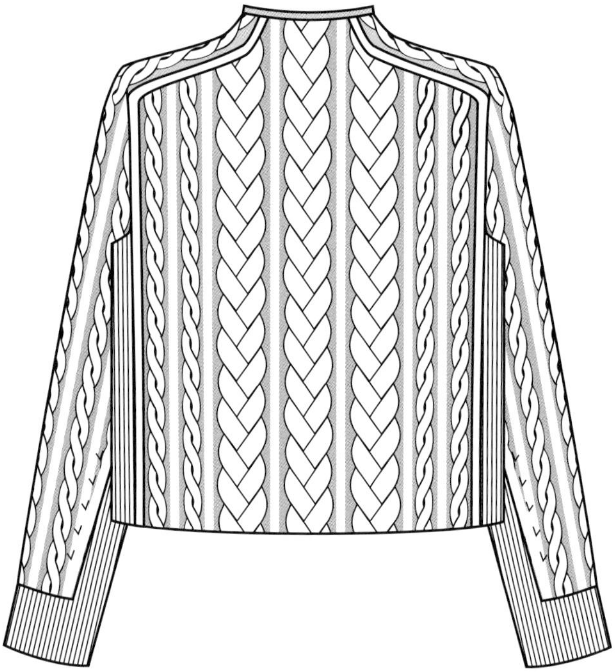

EMPFOHLENE NADELN UND ZUBEHÖR

Je eine Rundstricknadel 3,5 mm (40 cm und 80 cm)
Nadelspiel 3,5 mm
Häkelnadel 4,5 mm
Zopfnadel

MASCHENPROBE

Im Zopfmuster mit 3,5 mm Nadeln
36 Maschen und 42 Reihen = 10 cm x 10 cm

GARN

Cashmere Classic von Cardiff Cashmere
100 % Kaschmir
Lauflänge = 112 m/25 g
325 (375) 450 (500) 575 g

GRÖSSEN

XS (S) M (L) XL

MASSE

Brust: 100 (108) 120 (128) 136 cm

Länge: 50 (50) 54 (54) 58 cm

ZOPF1

(über je 16 M und 16 Runden)
Nach den Strickschriften arbeiten. Die 1. – 16. Runde stets wdh.

ZOPF1-RE

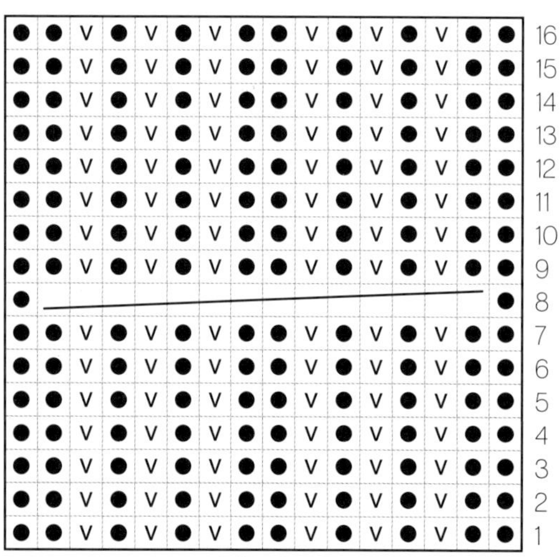

in Runden

ZOPF1-LI

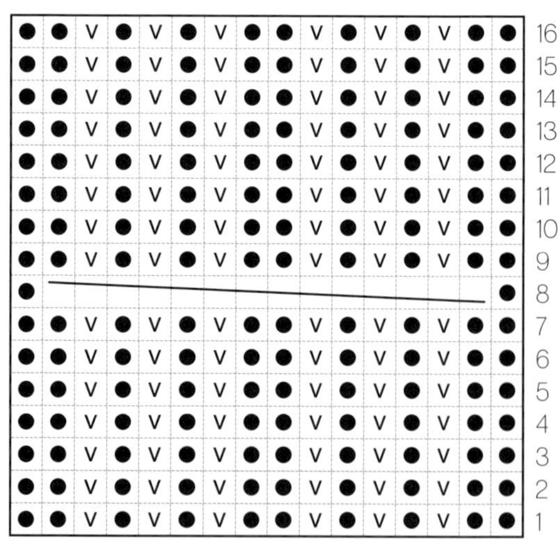

in Runden

ZOPF2

(über 23 M und 32 Runden)
Nach der Strickschrift arbeiten.
Die 1. – 32. Runde stets wdh.

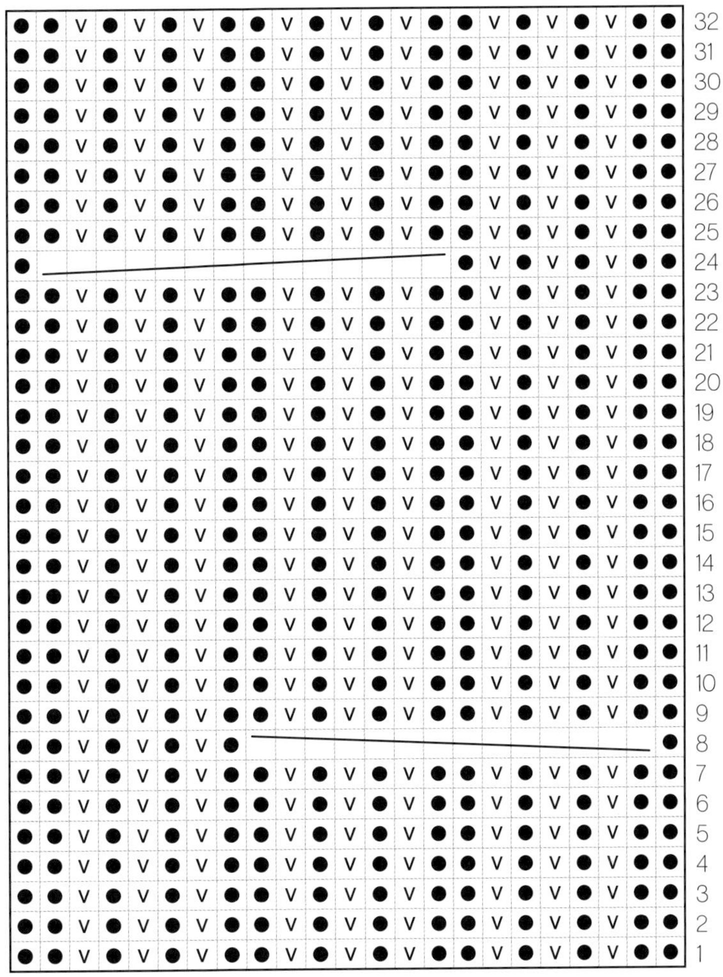

in Runden

SCHULTERZUNAHMEN

Nach der Strickschrift arbeiten. 1x die 1. – 22. Runde arbeiten.

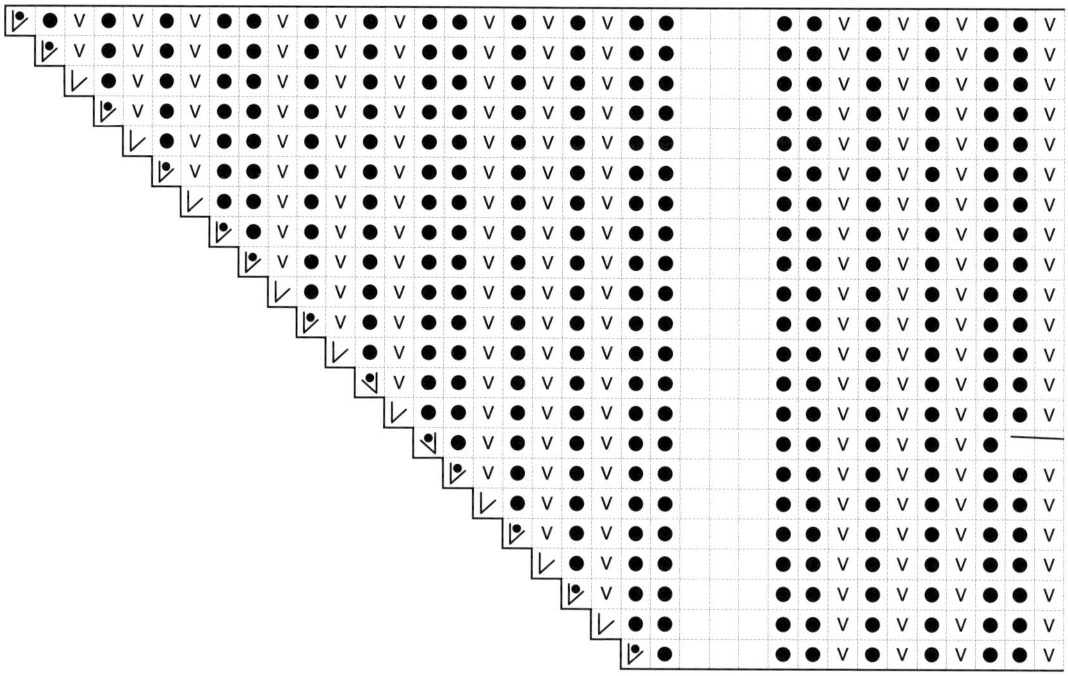

in Runden

LINKE SCHULTERZUNAHME

Nach der Strickschrift arbeiten. Die 23. – 41. Runde stets wdh. Die Anleitung beschreibt die Einteilung der M.

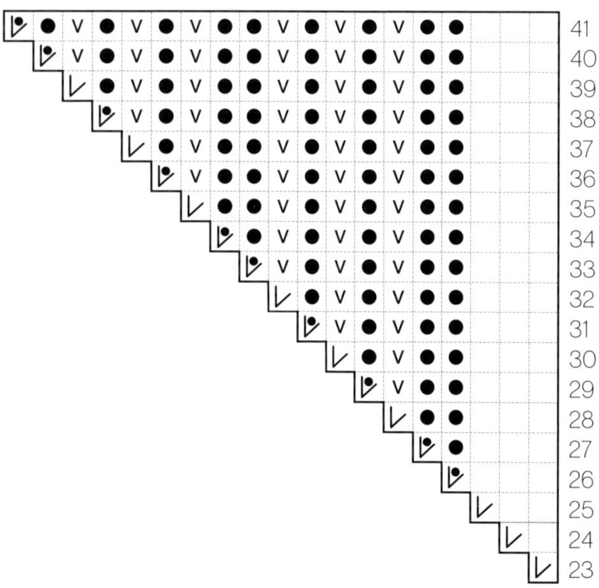

RECHTE SCHULTERZUNAHME

Nach der Strickschrift arbeiten. Die 23. – 41. Runde stets wdh. Die Anleitung beschreibt die Einteilung der M.

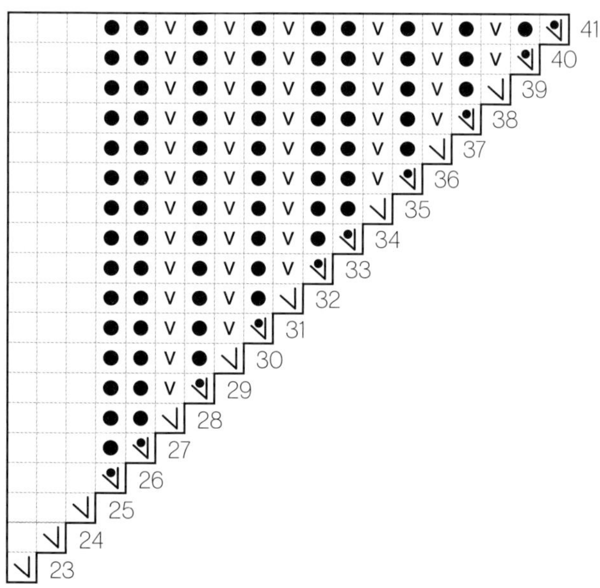

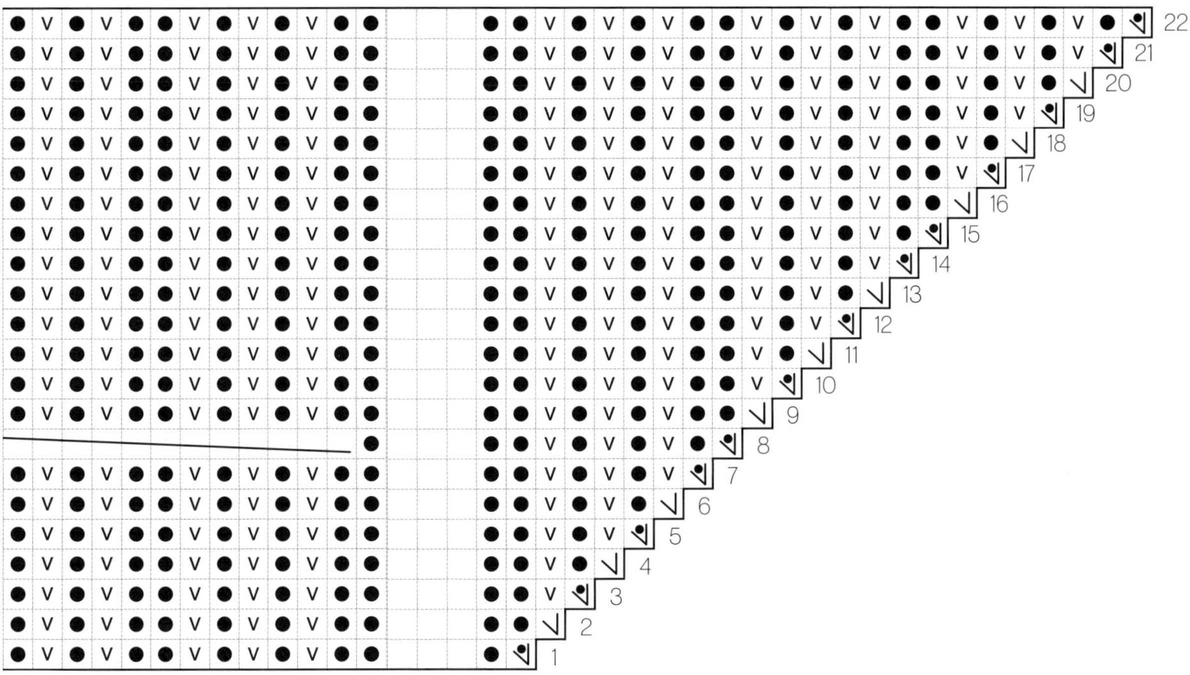

= 1 M glatt rechts: in Hinr re, in Rückr li str; in Rd stets re str.

V = 1 M re verschr: in Hinr re verschr, in Rückr li verschr str; in Rd stets re verschr str.

● = 1 M glatt links: in Hinr li, in Rückr re str; in Rd stets li str.

= 7 M auf einer Zopfnadel hinter die Arbeit legen, * 1 li, 1 re verschr, ab * 3x wdh, 1 li, dann die 7 M der Zopfnadel: * 1 li, 1 re verschr, ab * 3x wdh, 1 li.

= 7 M auf einer Zopfnadel vor die Arbeit legen, * 1 li, 1 re verschr, ab * 3x wdh, 1 li, dann die 7 M der Zopfnadel: * 1 li, 1 re verschr, ab * 3x wdh, 1 li.

= Zun-re(re): den Querfaden vor dem MM von hinten auf die li Nadel nehmen und re str (siehe Seite 151).

= Zun-li(re): den Querfaden nach dem MM von vorne auf die li Nadel nehmen und re verschr str (siehe Seite 151).

= Zun-re(li): den Querfaden vor dem MM von hinten auf die li Nadel nehmen und li str (siehe Seite 151).

= Zun-li(li): den Querfaden nach dem MM von hinten auf die li Nadel nehmen und li str (siehe Seite 151).

GRÖSSENGUIDE

Der Sweater sollte mit einer Weitenzugabe (positive ease) von 15 – 20 cm gestrickt werden. Die Größe wird anhand des Brustumfangs ermittelt, dieser entspricht bei den angegebenen Größen ungefähr 78 – 85 cm (86 – 93 cm) 94 – 104 cm (105 – 112 cm) 113 – 120 cm.

ANLEITUNG

Für den provisorischen Maschenanschlag wird mit einer Häkelnadel und einem dickeren Garn in einer Kontrastfarbe eine Luftmaschenkette mit ungefähr 112 Luftmaschen gehäkelt. Die Maschenaufnahme fällt leichter, wenn die Kette etwas länger ist und man am Anfang und am Ende einige Luftmaschen übrigbehält. Anschließend wird der Faden abgeschnitten und durch die letzte Luftmasche gezogen, sodass die Kette gesichert ist.

Mit der kurzen 3,5 mm Rundstricknadel und der Cashmere Classic 106 M aus den querliegenden Luftm-Gliedern auf der Rückseite der Luftm-Kette aufnehmen, 1 MM platzieren und die M zur Runde schließen.

HALSLOCH, SCHULTER- UND ÄRMELZUNAHMEN

Nun wird das Muster aufgebaut, gleichzeitig werden bereits ab der ersten Runde Zunahmen zur Ausformung der Schulter nach der Strickschrift gearbeitet.

1. Runde: **Schulterzunahmen** (31 M + 2 Zun), 3 re, **Zopf1-re** (16 M), 3 re, **Schulterzunahmen** (31 M + 2 Zun), 3 re, **Zopf1-li** (16 M), 3 re = 110 M.

2. – 22. Runde: nach dem aufgebauten Muster der 1. Runde arbeiten, dabei alle Zunahmen der Strickschrift berücksichtigen = 194 M.

In den nächsten Runden werden die aus den Zunahmen entstandenen Zöpfe fortlaufend nach der Strickschrift **Zopf2** *gearbeitet und die Schulterzunahmen teilen sich in rechte und linke Schulterzunahmen.*

23. Runde: **rechte Schulterzunahme** (1 Zun), [**Zopf2**, 3 re] 2x arbeiten, **Zopf2**, **linke Schulterzunahme** (1 Zun), 3 re, **Zopf1-re**, 3 re, **rechte Schulterzunahme** (1 Zun), [**Zopf2**, 3 re] 2x arbeiten, **Zopf2**, **linke Schulterzunahme** (1 Zun), 3 re, **Zopf1-li**, 3 re = 198 M.

24. – 41. Runde: nach dem in der 23. Runde aufgebauten Muster arbeiten = 270 M.

In den nächsten Runden werden die aus den neuen Zunahmen entstandenen Zöpfe fortlaufend nach der Strickschrift Zopf1-re oder Zopf1-li gearbeitet.

42. Runde: **rechte Schulterzunahme** (1 Zun/ 23. Runde), **Zopf1-li**, [3 re, **Zopf2**] 3x arbeiten, 3 re, **Zopf1-re**, **linke Schulterzunahme** (1 Zun/23. Runde), 3 re, **Zopf1-re**, 3 re, **rechte Schulterzunahme** (1 Zun), **Zopf1-li**, [3 re, **Zopf2**] 3x arbeiten, 3 re, **Zopf1-re**, **linke Schulterzunahme** (1 Zun), 3 re, **Zopf1-li**, 3 re = 274 M.

43. – 60. Runde: nach dem in der 42. Runde aufgebauten Muster arbeiten = 346 M.

In den nächsten Runden wird begonnen, Maschen für die Ärmel zuzunehmen, darüber hinaus werden für die Größen M (L) XL weitere Zunahmen in Vorder- und Rückenteil gearbeitet.

61. Runde nur für Größe XS (S): **Zopf1-li**, 3 re, **Zopf1-li**, [3 re, **Zopf2**] 3x arbeiten, 3 re, [**Zopf1-re**, 3 re] 2x arbeiten, 1 MM platzieren, **rechte Schulterzunahme** (1 Zun/23. Runde), **Zopf1-re**, **linke Schulterzunahme** (1 Zun/23. Runde), 1 MM platzieren, 3 re, **Zopf1-li**, 3 re, **Zopf1-li**, [3 re, **Zopf2**] 3x arbeiten, 3 re, [**Zopf1-re**, 3 re] 2x arbeiten, 1 MM platzieren, **rechte Schulterzunahme** (1 Zun), **Zopf1-li**, **linke Schulterzunahme** (1 Zun), 1 MM platzieren, 3 re = 350 M.

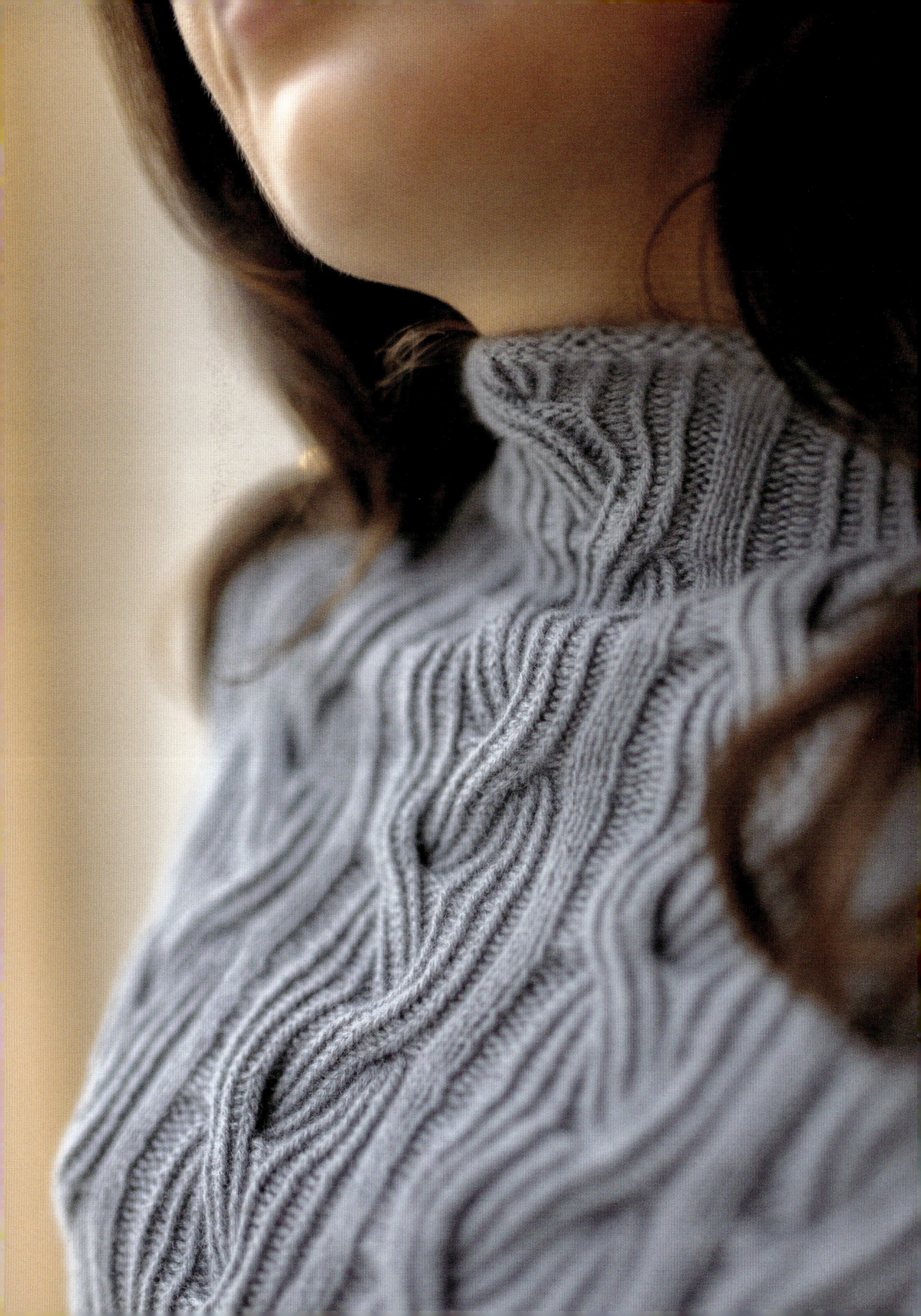

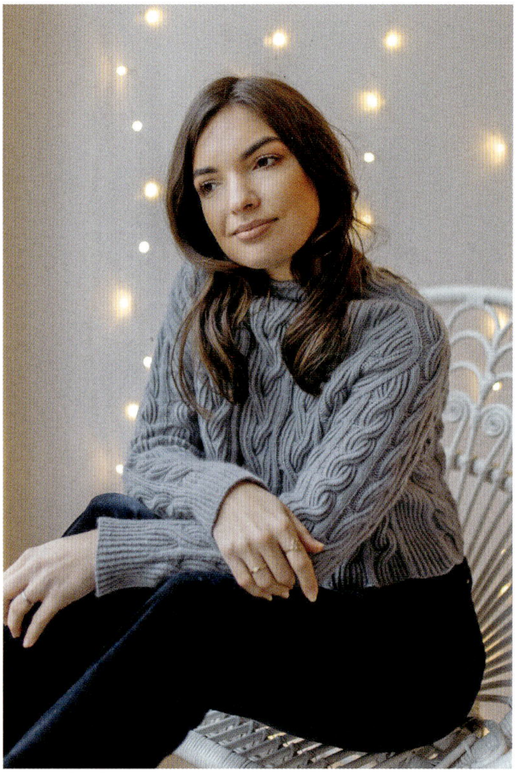

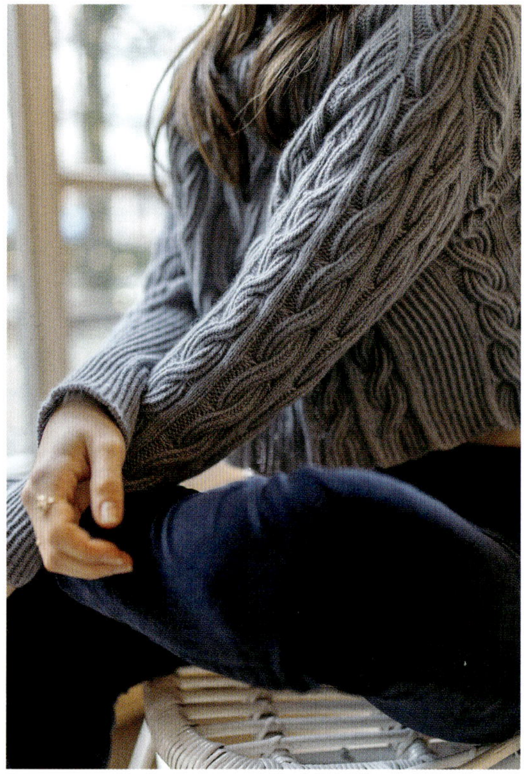

61. Runde nur für Größe M (L) XL: ***rechte Schulterzunahme*** (1 Zun/23. Runde), ***Zopf1-li***, 3 re, ***Zopf1-li***, [3 re, ***Zopf2***] 3x arbeiten, 3 re, ***Zopf1-re***, 3 re, ***Zopf1-re***, ***linke Schulterzunahme*** (1 Zun/23. Runde), 3 re, 1 MM platzieren, ***rechte Schulterzunahme*** (1 Zun), ***Zopf1-re***, ***linke Schulterzunahme*** (1 Zun), 1 MM platzieren, 3 re, ***rechte Schulterzunahme*** (1 Zun), ***Zopf1-li***, 3 re, ***Zopf1-li***, [3 re, ***Zopf2***] 3x arbeiten, 3 re, ***Zopf1-re***, 3 re, ***Zopf1-re***, ***linke Schulterzunahme*** (1 Zun), 3 re, 1 MM platzieren, ***rechte Schulterzunahme*** (1 Zun), ***Zopf1-li***, ***linke Schulterzunahme*** (1 Zun), 1 MM platzieren, 3 re = 354 M.

62. – 79. Runde: nach dem in der 61. Runde aufgebauten Muster arbeiten = 422 (422) 498 (498) 498 M.

ÄRMELZUNAHMEN

In den folgenden Runden werden nur noch Maschen für die Ärmel zugenommen. Vorder- und Rückenteil werden gemäß dem Zopfmuster alle 16 Runden verzopft.

1. Runde: bis zum nächsten MM alle M im Muster str, MMv, ***rechte Schulterzunahme*** (1 Zun/23. Runde), [***Zopf1-re***, 3 re] 2x arbeiten, ***Zopf1-re***, ***linke Schulterzunahme*** (1 Zun/23. Runde), MMv, bis zum nächsten MM alle M im Muster str, MMv, ***rechte Schulterzunahme*** (1 Zun), [***Zopf1-li***, 3 re] 2x arbeiten, ***Zopf1-li***, ***linke Schulterzunahme*** (1 Zun), MMv, 3 re = 426 (426) 502 (502) 502 M.

2. – 19. Runde: nach dem in der 1. Runde aufgebauten Muster arbeiten = 498 (498) 574 (574) 574 M.

FÜR GRÖSSE M/L/XL

20. Runde: bis zum nächsten MM alle M im Muster str, MMv, ***rechte Schulterzunahme*** (1 Zun/23. Runde),[***Zopf1-re***, 3 re] 4x arbeiten, ***Zopf1-re***, ***linke Schulterzunahme*** (1 Zun/23. Runde), MMv, bis zum nächsten MM alle M im Muster str, MMv, ***rechte Schulterzunahme*** (1 Zun), [***Zopf1-li***, 3 re] 4x arbeiten, ***Zopf1-li***, ***linke Schulterzunahme*** (1 Zun), MMv, 3 re = 578/578/578 M.

21. – 38. Runde: nach dem in der 1. Runde aufgebauten Muster arbeiten = 650/650/650 M.

WEITER FÜR ALLE GRÖSSEN

Es liegen nun 498 (498) 650 (650) 650 Maschen auf der Nadel.

In der nächsten Runde: bis zum nächsten MM alle M im Muster str, MMv, ***Zun-li(re)***, bis zum nächsten MM alle M im Muster str, ***Zunre(re)***, MMv, bis zum nächsten MM alle M im Muster str, MMv, ***Zun-li(re)***, bis zum nächsten MM alle M im Muster str, ***Zun-re(re)***, MMv, 3 re.

Diese Runde insgesamt 3x arbeiten, die neuen Zunahmen dabei im Folgenden glatt rechts str = 510 (510) 662 (662) 662 M.

Im Anschluss weitere 3 (3) 9 (9) 9 Runden im Muster ohne Zunahmen arbeiten.

RUMPF

In der folgenden Runde werden Rumpf und Ärmel getrennt. Zunächst werden alle Maschen des Vorderteils gearbeitet, im Anschluss werden die Ärmelmaschen stillgelegt, bevor neue Maschen für den Rumpf angeschlagen und die Maschen des Rückenteils gearbeitet werden. Zuletzt werden die Maschen des zweiten Ärmels stillgelegt, neue Maschen für den Rumpf angeschlagen und zur Runde geschlossen. Dies ist eine Runde, in der verzopft wird.

Vorbereitung: * ***Zopf1-li***, [3 re, ***Zopf1-li***] 1x (1x) 2x (2x) 2x arbeiten, [3 re, ***Zopf2***] 3x arbeiten, [3 re, ***Zopf1-re***] 2x (2x) 3x (3x) 3x arbeiten, 3 re, den MM entfernen, die nächsten 98 (98) 136 (136) 136 M (Ärmel) stilllegen, ohne sie zu str, den MM entfernen, 15 (25) 5 (15) 25 neue M anschlagen (Schlingenanschlag, siehe Seite 150), 3 re, ab * noch 1x wdh, 1 MM platzieren (Rundenbeginn) 344 (364) 400 (420) 440 M.

1. Runde: * ***Zopf1-li***, [3 re, ***Zopf1-li***] 1x (1x) 2x (2x) 2x arbeiten, [3 re, ***Zopf2***] 3x arbeiten, [3 re, ***Zopf1-re***] 2x (2x) 3x (3x) 3x arbeiten, 3 re, [1 li, 1 re verschr] 7x (12x) 2x (7x) 12x arbeiten, 1 li, 3 re, ab * noch 1x wdh.

Diese Runde wdh, bis gemessen am Armloch 22 (22) 26 (26) 30 cm gestrickt wurden. Mit einer 7. oder 23. Runde enden. In der nächsten Runde alle M abketten, wie sie erscheinen.

LINKER ÄRMEL

Die stillgelegten 98 (98) 136 (136) 136 Maschen des linken Ärmels (Zopf1 mit rechtsgeneigter Richtung) werden auf die 3,5 mm Rundstricknadel platziert. Anschließend werden aus den neu angeschlagenen Maschen des Rumpfes, Maschen für den Ärmel aufgenommen, bevor zur Runde geschlossen wird.

In der Vorbereitungsrunde und dann in jeder folgenden 16. Runde wird verzopft.

Vorbereitung: 15 (25) 5 (15) 25 neue M aufnehmen, 3 re, 1 MM platzieren, [**Zopf1-re**, 3 re] 4x (4x) 6x (6x) 6x arbeiten, **Zopf1-re**, 1 MM platzieren, 3 re, 1 MM platzieren (Rundenbeginn) = 113 (123) 141 (151) 161 M.

1. Runde: * 1 li, 1 re verschr, ab * insgesamt 7x (12x) 2x (7x) 12x arbeiten, 1 li, 3 re, MMv, bis zum nächsten MM im Muster arbeiten, MMv, 3 re.

Diese Runde insgesamt 16x arbeiten, in der letzten Runde wird verzopft.

Ab der nächsten Runde werden symmetrische Abnahmen gearbeitet, um dem Ärmel eine schöne Passform zu geben.

17. Runde: * 1 li, 1 re verschr, ab * insgesamt 7x (12x) 2x (7x) 12x arbeiten, 1 li, 3 re, MMv, **Abn-li**, bis 2 M vor dem nächsten MM im Muster arbeiten, **Abn-re**, MMv, 3 re.

18. – 20. Runde: alle M im Muster str.

Die 17. – 20. Runde noch 18x wdh = 75 (85) 103 (113) 123 M.

Dann bis zu einer Ärmellänge von 30 cm (gemessen ab dem Armloch) weiter im Muster ohne Abnahmen arbeiten.

In der nächsten Runde werden 9 (9) 15 (15) 15 M abgenommen.

In der nächsten Runde: * 1 li, 1 re verschr, ab * insgesamt 7x (12x) 2x (7x) 12x arbeiten, 1 li, 3 re, * **Abn**, 1 re verschr, 1 li, 1 re verschr, 1 li, 1 re verschr, **Abn**, 1 re verschr, 1 li, 1 re verschr, 1 li, 1 re verschr, **Abn**, 3 re, ab * insgesamt 3x (3x) 5x (5x) 5x arbeiten = 66 (76) 88 (98) 108 M.

Nun wird noch der Ärmelsaum gearbeitet.

Ärmelsaum: * 1 li, 1 re verschr, ab * stets wdh, dabei die ersten beiden MM entfernen.

Diese Runde wdh, bis der Ärmelsaum 6 cm misst, dann alle M italienisch abketten (siehe Seite 153).

RECHTER ÄRMEL

Den rechten Ärmel wie den linken Ärmel arbeiten, dabei aber alle Zöpfe mit linksgeneigter Richtung stricken.

FERTIGSTELLUNG

Die 106 M des provisorischen Maschenanschlags zurück auf die 3,5 mm Rundstricknadel heben, die Luftm dabei vorsichtig aufziehen und entfernen und anschließend die M zur Runde schließen = 106 M.

1. – 4. Runde: alle M li str.

Den Halsabschluss nun nach innen umschlagen. Dann * [die 1. M der 1. Runde auf die linken Nadel heben und mit der ersten regulären M der 5. Runde rechts zusammenstr] 2x arbeiten, anschließend die beiden M der re Nadel zurück auf die li Nadel heben und re zusammenstr, ab * stets wdh, bis alle M abgekettet wind. Dabei nicht zu fest abketten!

Zum Schluss noch die Fäden vernähen, den Sweater waschen und liegend trocknen lassen.

Und schon ist es geschafft!

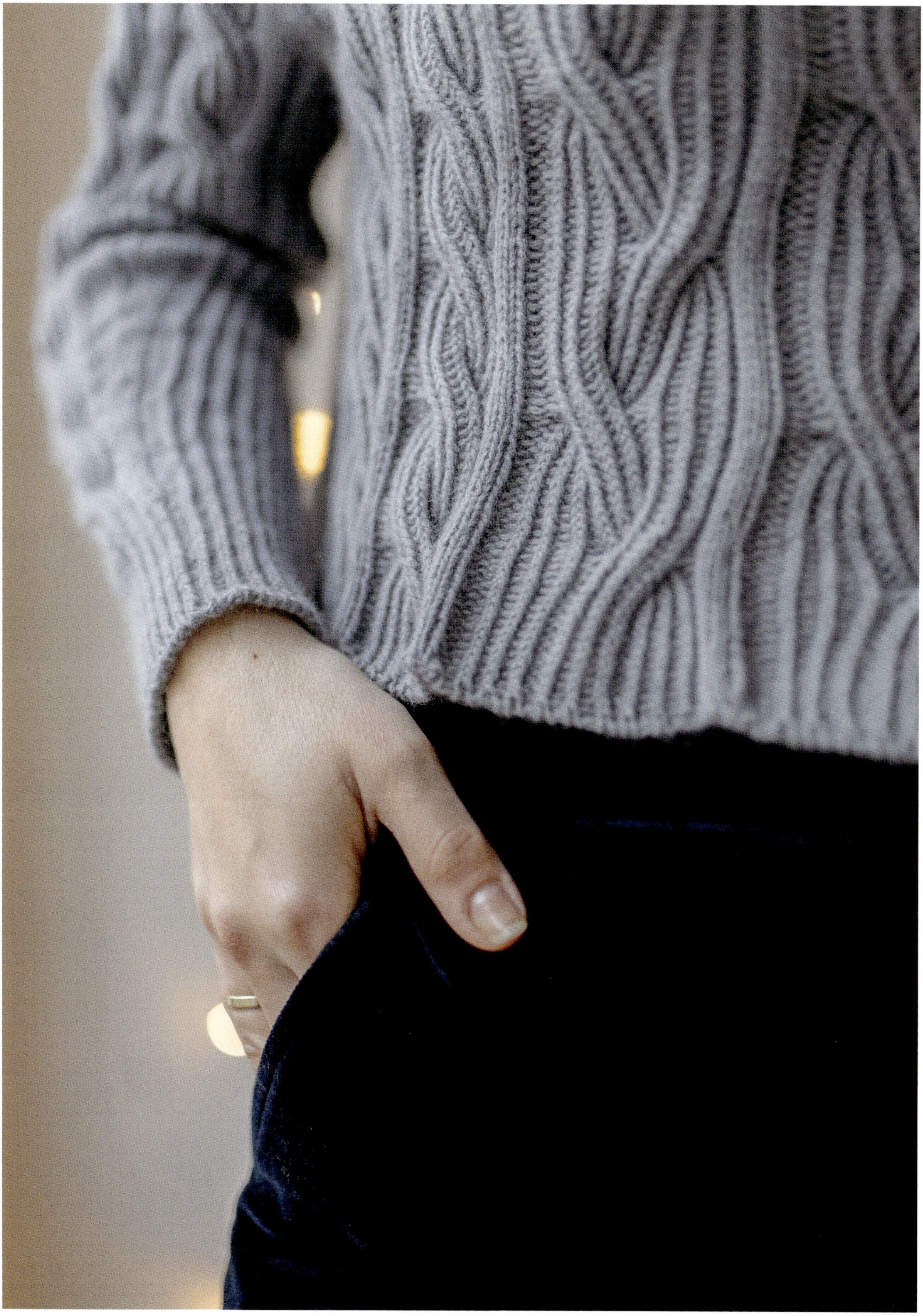

PROVISORISCHER MASCHENANSCHLAG

Der provisorische Anschlag ermöglicht es, die Anschlagkante später wieder aufzuziehen, an der ersten Maschenreihe neu anzusetzen und in die andere Richtung weiterzuarbeiten.

Dazu mit einem Kontrastfaden, der etwas dicker sein sollte als das Originalgarn, und einer Häkelnadel eine Luftm-Kette anschlagen. Die Anzahl der Luftm sollte die tatsächlich benötigte Anzahl um etwa 4 – 5 M übersteigen. Den Faden abschneiden und die Luftm-Kette sichern.

Mit dem Strickgarn und der angegebenen Nadelstärke die benötigte Anzahl an M aus den querliegenden Luftm-Schlaufen auf der Rückseite der Luftm-Kette aufnehmen und nach der Anleitung stricken.

Um später an dieser Anschlagkante weiterzuarbeiten, die Luftm-Kette vorsichtig aufziehen und die M nach und nach auf einer Stricknadel sammeln.

SCHLINGENANSCHLAG (AUFSCHLINGEN)

Der Schlingenanschlag wird verwendet, wenn ein Strickstück seitlich um einige Maschen verbreitert werden soll, z. B. bei Armlöchern.

Dazu mit dem Arbeitsfaden eine Schlinge um den linken Daumen legen **(1)**. Mit der rechten Nadel von unten in die Daumenschlinge stechen **(2)**. Die M vom linken Daumen heben und festziehen **(3)**. Diesen Vorgang wdh, bis die gewünschte Anzahl an M aufgenommen wurde.

Sollen am Anfang einer Reihe neue M aufgeschlungen werden, z. B. für einen I-Cord-Rand, die M entweder bereits am Ende der Vorreihe aufschlingen oder am Reihenanfang nacheinander aufschlingen und vorsichtig auf die linke Nadel heben. Die erste Reihe beginnt dann in beiden Fällen mit der zuletzt aufgeschlungenen M.

1

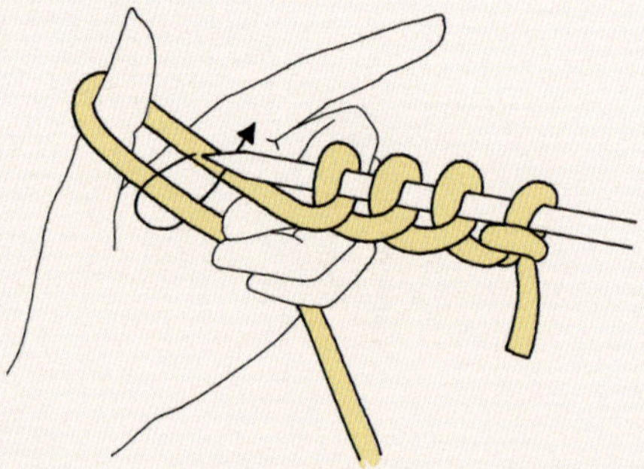

2

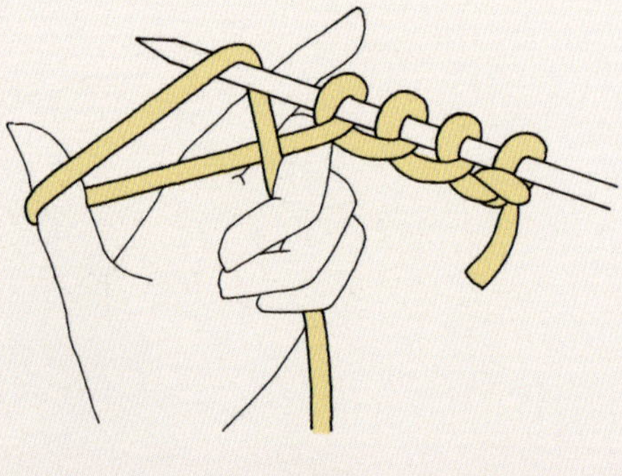

3

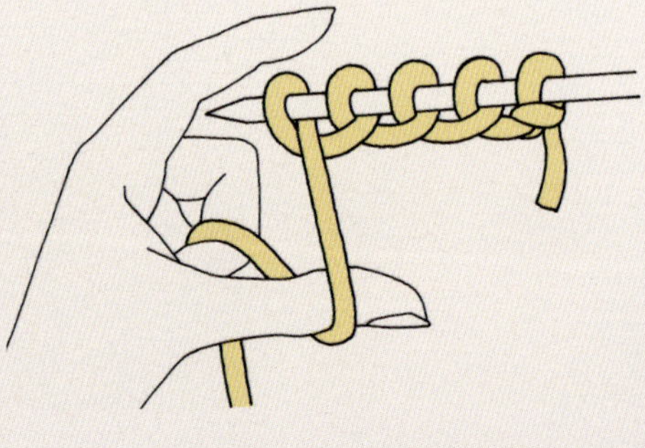

ZUNAHMEN

Werden Maschen aus dem verschränkten Querfaden zugenommen, kann sich der Querfaden als Grundschlinge der neuen Masche dabei nach rechts oder nach links neigen, je nachdem, wie der Querfaden mit der linken Nadel aufgenommen wurde.

RECHTSGENEIGTE ZUNAHMEN

Rechtsgneigte rechte Zunahmen *Zun-re(re)*: Den Querfaden von hinten nach vorne auf die linke Nadel heben **(1)** und rechts str **(2)**.

Rechtsgeneigte linke Zunahmen *Zun-re(li)*: Den Querfaden von hinten nach vorne auf die linke Nadel heben und links str **(3)**.

LINKSGENEIGTE ZUNAHMEN

Linksgeneigte rechte Zunahmen *Zun-li(re)*: Den Querfaden von vorne nach hinten auf die linke Nadel heben **(4)** und rechts verschr str **(5)**.

Linksgeneigte linke Zunahmen *Zun-li(li)*: Den Querfaden von vorne nach hinten auf die linke Nadel heben und links verschr str **(6)**.

1

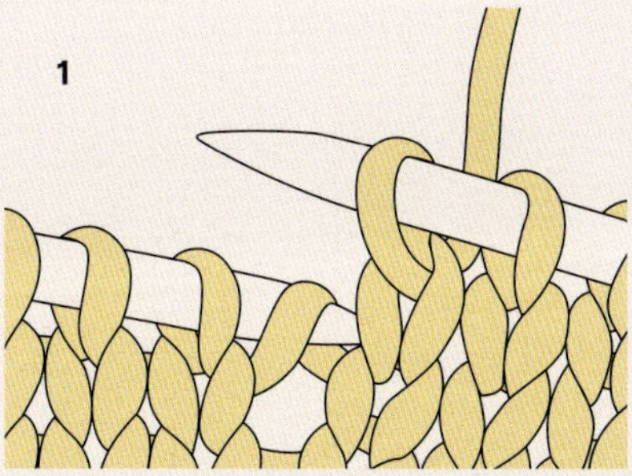

4

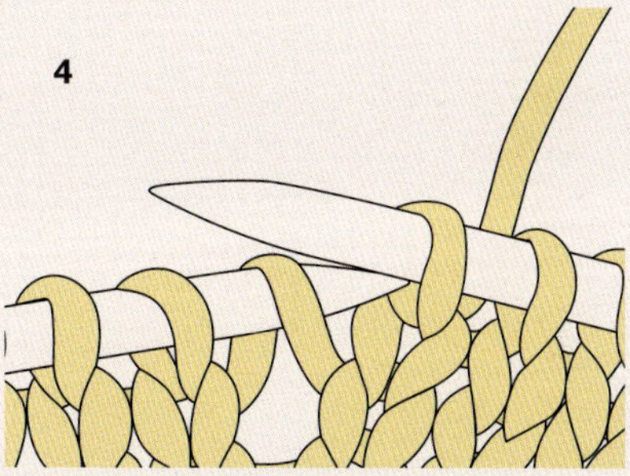

2

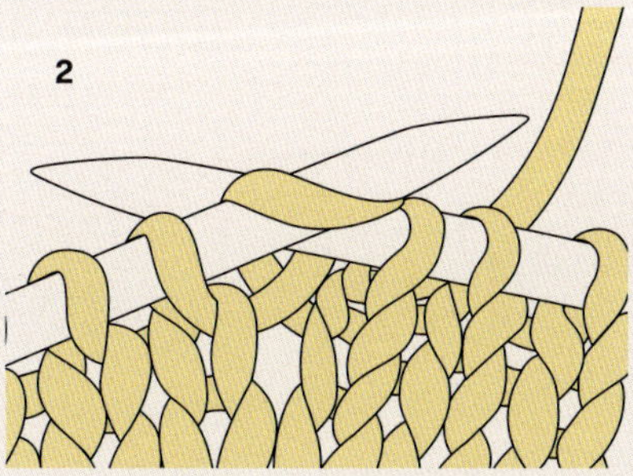

5

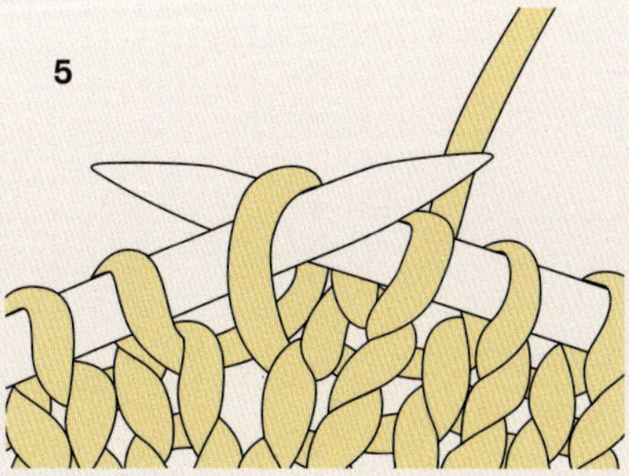

3

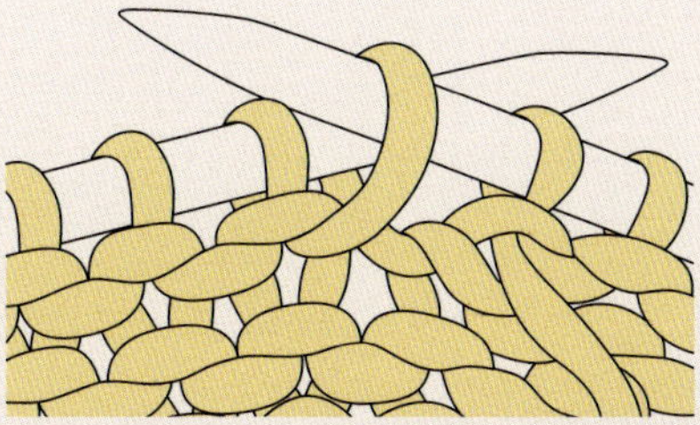

6

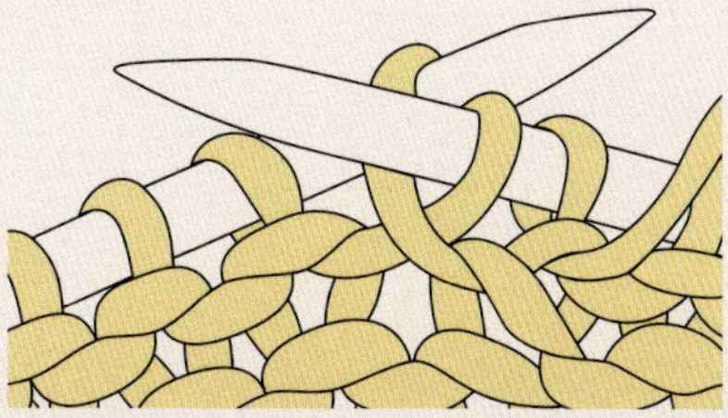

VERKÜRZTE REIHEN

Durch verkürzte Reihen lässt sich über nur einen Teil der Maschen mehr Höhe stricken, während die übrigen nicht gestrickt werden.

Dazu bis zur beschriebenen M str und wenden (Wende-M). Den Faden vor die Arbeit holen und die Wende-M wie zum Linkstricken abheben. Den Faden über die rechts Nadel hinweg straff nach hinten ziehen, sodass die Wende-M nun zur DM wird, also mit beiden M-Beinchen über der Nadel liegt. Anschließend die Reihe wie beschrieben fortsetzen.

Beim späteren Abstricken gut darauf achten, die DM als 1 M abzustricken und beim Einstechen alle M-Glieder zu erfassen, damit sich keine Löcher bilden!

ELASTISCH ABKETTEN

Durch das elastische Abketten fällt die Abkettkante besonders dehnbar aus.

2 M mustergemäß str, * dann die linke Nadel von links nach rechts durch die beiden M auf der rechten Nadel führen, den Arbeitsfaden mit der rechten Nadel wie beim Rechtsstricken nach vorne holen und die beiden M von der linken Nadel heben, 1 M mustergemäß str, ab * wdh, bis alle M abgekettet wurden.

3-NADEL-ABKETTEN

Mit dem 3-Nadel-Abketten werden während des Abkettens 2 Strickstücke miteinander verbunden.

Beide Strickstücke liegen mit der rechten oder mit der linken Seite nach oben, die jeweils letzte Maschenreihe liegt auf einer Nadel, beide Nadeln liegen parallel.

* Mit der rechten Nadel in die 1. M der vorderen Nadel, dann in die 1. M der hinteren Nadel wie zum Rechtsstricken einstechen, re str und beide M von der Nadel heben, dann die 1. M der rechten Nadel über die 2. M ziehen, ab * wdh, bis alle M abgekettet sind.

Lagen die Strickteile dabei mit der jeweils rechten Seite nach oben, ist anschließend eine Naht sichtbar. Lagen die Strickteile mit der jeweils linken Seite nach oben, ist die Naht anschließend auf der Innenseite, nicht aber auf der Außenseite sichtbar.

MIT I-CORD-RAND ABKETTEN

Durch einen I-Cord-Abkettrand erhält man besonders saubere Abschlusskanten und das nicht nur an Anschlag- oder Abkettkanten, sondern z. B. auch an Strickrändern oder Halsausschnitten.

3 neue M für den I-Cord anschlagen (Schlingenanschlag, siehe Seite 150). Dann * 2 re, 2 M rechts verschr zusammenstr, die 3 gestrickten M zurück auf die linke Nadel platzieren, ab * stets wdh, bis alle M abgekettet sind.

Anfang und Ende des I-Cord-Randes anschließend mit dem Matratzenstich sauber zusammennähen.

ITALIENISCH ABKETTEN 1/1

Durch das italienische Abketten erhält ein 1/1-Rippenmuster eine besonders schöne, elastische Abkettkante.

Zunächst können wie beim italienischen Anschlag 2 Reihen im Tunnelpatent (double face) gearbeitet werden (= jeweils die re M re str und die li M mit dem Faden vorne abh). Diese beiden Reihen können aber auch ausgelassen werden.

Den Faden ca. 3x so lang abschneiden, wie die abzukettende Kante werden soll, und auf eine Wollnadel fädeln.

Schritt 1: Von links nach rechts in die RM einstechen, den Faden durchziehen und von der Nadel heben (wenn auf die RM gleich eine re M folgt, in beide M einstechen!).

Schritt 2: Von links nach rechts in die nächste li M einstechen, den Faden durchziehen, die M aber noch nicht von der Nadel heben **(1)**.

Schritt 3: Von rechts nach links durch die letzte, nicht mehr auf der Nadel liegende re M und durch die nächste re M einstechen und den Faden durchziehen **(2)**.

Schritt 4: Von rechts nach links noch einmal durch die li M stechen, den Faden durchziehen und 2 M (= 1 li M und 1 re M) von der Nadel heben **(3)**.

Dann den 2. – 4. Schritt stets wdh.

Bei einem **2/2-Rippenmuster** müssen die M zunächst vorbereitet werden, um sie italienisch abketten zu können. Dazu werden in der letzten Reihe immer 2 M so verkreuzt, dass aus dem 2/2-Rippenmuster ein 1/1-Rippenmuster entsteht: Beginnt das 2/2-Rippenmuster also z. B. mit 2 li M, zunächst 1 M li str, * die übernächste M re str, aber nicht von der Nadel heben, dann die eben übersprungene M li str und beide M von der Nadel heben, 1 M re, 1 M li, ab * stets wdh. Anschließend wie ein 1/1-Rippenmuster abketten.

1

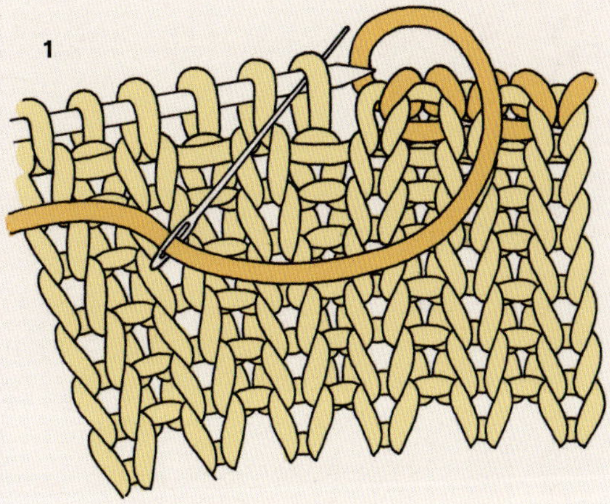

2

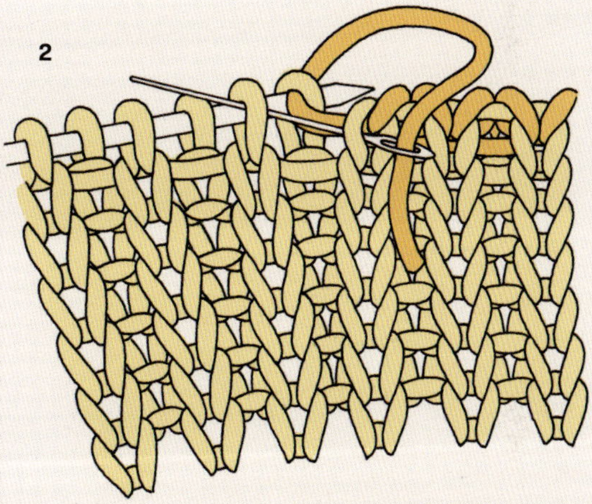

3

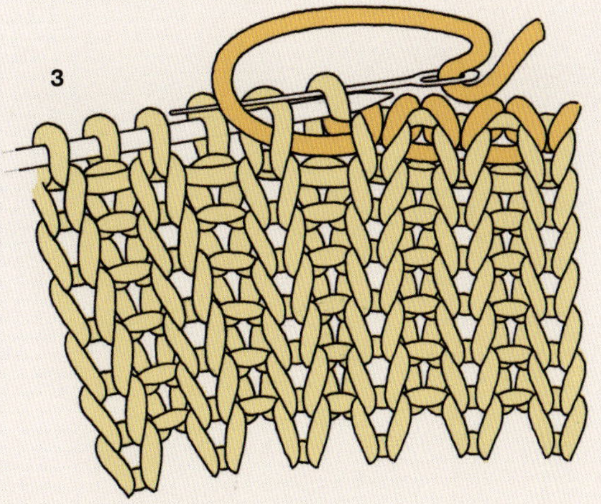

ABKÜRZUNGEN

DM	Doppelmasche(n)
Hinr	Hinreihe(n)
I-Cord	gestrickte Kordel
li	links, linke(n)
Luftm	Luftmasche(n)
M	Masche(n)
MM	Maschenmarkierer
MMv	den Maschenmarkierer von der linken auf die rechte Nadel heben
re	rechts, rechte(n)
RM	Randmasche(n)
Rückr	Rückreihe(n)
str	stricken
verschr	verschränkt(e)
wdh	wiederholen

Abn	einfache linke Abnahmen 2 M links zusammenstricken
Abn-li	überzogene rechte Abnahme 1 M wie zum Rechtsstricken abheben, 1 M re, dann die abgehobene M überziehen
Abn-re	einfache rechte Abnahme
PAbn-li	linke Patentabnahme (siehe Seite 129)
PAbn-re	rechte Patentabnahme (siehe Seite 129)
PZun	Patentzunahme (siehe Seite 129)
Zun-li(li)	linksgeneigte linke Zunahmen (siehe Seite 151)
Zun-li(re)	linksgeneigte rechte Zunahmen (siehe Seite 151)
Zun-re(li)	rechtsgeneigte linke Zunahmen (siehe Seite 151)
Zun-re(re)	rechtsgeneigte rechte Zunahmen (siehe Seite 151)

Abkürzungen, die Musterelemente wie z. B. Zöpfe betreffen, werden zu Beginn jeder Anleitung erläutert und sind hier nicht aufgeführt.

1 MM platzieren

Einen geschlossenen Maschenmarkierer auf die rechte Nadel hängen. Der Markierer wandert von Reihe zu Reihe oder von Runde zu Runde mit und markiert damit immer dieselbe Stelle. Der Markierer wird nicht eingestrickt und kann jederzeit entfernt werden.

1 MM in die M platzieren

Einen offenen Maschenmarkierer in die beschriebene Masche einhängen. Der Markierer verbleibt immer in derselben Masche und wandert die Reihen oder Runden nicht mit hoch. Er markierte eine einzige Masche. Um ihn zu entfernen, muss der Markierer geöffnet oder herausgedreht werden.

MMv

Den Markierer von der linken auf die rechte Nadel heben.

*** ..., ab * noch 3x wdh**

Die Maschen ab dem * noch 3-mal wiederholen.

[...] 4x arbeiten

Die Maschen innerhalb der eckigen Klammern insgesamt 4-mal stricken.

(Schlingenanschlag, siehe Seite xy)

Seitenverweise zu dem betreffenden Kapitel im Technikteil werden in runden Klammern angegeben.

(3,5 mm) (2,75 mm)

Werden die Maschen innerhalb einer Reihe oder Runden mit 2 verschiedenen Nadelstärken gearbeitet, wird die jeweils zu verwendende Nadelstärke in runden Klammern vorangestellt.

1 M abheben

Wird nichts weiter beschrieben, meint dies, eine Masche wie zum Linksstricken von der linken auf die rechte Nadel zu heben, ohne sie dabei zu stricken. Sie dreht sich dabei nicht. Soll die Masche wie zum Rechtsstricken, also gedreht, auf die rechte Nadel gehoben werden, wird dies im Text beschrieben.

Rechte Schulter, linkes Vorderteil

In Bezug auf das Kleidungsstück werden „rechts“ und „links“ immer in Bezug auf denjenigen verwendet, der das Kleidungsstück trägt, nicht auf denjenigen, der das Kleidungsstück betrachtet.

»VON HERZEN – DANKE!«

Ich könnte jetzt behaupten, dass es schon immer mein Traum war, ein Buch zu schreiben. Die Wahrheit ist aber, dass mir lange Zeit gar nicht bewusst war, dass meine Ideen und Designs Potential dafür haben. Deshalb tausend Dank an den Christophorus Verlag, insbesondere an Lena, die mir diesen Floh vom eigenen Strickbuch überhaupt erst ins Ohr gesetzt hat.

Liebster Dank geht an meine gesamte Familie, die mich immer bei allem unterstützt. Ob in der Funktion als Seelentröster oder Cheerleader, ihr seid immer da und das bedeutet mir alles!

Es war mir ein unfassbares Vergnügen mit der wohl liebsten und auch noch unfassbar talentierten Fotografin zusammenzuarbeiten. Tausend Dank liebe Sabrina, ich habe mich vor der Kamera noch nie so wohl gefühlt.

Außerdem geht ein ganz großes Danke an folgende Firmen für die Unterstützung bei diesem Projekt:

Lamana GmbH *https://www.lamana.de/de*

MAJA GARN *https://majogarn.com/de-de*

Cardiff Cashmere *https://cardiffcashmere.it/en*

KNITLOOP *https://www.knitloop.net*

Knitting for Olive *https://knittingforolive.com*

Der größte Dank geht aber wohl an Stephanie, die sich auf dieses Abenteuer mit mir eingelassen hat und nicht nur Lektorin war, sondern auch Beraterin, Mentorin und Freundin. Tausend Dank für deine niemals endende Geduld!

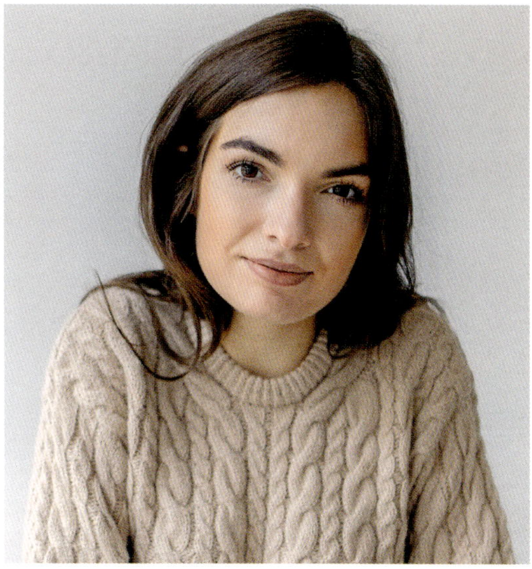

ANN-KATHRIN STOLL

Manche finden ihre große Leidenschaft später als andere. So war es bei Ann-Kathrin Stoll und dem Stricken. Sie sammelte mehr als fünf Jahre Berufserfahrung in der Modeindustrie, bevor sich der gelernten Modedesignerin und Maßschneiderin die unendliche Welt des Strickens eröffnete. Zwar war da immer schon große Begeisterung für Mode, Handarbeit und alles, was schön ist, trotzdem gab es die ersten Berührungspunkte mit dem Stricken erst in ihren Zwanzigern. Was als Hobby begann, um sich die unverhofft freie Zeit während des ersten Corona Lockdowns zu vertreiben, wurde zur großen Leidenschaft. Für einige mag es vielleicht naheliegend klingen, dass eine strickende Modedesignerin natürlich auch ihre eigenen Strickmodelle entwirft. Für sie war es das nicht. Es war vielmehr ein schleichender Prozess als eine bewusste Entscheidung. Letztendlich war es unter anderem der Wunsch, der konfektionierten Modeindustrie Individualität entgegenzusetzen und es auch Frauen, die nicht den klassischen Konfektionsgrößen entsprechen, möglich zu machen, sich selbst gutsitzende Kleidung anzufertigen. Inzwischen designt und veröffentlicht Ann-Kathrin seit 2021. Das Privileg, Hobby und Beruf vereinen zu können, erfüllt sie mit großer Dankbarkeit. Lediglich die Tatsache, dass die Hände manchmal zu langsam stricken, während der Kopf schon drei Ideen weiter ist, bereitet ihr gelegentlich Kopfzerbrechen.

Autorin: Ann-Kathrin Stoll
Zeichnungen und Strickschriften: Ann-Kathrin Stoll
Fotos & Styling: Sabrina Debus
Lektorat und Projektmanagement:
Stephanie van der Linden
Korrektur: Manuela Burkhardt
Redaktion: Lena Denu
Umschlaggestaltung und Layout: Andreas Kersten
Repro: LUDWIG:media
Herstellung: Julia Hegele
Printed in Poland by CGS Printing

★★★★★

Sind Sie mit diesem Titel zufrieden? Dann würden wir uns über Ihre Weiterempfehlung freuen. Erzählen Sie es im Freundeskreis, berichten Sie Ihrem Buchhändler oder bewerten Sie beim Onlinekauf. Und wenn Sie Kritik, Korrekturen oder Aktualisierungen haben, freuen wir uns über Ihre Nachricht an Christophorus Verlag, Postfach 40 02 09, D-80702 München oder per E-Mail an lektorat@verlagshaus.de.

Unser komplettes Programm finden Sie unter

www.christophorus-verlag.de

Herstellerverzeichnis:
Lamana GmbH *https://www.lamana.de/de*
Majo Garn *https://majogarn.com/de-de*
Cardiff Cashmere *https://cardiffcashmere.it/en*
Knitting for Olive *https://knittingforolive.com*
Knitloop *https://www.knitloop.net*

Die Deutsche Nationalbibliothek verzeichnet diese Publikation in der Deutschen Nationalbibliografie; detaillierte bibliografische Daten sind im Internet über www.dnb.de abrufbar.

ISBN 978-3-8410-6760-9

Kreativ-Service

Sie haben Fragen zu den Büchern und Materialien? Wir beraten Sie gern rund um alle Kreativthemen. Rufen Sie uns einfach an! Wir interessieren uns auch für Ihre eigenen Ideen und Anregungen. Sie erreichen uns per E-Mail kreativ-service@c-verlag.de oder unter der Telefonnummer 0049-89-1306 99 577.

Besuchen Sie uns im Internet: www.christophorus-verlag.de & www.selbstgemacht.de